U0607114

解读

古代豪杰

大智慧

上

韩宇◎编著

中国出版集团
现代出版社

图书在版编目(CIP)数据

解读古代豪杰大智慧(上) / 韩宇编著. —北京：现代出版社，2014.1
ISBN 978-7-5143-2636-9

Ⅰ. ①解⋯ Ⅱ. ①韩⋯ Ⅲ. ①历史人物 - 生平事迹 - 中国 - 古代 - 青少年读物 Ⅳ. ①K820.2 - 49

中国版本图书馆 CIP 数据核字(2014)第 057128 号

作　者	韩　宇
责任编辑	王敬一
出版发行	现代出版社
通讯地址	北京市安定门外安华里 504 号
邮政编码	100011
电　话	010 - 64267325 64245264(传真)
网　址	www.1980xd.com
电子邮箱	xiandai@cnpitc.com.cn
印　刷	唐山富达印务有限公司
开　本	710mm × 1000mm　1/16
印　张	16
版　次	2014 年 4 月第 1 版　2023 年 5 月第 3 次印刷
书　号	ISBN 978-7-5143-2636-9
定　价	76.00 元(上下册)

目　录

第一章　雄霸天下篇

1. 齐桓公　不计前嫌成就霸业 …………………………… 1

2. 秦孝公　变法成就霸业 ………………………………… 7

3. 晋献公　借道伐虢，唇亡齿寒 ……………………… 13

4. 晋文公　忍辱负重成霸业 …………………………… 18

5. 楚庄王　一飞冲天，一鸣惊人 ……………………… 26

6. 吕不韦　从奇货可居到王霸之业 …………………… 28

7. 汉景帝　误杀晁错 …………………………………… 33

8. 赵普　半部《论语》治天下 ………………………… 40

第二章　纵横四方篇

1. 弦高　郑商智退秦师 ………………………………… 47

2. 张仪　凭三寸不烂之舌纵横六国 …………………… 49

3. 苏秦　头悬梁锥刺股名垂青史 ……………………… 57

4. 陈轸 巧妙计一箭双雕 …………………………………………… 65

5. 范雎 "远交近攻"说秦昭王 …………………………………… 69

6. 触詟 巧说赵太后 …………………………………………………… 75

7. 毛遂 自荐雄辩敌千军 …………………………………………… 78

8. 信陵君 窃符救赵 ………………………………………………… 80

第三章 南征北伐篇

1. 孙膑 田忌赛马,减灶诱敌 ……………………………………… 86

2. 吴起 杀妻求将,口吸卒脓 ……………………………………… 95

3. 荆轲 莽夫之勇,大器难成 ……………………………………… 97

4. 诸葛亮 鞠躬尽瘁为汉室 ……………………………………… 100

5. 项羽 西楚霸王威震沙场 ……………………………………… 107

第一章　雄霸天下篇

1. 齐桓公　不计前嫌成就霸业

国家的强盛与否与一国之主是否英明有直接关系。齐桓公自从做了国君之后，亲贤臣，远小人，励精图治，将齐国百姓从水深火热中一点点拯救出来。

可是，齐桓公能当上国君，当年还是颇费周折的。

当时，有两个有大才能的人，他们就是管仲和鲍叔牙。两人都经商，而且关系很好，后人常用"管鲍之交"形容友情的不一般。他们又都是有政治远见的人，不甘于做个微贱的商人，于是相约弃商从政。那时，齐襄公有两个弟弟——公子纠和公子小白。管仲和鲍叔牙分别辅佐公子纠和公子小白。一双好友，给两个公子当师傅，实为美谈。

这个时期，是真正的多事之秋。齐襄公和他的妹妹鲁桓公的夫人文姜私通，成为诸侯之间相传的丑闻，而且两人还谋杀了鲁桓公。在国内，齐襄公也是荒淫无道，滥杀无辜，人民怨声载道。管仲和鲍叔牙担心两个公子受到他们的兄长齐襄公的迫害，就带着他们分别逃亡到其他国家避难。公子纠的母亲是鲁国人，管仲和召忽就带着公子纠到了鲁国。公子小白的母亲是卫君的女儿，但卫国离齐国太远，鲍叔牙就带着公子小白到了离齐国很近的莒国。

两个公子一南一西，但心里盘算的都只有一件事，静待时局的发展，寻找最佳的回归时机。

几年后，齐国果然爆发内乱。齐襄公的叔伯兄弟公孙无知杀死了齐襄公，自立为国君。一年后，公孙无知又被齐国贵族所杀。齐国无君，一片混乱。逃亡在外的两个公子苦苦等待的时机来了，他们都设法回齐国，夺取国君的宝座。齐国大夫高溪和公子小白交情深厚，他和另一个大夫国氏勾结，想请公子小白回国继位。鲍叔牙和公子小白就借了一辆兵车，日夜兼程地往齐国赶。鲁国国君想让公子纠回齐国继位，立即派人护送公子纠回去。没想到，公子小白已捷足先登了。大家都很着急，管仲于是自请先行。他亲自率领三十辆兵车，在莒国通往齐国的路上拦截公子小白。兵车在即墨附近埋伏了下来。当公子小白的车走近时，管仲沉着地举起手中的箭向公子小白射去，只听"嗖"的一声，小白应声倒地，兵士四处捉拿刺客。管仲以为小白已死，马上撤退。

真是人算不如天算，管仲怎么也没有想到，他那一箭是射中了公子小白，但射在了小白的铜制衣带钩上，机智的小白，顺势倒地装死。

管仲离开后，公子小白命属下发布死讯，让对手松懈下来，自己则藏身车中，飞速地向齐国挺进。管仲则向鲁庄公报告小白已死，公子纠一行放心了，行路的速度也放慢了。六天后，公子纠一行到达齐国的时候，公子小白已在高溪等人的拥护下，继立为新君，这就是后来赫赫有名的齐桓公。

公子纠悔恨不已，只好悻悻地回了鲁国。

齐桓公急于扩大齐国集团的实力，因此准备请鲍叔牙出任齐相。鲍叔牙却向他推荐管仲，他说"我本是个平庸之人，做您的臣子真是万幸，可是以我的能力无法再帮您提高地位了。您要治理齐国，有我和高溪就够了，但您要想称霸诸侯，必须得有管仲。管仲在哪个国家，哪个国家就强盛，您可不能错过这个人才啊！"齐桓公说："你明明知道管仲是我的仇人，我还要报那一箭之仇哪，怎么能重用他呢？"鲍叔牙说："管仲有五点比我强。宽以从政，惠以爱民；治理江山，权术安稳；取信于民，深得民心；制订礼仪，风化天下；整治军队，勇敢善战。"

齐桓公听从了鲍叔牙的建议。他遣书给鲁庄公，说："公子纠是我的兄弟，我不忍心杀他，请您替我杀了他，管仲和召忽是我的仇人，我非得抓住他们，把他们剁成肉酱不可。否则，我就要派大军进攻鲁国。"

接到信，鲁庄公吓坏了，连忙和大夫施伯商量。施伯说："管仲是世间少有的人才，小白是想让管仲活着回齐国，重用他，以使齐国富强称霸。那对鲁国将是一场灾难，不如杀了管仲。"可是，鲁庄公怕齐桓公真的派大军进攻，只得杀死了公子纠，抓了召忽和管仲。召忽为了表达对公子纠的忠诚，自杀了。死前，他对管仲说："我死了，公子纠可以说有以死事之的忠臣了；你活着建功立业，使齐国称霸诸侯，公子纠可以说有生臣了。死者成就德行，生者完成功业，你我二人在死生之间各尽其责，你好自为之啊！"

管仲被装在囚车上，走在回齐国的路上。他知道好友鲍叔牙会推荐自己，所以他才没有自杀。他怀着"定国家，霸诸侯"的远大理想向齐国奔去。

管仲刚到齐国，鲍叔牙已经在城外迎接他了。鲍叔牙命人解除镣铐，让他洗了个澡，换上干净的衣服，去见齐桓公。管仲对鲍叔牙说："我与召忽共同侍奉公子纠，可我没有扶他登上王位，又没有为他以死尽忠，实在是惭愧啊！如果再去侍奉仇人，天下人必笑话我呀！"鲍叔牙宽厚地说："自古以来，成大事者，常常不拘小节；立大功者，不怕别人误解。你有治国奇才，桓公有远大理想，如果你辅佐他成就大业，还怕留不下好名声吗？"

随后，鲍叔牙又赶回临淄，向齐桓公报告。齐桓公特意挑选了一个吉日，迎接管仲，表示对管仲的重视，当然，也让天下人知道自己的贤明和豁达。

齐桓公早期可以说是一位很有胸襟的国君。当年他中了管仲一箭，险些丧命，可是为了国家能够强大起来，他不计前嫌任用管仲做身边的近臣。一次，他没有听从管仲的劝告，执意要攻打鲁国，结果被曹刿打得大败。他后悔没有听管仲的话，便找到管仲向他认错。管仲深受感动，决定忠心辅佐齐桓公，齐桓公也开始信任管仲，并拜他为相国。

管仲做了相国后，又向齐桓公推荐了一些人才。根据管仲的意思，齐桓公对他们一一量才而用。齐国的有识之士一天天地多了起来。齐国的百姓一天天地富了起来，齐桓公对管仲的信任日胜一日。他曾对众臣说："国家大事，均由管仲决定，无论何事，先禀告管仲，再禀告我。"

由于桓公的支持，管仲对齐国进行了一系列改革。

首先，管仲把国家改成二十一个乡，其中六个乡主要从事工商业，免除徭役、兵役。十五个乡兵农合一，平时耕种，闲时练兵，如有战争，立即集合成强大的军队。

在经济上，实行实物税制，就是按土地的好坏分等征税。这样不但减轻了百姓的负担，还提高了生产者的积极性，促进了农业的发展。

管仲曾经做过生意，有一定的经商经验，他利用齐国有利的地理条件，积极提倡发展鱼盐业，实行鱼盐出口免税，鼓励当地人民进行贸易活动。另外，他还加强对货币的管理，加强对货物的调控，保持物价总体平衡。这样既满足了不同地区的需要，又增加了国库的收入。

在人才的选拔上，管仲采取"三选制"。各乡把文武全才、品学兼优的人推举到国家，这是第一选。国家有关部门对这些初步选中的人进行考核，选出优秀者推荐给国君，这是第二选。国君对优秀者再亲自审核，合格者任命为上卿的助手，这是第三选。这样，不但使真正有才学的人有了用武之地，还扩大了统治阶级的基础。

为了加强国君的权力，管仲建议国君掌握生、杀、富、贵、贫、贱这六大权利，同时实行对有功者赏、有罪者罚的政策。通过一系列改革，齐国政治得到巩固，军事得到加强，经济也空前繁荣，渐渐成为实力最强的国家之一。

齐国强大后，齐桓公想做中原霸主的心愿一天天强烈起来。这期间，国外发生了几件大事，一件是天子周庄王去世，周僖王即位；一件是宋国发生了内乱，国君宋闵公被杀，公子游即位后又被闵公的弟弟公子御说借兵杀死。利用这个机会，管仲向齐桓公出了个可以称霸中原的主意。齐桓公高兴地照办了。

周庄王名义上是各诸侯国的首领，实际上已名存实亡，所以，在他去世时，没有一个来吊丧的。周僖王即位后，也没有来贺喜的。周僖王感到很不是滋味。正在这时，有人来报："齐国派使臣带许多贡物来祝贺新天子即位。"周僖王喜出望外，立即接见。

席间，齐使向僖王奏明：宋国内乱不止，影响很坏，至今国君还没有定下来，希望天子下令，选一个诸侯国牵头，召集其他诸侯国，商定一下宋国的国君，以便平息宋国内乱。

周僖王原本也想找个机会提高一下自己的威望。如今齐使的请求大大满足了他的虚荣心，于是连连答应，并立即写了一道由齐侯出面邀请诸侯"商讨宋国君位"的命令交给齐使。

齐使圆满地完成了出使任务，这一切都在管仲的计划之中。

齐桓公接到周天子的命令，当即让管仲写召集会议的通知给各国送去。同时又到北杏去布置会场。

会期到了，原定的十几个国家只到了邾、宋、陈、蔡四国。

会议开始了，主题是商定宋国的国君，当然不能跑题。于是规定公子御说为宋国国君，五国一致同意，主要问题轻轻松松地解决了。齐桓公接着说："现在王室衰微，为了扶助王室，共创大业，需推选一位领头人，请诸侯考虑一下人选。"齐桓公实际上是在告诉大家选一位盟主。

论理，宋国的资格比较老，是公爵国，也就是一等诸侯国。但是，由于内乱不断，国力被折腾得软弱不堪，已经没有能力当选了。齐国虽然是侯爵国——二等诸侯国，但国力强是有目共睹的，陈国的国君陈宣公卖了个顺水人情，说："既然本次会议是齐侯召集的，那就选他为盟主吧。"众人附和。齐桓公正中下怀，便半推半就地接受了推选。又同到会的四国签订了扶助王室、抵御外侮、平定内乱、帮助弱国的盟约，同时商定，如有违约者，共同讨伐。

公元前681年，齐桓公登上了中原霸主的位置。

2. 秦孝公　变法成就霸业

经过春秋时期连年的兼并，到战国时期，一百多个诸侯国只剩下了二十多个，其中又以齐、楚、燕、韩、赵、魏、秦七国最为强大，号称战国七雄。这几个大国为了实现国富兵强，以便在兼并战争中占有最有利的条件，纷纷展开了以政治改革为主的变法运动。

公元前445年开始，魏文侯在魏国执政。公元前406年，他任用李悝为相，在魏国实行变法。据说李悝是孔子弟子卜子夏的学生。李悝在任相期间，在政治、经济各个方面进行了卓有成效的改革，使魏国经济得以迅速发展，国力日益强大，成为战国初期的一个强盛的国家。这时候，魏国的另一个大政治家和军事家吴起在魏文侯的支持下进行了军事改革。这使魏国成为战国初期的头号强国。从魏文侯时起，到商鞅在秦国变法时为止，魏国称霸中原达百年之久。

公元前360年，秦孝公登上了秦国的王位。当时，秦国还很落后，虽然秦国在秦穆公的时候，曾一度成为西方的霸主，但秦国的政治经济依旧很落后，而且那是三百年前的事情了。秦穆公的赫赫威名并没有保佑他的后代和他的国家强盛起来。当**魏**文侯励精图治、锐意改革的时候，秦国内部却纷争不止，**魏**国就经常进攻这个西方大国，占了秦国的不少土地。在外忧内患的压力下，秦国也开始寻找改革以图强的发展道路。

秦简公（公元前414—前404年在位）、秦献公（公元前384—前362年在位）相继进行了改革。特别是秦献公，一面进行国内改革，一面积极进行收复失地的战争。所以，当他的儿子秦孝公一上台，就对他的先王大加赞美。他说："长期以来，秦国内忧外患，各诸侯国瞧不起秦国，这真是奇耻大辱。""每当想到父亲的遗愿还没有实现，寡人就非常痛心。"为了完成父亲未竟的事业，秦孝公一即位，马上就颁布了一个招贤令，说："不管是本国人，还是别的国家的人，谁能献奇计，使秦国强大起来，寡人就封给他高爵，赐给他土地，让他做高官。"

远在**魏**国的商鞅，听到这个消息，立即收拾行装，带着李悝的《法经》，风尘仆仆地向秦国奔来。

商鞅姓公孙，名鞅，大约生于公元前390年。因为是卫国人，也称卫鞅。后来受封于商（陕西商县东南），号为商君，所以又称为商鞅。

商鞅到了秦国，打听到秦国有个叫景监的人很受秦孝公的宠爱，就用重金贿赂他，托他引见秦孝公。据说，在景监的引见下，商鞅一共四次拜谒秦孝公。

第一次拜谒。商鞅对秦孝公大谈传说中的尧、舜这些帝王如何与百姓同甘共苦，身体力行，以自己的模范行动感化了百姓，从而达到天下大治这一套所谓的"帝道"。结果说得秦孝公直打瞌睡，一句也没听进去。事后，孝公责备景监说："你的那个客人，只会说一些大话来欺人，不值得一用。"景监就埋怨商鞅，商鞅说："我向国君进献了帝道，可他却不能领会。"还说："我第一次没经验，请你再引见一次。"

第二次拜谒。这是在五天以后的事情。商鞅大谈周文王、武王的"王道"，这次，孝公没睡觉，听了一半儿。孝公对景监说："你那个朋友啊，没多大能耐，但可以交谈。过几天再让他进宫来谈吧。"

第三次拜谒。这一次，他们谈得比较投机，但孝公也没表示要任用他，只是对景监说："你的这个客人还可以，我能同他谈得来！"景监问商鞅，"你都对国君谈了什么？"商鞅说："我向国君推荐了春秋五霸以武力强国的道理，国君有要用我的意思了，如果能再见我一次，我就知道怎么去说服国君了！"

第四次拜谒。当商鞅向国君进言时，秦孝公听入了迷，有时，甚至忘了君臣礼节，不知不觉地一次次将坐席向前移，商鞅一连说了好几天，孝公也没听够。景监很奇怪，问道："你说了些什么打动了国君，国君那么激动。"商鞅说："我向国君进献帝道、王道，国君说那些事太久了，他等不及，我向国君进献强国之术，国君就特别高兴。"

商鞅为了让孝公接受自己的观点，一次又一次地晋见孝公，终于使孝公接受了他的政治观点。在以后的两年里，商鞅成为孝公宫廷中最受欢迎的人。他们经常在一起彻夜长谈，富国强兵的政策也成熟了。

公元前 359 年，孝公授权商鞅，正式推行变法，但这遭到了保守势力的强烈反对。甘龙、杜挚是反对派的代言人。于是，在改革的前夜，在秦国的宫廷，发生了一场激烈的大论战。

孝公说："我既然身为国君，就应该以国事为重，这是国君的本分。现在我想变法以求强国，改变旧礼以教化民众，但我又担心天下人议论我。"

商鞅立即指出："要变革旧有的法令制度，肯定会有人怀疑您的动机和变法的效果，这不足为奇。凡是有高出常人的行为的人，必然会被世人非议；有强烈的主见和高明的远见的人，怎么会马上得到他人的信任呢？愚钝平庸的人，对已经明朗的状况都不能察觉；才智过人者，则能够在事情还未曾萌芽时就能推测到它的结果；一般的臣民，因为心智过于平常，不可以和他们谋划创业之事，不过，可以让他们坐享其成。那些有大志向，能成就大功业者不屑于和大多数平庸的人商议。在有识之士看来，只要能够使国家强大，只要有利于民，就不必拘泥于固有的成法。"

商鞅这一番长篇大论，让秦孝公非常激动，马上回应说："好！太好了！"但商鞅的矛头明显地指向了反对派，孝公又明确支持商鞅，这引起了他们的不满。甘龙赶紧上前说："我听说圣人不会改变那些民众的本质就可以对他们进行教化；有大智慧的人，不必改变原有的法纪，就可以使天下大治。按照老习惯做，可以不费力气就能教化民众；依照旧制度去治理国家，官吏熟悉，民众好接受。如今，国君不按秦国的传统办事，天下人肯定要议论国君。请国君慎重考虑。"

秦孝公并非鲁莽之人，他听到甘龙的话，心里有所触动。商鞅见状，急忙上前说道："甘龙所说不过世俗之言而已。普通人当然愿意安于现状，而那些老学究们则往往被他们所熟悉的那一套所蒙蔽，这些成为他们接受新事物的桎梏。像这两种人，可以当官做老爷，但是他们不配去讨论变革的事情，因为他们只能看见眼前的东西，不懂得思考，墨守陈规，不思进取，无所作为。请大王想一想，当年夏、商、周三代都是天下共同拥戴的帝王，但是他们都制订了完全不同的礼仪制度。春秋五霸，包括您的先祖秦穆公，都因使用不同的法度而成为天下的霸主。有智慧的人可以制定法纪，改订礼仪，移风易俗；而愚钝者只能被法纪所约束，也只能因循旧礼制。请大王想想，如果我秦国都是那些畏缩不前、因循守旧的庸人，什么时候才能恢复穆公时的霸业，什么时候才能建立大王您的万世之功呢？"

商鞅明显在对孝公使用激将法，杜挚一看，势头不好，大叫道："常言说得好，'利不百，不变法；功不十，不易器'。如果没有一百倍的利益，十倍的功效，变法又有何用？不过是一场没有意义的乱子而已。而且，沿袭古代制度没有过错，遵循旧礼也不是什么坏事啊。请大王一定三思。"

杜挚的话果然增加了孝公的担忧，因为他就是怕一旦变革旧法，不但没能达到使秦国成为天下第一强国的目的，反而造成一场混乱，到时候，怎么收场啊？

正在此时，商鞅不慌不忙地说道："前代礼教各不相同，你究竟效法哪一个呢？治理天下不必用一个方法，管理国家也不必师法古人。想当初，商朝的大王成汤和周朝的大王周武王，都是没有因循守旧而成就王业的，这一点天下皆知。而夏朝的末代帝王夏桀和商朝的末代帝王商纣王，都是因为不知道在新的时代应该更改礼仪制度而导致亡国的。时代变了，旧礼、旧法也一定要变。"商鞅进而提出了自己变法的理论根据："治世不一道，变国不法古。"

商鞅对杜挚的语气比较客气，使本来剑拔弩张的气氛稍稍缓和下来。满朝文武见秦孝公明显倾向于商鞅，而且商鞅的辩论有理有据，思维缜密，都不敢继续上前与他辩驳了。

孝公见商鞅已经在言辞上压倒了群臣，而且他所说的都在理，便高兴地说："你说得太好了，我心里没有疑虑了！"

孝公马上封商鞅为左庶长，然后又指派他制订变法的方案。历史上著名的商鞅变法开始了。一系列新法措施相继出台并实施。

商鞅的新法令赏罚分明，规定官职的大小和爵位的高低以打仗立功为标准。贵族没有军功的就没有爵位；多生产粮食和布帛的，免除官差；凡是为了做买卖和因为懒惰而贫穷的，连同妻子儿女都罚做官府的奴婢。

秦国自从商鞅变法以后，农业生产增加了，军事力量也强大了。不久，秦国进攻魏国的西部，从河西打到河东，把魏国的都城安邑也打了下来。

公元前350年，商鞅又实行了第二次改革，改革涉及到国家的方方面面。

商鞅在秦变法前后共二十一年，司马迁在《史记》中说，新法"行之十年，秦民大说，道不拾遗，山无盗贼，家给人足。民勇于公战，怯于私斗，乡邑大治。"

秦国越来越富强，各方面的实力都赶上或超过了东方六国，秦国一跃而成为头号强国。周天子打发使者送祭肉来给秦孝公，封他为"方伯"（一方诸侯的首领），中原的诸侯国也纷纷向秦国道贺。魏国不得不割让河西土地给秦国，把国都迁到大梁（今河南开封）。从此，秦国称雄于东方，为秦始皇统一六国奠定了坚实的基础。

古代对帝王称"君主"，又简称"君"，有"君临天下"之意。"君"字古体从"群"字，意即"群下之所归心也"（《白虎通·号篇》）。"君"字的本意，说明了国君是从原始的部落群体发展而来的，随着私有制和国家的产生，原来的部落首领逐渐成为国家元首，具有至高无上的地位。《汉书·丙吉传》更称"君为元首"。

3. 晋献公　借道伐虢，唇亡齿寒

晋献公早年是个英明能干的君主，他即位之初就采纳了大夫士蒍的建议，对晋国众多的公子王孙实行诛杀驱逐政策，因为他们是国家分裂的隐患。许多公子王孙逃亡去了晋的邻国虢（今山西省平陆县东南），不自量力的虢国国君因此起兵攻打晋国，结果被晋军打得丢盔弃甲，狼狈不堪。

晋献公十年（公元前667年），晋献公要举兵讨伐虢国，士蒍认为时机还不够成熟，就对晋献公说："等到虢国内部发生叛乱时再攻打它吧！"

九年后（公元前 658 年），晋献公还是咽不下这口气，弹丸之地的虢国居然敢侵犯强大的晋国，想到这里，他就情不由己地燃起一腔怒火。他说："从前，我的祖先庄伯、武公平定国内叛乱时，虢国经常帮助叛乱分子。现在，他们又藏匿了不少晋国的公子王孙，不诛杀了这些人，如果他们犯上作乱，那不就是为子孙后代留下了无穷无尽的祸患了吗！"为了打虢国一个措手不及，他决定向虞国借路，从虞国向虢国发起突袭。

于是，晋献公派大夫苟息给虞国公送去了一匹宝马。

热衷玩乐，爱贪便宜，尤其对宝马雕车情有独钟的虞国公一见这匹宝马，两眼直放光。他顾不得国君的尊严，像厩房的马夫一样，围着宝马转了好几圈，不住地夸赞："好马，好马！真是一匹千里马啊"，又转了一圈，他若有所思地问道："贵国国君如此慷慨，大概是有求于敝国吧？"

"不，"苟息回答说，"敝国国君久仰您的大名，很想高攀结交，特地委派在下献上名马一匹。礼品虽薄，情谊不菲，敬请笑纳。"

虞国公打断了苟息的辞令："贵国国君的美意，寡人就领受了。有什么事情，尽管直说，凡是敝国能效劳的，都会尽力而为。"

"在下奉命前来时，敝国国君吩咐，请求向贵国借路，让敝国军队走上一趟。因为虢国多次侵犯骚扰敝国，敝国想给它点颜色瞧瞧。"苟息说到这里，稍微停顿了一下，悄悄地观察虞国公的反应。

虞国公正要答复，大夫宫之奇示意他拒绝借道。有了宫之奇的示意，虞国公不好表态，他闪烁其词，支支吾吾了老半天，最终也没有个明确答复。苟息看出了其中的关节，连忙加重语气补充道："如果敝国侥幸取胜，所有战利品都奉送陛下。"

贪婪的虞国公得了这个许诺，当即作出了允诺："好吧，不就是在敝国走一趟吗，没问题！"

苟息完成了使命，告辞回国。

晋国军队借道虞国，开赴到了虞、虢两国的边境地区。毫无防范的虢国军队不堪一击，晋军一举攻克了虢国的城邑下阳。

晋献公二十二年（公元前655年），晋国再次向虞国借路攻打虢国，这一回，晋献公的胃口更大了，他想拿下虢国后，顺手牵羊，连虞国也一起吞下。

晋国使者为借道带来了美女宝玉，虞国公看着晋国美人一个个婀娜多姿，娇羞欲滴，早已是魂不守舍，说："晋侯太客气了！三年前，我们两国不是合作得很愉快吗？借路就借路，干吗还送来如此丰厚的礼物，这让寡人如何消受得了！啊，这个这个，晋侯太客气，太客气了。"

宫之奇早就看穿了晋献公的狼子野心，他极力谏阻："虢国是虞国的外围，虢国灭亡了，我们虞国离灭亡还会远吗？晋国的贪心不能再纵容了，对于晋国军队借路不可掉以轻心呀。上次借路就够过分的了，难道还能答应他第二次吗！俗语说，辅车相依，唇亡齿寒，脸颊和牙床骨皮肉相连互为依存，嘴唇有了豁口牙齿便受寒冷，这话说的就是虞国和虢国存亡与共的道理啊！"

虞国公说："晋国是我国的同姓宗族，难道它会害我吗？"

"虢仲、虢叔，是王季的儿子，做过文王卿士，功勋在王室受

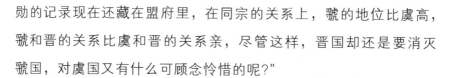

勋的记录现在还藏在盟府里，在同宗的关系上，虢的地位比虞高，虢和晋的关系比虞和晋的关系亲，尽管这样，晋国却还是要消灭虢国，对虞国又有什么可顾念怜惜的呢？"

宗族关系既然不是许诺晋国借路的理由，虞国公又拿自己诚心敬神的遁词搪塞宫之奇，说："我祭祀的祭品又丰盛又清洁，神明定会保佑我国。"

宫之奇回答说："臣下听说，鬼神并不亲近某一个人，而只是依从有德行的人。所以《周书》说，上天对于人没有亲疏远近，只是有德行的人上天才保佑他；祭祀用的黍稷等五谷并无芳香，人的美德才芳香；人们拿来祭祀的物品都一样，只是有美好德行的人供奉的祭品才是真正的祭品。这就是说，神明所凭依的是德行。如果晋国占领了虞国，发扬美德做芳香的祭品奉献给神明，神明难道会拒绝晋国的祭祀！这样看来，祭祀的丰盛清洁并不能保证虞国幸免于难。"

宫之奇的话头头是道，句句在理，但虞国公舍不得到了手的美女，根本听不进宫之奇的劝谏。

宫之奇一腔怒火，他还想据理力争，再多说几句，却被站在身旁的大夫百里奚制止了。

退朝后，宫之奇责怪百里奚说："朝奏时，你不以国家存亡为重，帮我说上几句，怎么反倒劝阻我进谏！"

"咳！给不辨是非不明大义的人出主意想办法，不是徒费口舌吗？说得再多，也没用啊。既然国君听不进去，再劝下去，说下定会招来杀身之祸呢！"百里奚见宫之奇还是执迷不悟，就耐心地开导他一番。

宫之奇想，百里奚的话有道理啊！当虞国公答应了晋国使者，晋国军队将要踏进虞国时，宫之奇带领着他的整个家族悄悄地离开虞国，出走国外了。

临行前，宫之奇满怀故国忧思，悲愤而无奈地说："虞国等不到年终的腊祭就要完蛋了！晋国消灭虢国后，肯定乘胜吞并虞国，它用不着再兴师动众，劳顿兵马了！"

晋国大将里克和苟息率领着阵容庞大的军队来到虞国。虞国公对苟息说："为了报答贵国，敝国将发兵助战。"

虞国公为虎作伥，晋国侵略军更是如虎添翼。这一年的十二月初一，晋国一举灭掉了虢国。

里克把俘获的虢国宫女和抢来的财宝随便分了一些给虞国公。

虞国公高兴极了，他吩咐朝臣对得胜回国的晋国军队大加犒劳。里克乘机提出，让军队就地驻扎在虞国都城之外，说："将士们和战马都太劳顿疲惫了，暂且在贵国休息几天再回去。"虞国公不假思索，满口允诺。

两天后，一名惊慌失措的朝臣忽然禀报虞国公，说晋献公来了，车驾眼下已经到了都城门外。

虞国公赶忙备车，出城欢迎。晋献公邀虞国公到城外箕山打猎。晋国随驾的车马仪仗，豪华气派，虞国公甭说见识，连想都没敢想过。但是，好大喜功的虞国公不甘示弱，命令都城里的兵马倾城出动，跟随他去陪晋侯打猎。

顿时，整个箕山马叫人欢，山里的禽兽们遇到围猎，到处惊奔。这盛大的场面可把虞国公乐坏了。

正在这时，百里奚气喘吁吁地跑来报告，说："大王不好了，京城里出事了，请大王赶快回驾。"

还没等虞国公靠近城门，城楼上早有一员大将哈哈大笑道："承蒙两次惠允借路，现在又把贵国借给了我们，末将这厢有礼了！"说着，这位将军双手抱拳向虞国公施起了礼数。

虞国公如梦初醒，悔恨交加，想立即组织军队攻城，可还没收拾好人马，城上早已乱箭齐射，如雨的箭矢朝他飞来。

"晋献公率大军到了！"这时又传来一声呼喊。

虞国公顿时吓出一身冷汗。

晋献公不屑一顾地立马虞国公面前，虞国公无奈地僵立着，他和他的大臣百里奚眨眼间就成了晋军的俘虏。

苟息把先前作为借路礼物送给虞国公的名马又牵回去，奉献给了晋献公。

晋献公走向分别已久的宝马，爱抚地轻拍着马背，端详了好久，不无感慨地说："马还是我的马，只是牙口老了许多啊！"

晋国军队借道虞国，消灭了虢国，随后又把亲自迎接晋军的虞国公抓住，灭了虞国。

《左传·僖公五年》记载了这件事，成语"唇亡齿寒"也流传了下来，比喻双方关系密切，相互依存。

4. 晋文公　忍辱负重成霸业

晋献公晚年宠爱一个叫骊姬的女子，献公十二年（前666），骊姬生下奚齐。献公打算废掉太子，就让太子申生去驻守曲沃，公子重耳去驻守蒲，公子夷吾去驻守屈。献公与骊姬的儿子奚齐就驻守在绛。晋国人因此知道太子将不能即位了。献公共有八个儿子，太子申生、重耳、夷吾都很贤能，品德高尚。等有了骊姬，献公就疏远了这三个儿子。

十九年（前659），献公私下对骊姬说："我想废掉太子，让奚齐代替他。"骊姬哭着说："诸侯们都知道太子已经立好了，而且太子还多次统帅军队，百姓都归附他，为什么因为我就废掉嫡长子而立庶子，你一定这样做，我就自杀。"骊姬表面上赞扬太子，但暗中却让人中伤太子，想立自己的儿子为太子。

二十一年（前657），骊姬对太子申生说："君王曾梦见你的母亲齐姜，你应立即去曲沃祭祀母亲，回来后把胙肉献给父王。"太子不知是计，连忙赶到曲沃去祭祀母亲，回晋都后，把胙肉奉送给献公。献公当时出去打猎了，太子便把胙肉放在宫中。献公不在宫中，骊姬偷偷派人在胙肉上放了毒药。过了两天，献公回宫，厨师把胙肉献给献公，献公正想享用，骊姬从旁阻止说："胙肉来自远方，应尝尝它。"厨师把胙肉倒在地上，狗吃后立即死了，宦臣吃了也死了。骊姬哭着说："太子怎么这么残忍呢！连自己的父亲都想杀死，他是想接替您啊！"

太子申生听到这事后，逃到新城。献公非常生气，就杀死了太子的老师杜原款。有人对太子说："把毒药放到胙肉里的就是骊姬，太子为什么不自己去说清楚呢？"太子说："我父亲年老了，没有骊姬觉都睡不安稳，食不甘味。父亲知道真相，会对骊姬很生气，这不行。"有人又对太子说："那你赶快逃到别的国家去吧。"太子说："带着这个罪名逃跑，谁能接纳我呢？"申生于是在新城自杀。

这时，重耳、夷吾来朝见国君。骊姬又趁机陷害他们。他们十分害怕，赶紧逃亡了。

二十六年（前652），献公死了，骊姬的儿子奚齐继立。不久，奚齐被晋大夫里克等杀死，立公了夷吾为晋惠公。过了两年，骊姬陷害太子的罪迹暴露，也被杀死了。

重耳就是春秋五霸主之一的晋文公，他是晋献公的儿子。当初，晋献公因为宠爱骊姬，重耳被打发去守护蒲城。二十一年（前657），太子申生受骊姬诬陷，自杀而死。重耳当时正在晋国都城绛，因为害怕被杀，他没有向父亲辞别就逃回了蒲城，他的父亲晋献公派履鞮谋杀重耳，履辊割断了重耳的袖子，重耳爬墙侥幸逃走。重耳的母亲是狄国人，他就逃到狄。跟随他一起到狄的有五个品德高尚、才能出众的朋友：赵衰、狐偃咎犯、贾佗、先轸、魏武子。

重耳在狄国娶妻生子。到第五年的时候，晋献公就逝世了，大臣里克已杀死奚齐和骊姬，让人迎接重耳回国，想拥立重耳。重耳怕被杀，坚决辞谢了。后来，晋国又迎接重耳的弟弟夷吾并拥立了他，这就是惠公。惠公七年（前644）时，惠公又派宦者履辊带着人去谋杀重耳。重耳得知消息，就与赵衰等人商量，说："我听说齐桓公喜好善行，有志称霸，体恤诸侯。现在听说管仲、隰朋都去世了，齐也想寻找贤能的人辅佐，为何不前往呢？"于是，重耳又踏上了去齐国的路途。离开狄时，重耳对妻子说："等我二十五年不回来，你就改嫁。"妻子笑着回答："等到二十五年，我坟上的柏都长大了。但我还是要等着你。"重耳在狄共居住十二年才离开。

重耳经过卫国，卫文公对他很不礼貌。行在路上，重耳饿了，向村民讨饭，村民把土放在容器中献给他。重耳很不高兴，赵衰说："土象征着拥有土地，你应该行礼接受它。"

重耳到了齐国，齐桓公厚礼招待他，并把同家族的一个少女齐姜嫁给重耳。重耳在齐国住得很满足。两年后，齐桓公去世，正赶上竖刀等人发起内乱，齐孝公即位，诸侯的军队多次来侵犯。重耳在齐总共住了五年，他爱恋齐姜和安逸的生活，不想离开齐国。赵衰、狐偃有一天就在一棵桑树下商量离齐之事，一个女奴听到他们的密谈，回屋后偷偷告诉了齐姜。齐姜因为害怕女奴泄露秘密，不但没有给她奖赏，反而马上把她给杀了。

齐姜也劝告重耳赶快离开齐国，但是重耳不肯。重耳说："人生来就是寻求安逸享乐的，何必管其他事，我就死在齐国，哪儿也不去了。"妻子说："您是一国的公子，走投无路才来到这里，您的这些随从把您当作他们的生命。您不赶快回国，报答劳苦的臣子，却贪恋女色，我真为你感到羞耻。"一天，齐姜和赵衰等人用计灌醉了重耳，用车载着他离开了齐国。

重耳一行又经过曹国、宋国、郑国，都不怎么受待见。后来，到了楚国。楚成王设宴接待他，并问他以后打算如何报答楚国。重耳回答："万一晋国和楚国之间发生了战争，我愿意命令军队撤退三舍（即九十里）。"楚国大夫子玉说："君王对待晋公子太好了，今天重耳出言不逊，请杀了他。"但是，楚成王没有采纳他的意见。

最后，重耳到了秦国，秦穆公热情地接待他，并把五个女子许配给他，其中就有秦穆公的亲生女儿怀嬴。

晋惠公十四年（前 637）九月，惠公逝世，子圉即位。十一月，晋安葬了惠公。十二月，晋国大夫栾枝、郤縠等人听说重耳在秦国，都暗中来劝重耳、赵衰等人回晋国。于是，秦缪公就派军队护送重耳回晋国，重耳在外逃亡十九年，最终返回晋国，这时已六十二岁了。

晋文公重耳做了国君后，以超人的胸怀广纳贤士，使国势越来越强。

有一天，宋国大司马公孙固送来告急文书，说宋城被楚兵包围，请晋国速速出兵解围。晋文公收到告急文书有些犯难，当年逃难时，宋、楚两国都给予了很大的帮助，如今宋国被围，正是报答的时候，而围攻宋国的又恰恰是楚国，怎么办呢？

晋文公召集众臣商议对策。先轸说，晋国如今大业初成，正是需要在诸侯中树立威信的时候，所以一定要帮助宋国解围。狐偃同意先轸的观点，也了解文公的难处，于是给文公出了个主意：曹、卫两国都已归附楚国，卫国还与楚国联姻，当年逃难时，曹、卫两国的国君都对文公很无礼。晋国可以以此为由讨伐两国，两国被围，楚国必然出兵相助，宋国的围也就解了。晋文公依计而行。

楚将成得臣攻打宋都睢阳（今河南省商丘县南）胜利在望，突然接到楚成王命令，要他带一部分军队解曹、卫之围。成得臣冷笑一声，说：要是当初听我的话杀了重耳，哪会有今天的麻烦。"接着，让信使给楚成王回话：攻下宋城，再发兵支援曹、卫两国。只因这一怠慢，曹、卫的都城被晋国攻破。

这时成得臣又接到楚成王一道命令：与晋国能和则和，不可轻易作战。成得臣生就一副倔脾气，他原本没瞧起晋国，见曹、卫两国被攻破，心里不服，决心恢复曹、卫，打败晋军。

楚将宛春对成得臣说，对付晋国我们不必硬拼，接着献上一计：晋国表面救宋，实际是为了建立霸业。我们派人对晋文公说，如果晋国撤出曹、卫两国，我们就撤出宋国，然后再把我们这个想法暗里通知宋国，晋国若不答应，不但曹、卫两国怨恨他，宋国也会怨恨他。如果答应了，这三个国家都会感激我们，于晋国也没什么好处。成得臣一听，心里非常高兴，当即派宛春出使晋国。

楚使宛春的到来，着实给晋国出了个难题。虽然宛春一开口，诡计就被识破，可一时又想不出应付的办法。

还是先轸打破了僵局，他说："我们可以暗中告诉曹、卫，如果他们同意与楚国断交，我们就恢复他们的国家。然后再扣留宛春，成得臣脾气暴躁有勇无谋，他必然会倾全力与我们作战。宋国的围解了，曹、卫也不会怨恨我们。晋文公听了先轸的计策很高兴，虽然觉得有些对不起楚国，但想想自己的霸业，也顾不了那么多了。

成得臣听说宛春被扣留，气得暴跳如雷，接着，又收到了曹、卫的绝交信，更是怒火中烧，当即从宋国撤兵，准备同晋国决一死战。斗越椒见成得臣要违背楚成王的命令，连忙劝他不可冲动，怎奈成得臣的火暴脾气一个字也听不进去，坚决要出兵。斗越椒没有办法，便与成得臣商量等他奏请国君后再说。成得臣勉强同意。斗越椒急急火火地回都城见楚成王，结果斗越椒前脚走，成得臣后脚便发兵至晋军驻地附近。

晋军众将领见楚军压境，纷纷摩拳擦掌，准备迎敌。谁料，晋文公同狐偃商议了一会儿后下令：大军后退九十里！众将哗然。狐偃解释道：成得臣虽然无理，但当年楚王于我们主公有恩，我们不能忘了楚王的好处。

当年晋文公逃难在楚国时，经常与楚王结伴外出打猎，赛箭法，比武艺，相处得非常融洽。一次宴会中，楚成王开玩笑似的问重耳："假如有一天你当了晋国国君，怎么报答我呀？"重耳很温和地回答："假如我能当国君，会努力让晋、楚两国友好相处。如果两国发生了战争，不得不刀枪相见，我当退避三舍（一舍是三十里），以报答楚君的大恩。"

成得臣听到此话心里很不舒服，认为此人将来必定成为楚国的大患，便暗示楚君杀掉重耳，楚成王不以为然。

于是晋军后退三舍之地，在城濮（今山东范县临濮集一带）驻扎下来。

晋军后退，成得臣面上有光，本可见好就收，既不劳民伤财，又不担什么违君的罪名，怎奈他一心要战，便率军追到城濮，并向晋文公下了一个语言轻谩的战书，大意是：您就站在战车的横木上看我怎样逗您的武士们玩吧！狐偃看了战书对文公说，成得臣傲气十足，必吃败仗。

晋文公回了一封不卑不亢的信，打发走楚国的使臣，开始认真备战。他大胆起用年轻将领先轸做主帅。先轸也表现出突出的军事才能。他在练兵时特别交待：平时作战，击鼓进军，击锣收兵，而这次作战，击鼓收兵，击锣进军。他在摸清楚军实际情况后，将晋军分为上、中、下三军,分别对付楚军左、中、右三军;又暗中拨一支精兵绕到楚军背后埋伏好,只等楚军败退时,夺取他的大寨;魏犨率兵到空桑埋伏,截击楚国败兵;舟之侨准备船只在南河等待,以便将缴获的军械粮草运走;赵衰保护晋文公上有莘山观战。

成得臣此次出兵联合了陈、蔡、申、息等国,他见晋国只有宋国相助,认为他们不堪一击,所以并未做什么部署,只等着看晋军怎样全军覆没了。

两军开战不久,晋军佯败逃跑,陈、蔡军队穷追不舍。忽听一声锣鼓响,陈、蔡军队以为晋军要收兵,追得更加起劲,谁知伴随锣鼓声,冲出一队战车,战马身上都披着虎皮。陈、蔡军马大惊,认为猛虎下山,顿时大乱,四处狂奔,把楚军后队也冲乱了。晋军乘机杀出。楚军右师大败,楚将斗勃中箭逃跑。

晋军士兵扮成陈、蔡士兵向成得臣报告,右师大获全胜,晋军被击垮,已全线溃逃,成得臣哈哈大笑,派斗宜申率左军追击。

先轸见楚左军杀来,让士兵在战车后面拴上树枝,在路上迂回奔跑,扫起层层尘土,远远看去,就像全军溃逃卷起的烟尘,楚军求胜心切,打马便追,并不知道是晋军请君入瓮的计策,结果楚军又全线崩溃。

成得臣只知楚军大获全胜,马上就可以活捉晋文公,谁知先轸率三路军马杀来,他才知道两军溃败,慌忙下令撤兵。无奈为时已晚,士兵十之七八成为俘虏。正在成得臣绝望之时,他十五岁的儿子成大心杀出一条血路将他救走。

成得臣逃回营寨,见粮草、军械已被晋军所收,只得继续往后山逃跑。谁知刚到空桑，魏犨又率军杀出，将楚军团团围住。成得臣走投无路，准备誓死挣扎，正在这时，晋文公派人传令：放楚军回国，以报楚王当年之恩。成得臣回国后，听说楚成王正为他违命出兵惨败而归的事生气，而且没有原谅他的意思，便自刎而死。楚成王并不想处死他，但要阻拦已来不及了。

晋文公在城濮之战中大获全胜，在诸侯之间诚信倍增。

5. 楚庄王 一飞冲天，一鸣惊人

楚成王时，楚国的国力发展到第一个高峰，在他当政的四十六年中，屡次北进，在召陵受到齐桓公霸权的阻挡，城濮又遭到晋文公的打击，晚年想改立继承人不成，被迫自杀。他的儿子穆王因是逼死父亲自立，造成内部分裂，在穆王短短的十二年政权中，无所作为，国内一些强宗大族势力兴起，互相争夺，使楚政治上出现危机。楚庄王就是在这种困难环境中即位的。

据传说，楚庄王在即位的三年中，"左拥郑姬，右抱越女"，日夜作乐，怠于政事。不少人劝谏他，他却发布了一条命令：有来进谏者杀头！

一天，有个叫成公贾的人去见他，庄王问他见到命令没有，成公贾说他不是来劝谏的，而是来说谜语解闷的，庄王就让他说说看。成公贾说："南山有只鸟，三年不飞不动也不叫，是什么鸟？"庄王回答说："三年不动是决定志向，三年不飞是在长翅膀，三年不鸣是观察周围情况。此鸟不飞则矣，一飞冲天；不鸣则已，一鸣惊人。"

于是，庄王随即上朝理政，"所诛者数百人，所进者数百人"。国人欢悦，楚国大治。原来他即位初年，不问政治，是采取外昏内智的策略，用沉湎于酒色作掩护，使矛盾暴露，洞悉忠奸，一旦着手整顿朝政，就能情况明了，决心大，处理正确。

楚庄王整顿内政后，首先是征服庸国。穆王末年到庄王初年，内乱频繁，又发生天灾，经济上困难。周围的一些部族乘机叛楚，这其中以庸人为首。它联络麋、戎、蛮、百濮等部族，声势很大。当时形势很严重，申、息两地的北城门都不敢打开，怕中原诸侯乘机来攻，有人提出迁都以避戎蛮的主张。

庸是一个古老的国家，周武王伐商的联军中就有它参加，地点在今湖北竹山县。它东南到鱼邑（今四川奉节县），北到陕西安康，地处秦、巴、楚之间，是西北通秦，北上中原的战略要地。楚庄王采纳芃贾的意见，于公元前 611 年（鲁文公十六年）起兵伐庸。庄王的策略是打击主要敌人，瓦解其他。果然，楚起兵伐庸后，麋和百濮等少数部族都惧而退兵，楚军采取七战七败的麻痹骄敌策略，然后集中优势兵力，一举灭掉庸。这一战役不仅解除了西部威胁，同时还把地盘扩大到今湖北西北，与秦直接相接。

楚接着向北用兵，进攻陈国。陈本是亲楚的，因陈共公死时楚人"不礼"，就倒向晋一方。公元前 608 年（鲁宣公元年），庄王带兵进攻陈、宋两国。晋国赵盾救陈，责问郑国亲楚之罪，楚在北林（今郑州东南）打败晋军，并活捉了晋将解杨。

次年春天，楚指使倒向它的郑国进攻宋国，郑、宋两军在大棘（今河南睢县南）交战。宋国主将华元战前杀羊分赏士兵，却漏掉了给他驾车的羊斟，郑、宋两军开战，羊斟就把华元一直拉到郑军中，一国主将，就这样当了俘虏。宋军没有了主将，自然大乱而遭惨败。郑人缴获战车四百六十辆，斩首一百人，活捉二百五十人。羊斟这种因私怨而大败国事的行为，回国后却未受到惩办，当华元逃回问他是不是马不听使唤，他却回答说是人不是马，说完就逃之夭夭。这充分表明宋国军纪、法纪败坏到了何种程度，所以宋国一直积弱不振。

这年夏天，晋联合宋、卫、陈三国准备攻郑，以报大棘之仇，楚国将军队开到郑国国都等待晋军，晋中军元帅赵盾率领的四国联军不敢前去交锋就退了回去。可见，楚庄王这只"鸟"鸣起来，确实是把晋国人吓住了。

公元前594年，楚庄王率军围攻宋，宋人赶紧向晋国求援。晋国害怕楚国，竟不敢出手相救。宋人坚守都城长达一年多，城内断粮断炊，居民"易子而食，析骸以炊"，异常悲惨。最后还是华元趁夜潜入楚营，拿着刀逼迫楚国主帅子反撤围，宋、楚议和，宋国依附于楚国。

从此以后，中原诸国，除了齐、秦、鲁以外，都背晋向楚。楚庄王饮马黄河，打败晋国，称霸中原。

6. 吕不韦 从奇货可居到王霸之业

在春秋战国时期，争宠嫉才，玩弄权术的阴谋家可谓不少，但是像商人吕不韦那样用经商手段攫取权势，并最终成就王霸之业的，在中国历史上，他却是唯一的人。

吕不韦是战国时期卫国濮阳人，原为阳翟（今河南禹县）大商人，在赵都邯郸遇到了在赵国做人质的秦公子异人，游说华阳夫人，得立为太子，即庄襄王。秦王嬴政时被尊称为"仲父"。他召集门客为他写的《吕氏春秋》，集阴阳五行家、道家、儒家、兵家、墨家为一体，使他成为杂家的代表人物。秦王亲政后被迁往蜀都，自杀而死。他既有商人的追逐利润的本性，也有政治家的远见卓识。他把自己的商贾巨利押在了一个人身上，结果造就了一个一统天下的伟大帝王。

吕不韦出生于卫国，人们最早知道他时，他还是一个大商人。他遵循"贩贱卖贵"的原则，而致"家累千金"。他成了一个巨富，谁见了他都得低头，他实在是太富有了，以至于王公贵族都得高看他一眼。

也许是多年商海生涯的训练，吕不韦有一种特殊的直觉，只要是他目光所及，都可以成为他生利之物，对利益的权衡使他具有高于一般商人的独特的见识。

《战国策·秦策》记载，有一年，大商人吕不韦到赵都邯郸，遇到了秦昭王的孙子异人，这个异人此时正在赵国做人质。想不到这次相遇竟成为吕布韦一生的转折点，并且使他以政治家的身份，留在了史书上。据说，吕不韦回到家就问他的父亲："耕田之利几倍？"父亲答："十倍。"问："珠玉之赢几倍？"答："百倍。"问："立国家之主几倍？"答"无数。"吕不韦听罢哈哈大笑。老父不解地问："因何而笑？"答："遇奇货，可居也！"

当吕不韦在邯郸闹市看到秦国那个落魄公子的时候，公子那时住的地方很差，连坐的马车也很简陋，这个公子实在是太不得意了。可吕不韦就是凭着商人的思维逻辑，认定这个异人是"奇货可居"，认定未来的天下只要运筹得当，必然由秦兴起而主宰一切，便决定把自己的商贾巨利转入政治生涯，押在异人身上。

异人，秦昭王次子安国君的中子，他的母亲是夏姬，色衰爱弛，在安国君众多的夫人中很没地位，郁郁而终。安国君也就不怎么爱惜这个儿子。异人就被秦昭王作为质子送到了赵国。秦国多次出兵攻打赵国，赵人对异人也就很不礼貌，他生活窘迫，甚至常常有生命危险。

吕不韦自从那日见了异人一面，就想方设法接近异人。异人身居异地，举目无亲，有这么个富有的大商人与他相交，心里有了莫大的安慰，他们成了至交。

吕不韦为异人分析当时的形势，说："将来统领天下的非秦莫属，现在令祖年事已高，太子早死，令尊安国君依次成为嫡子，且即将继位，你亲母已经去世，你虽有二十几个兄弟，但全是庶出，而令尊安国君在所有姬妾当中，最宠爱华阳夫人，华阳夫人又不曾生育。如果你能博得华阳夫人的欢心，作为她的嗣子，恳求立你为太子，今后令尊安国君仙逝，这秦国的国君宝座非你莫属。"

异人听了吕不韦的这番分析，激动不已，继而一想，说："唉！我现在作为人质在赵国，好似笼中之鸟，纵有这一机遇，也是枉然啊！"

吕不韦说："你不用太担心，我当为你出力，我先拿出几千两金子来，替你打通关节，到秦国见到令尊和华阳夫人，转达你的心愿，然后，再设法帮你脱逃赵国，回到秦国。"

异人声泪俱下，立即下拜，表示成功以后，一定任吕不韦做相国，辅佐朝政。

吕不韦赶紧将他扶起，说："为了秦的统一大业，这是值得的。"

于是，吕不韦以经商的名义去秦国，先以重金贿通华阳夫人的姐姐，华阳夫人的姐姐赞同吕不韦的主意，并向华阳夫人进言，华阳夫人也很担心自己膝下无子将来无所依，所以十分赞同吕不韦的意见。

于是，华阳夫人在安国君面前不断地夸赞异人，说异人心地善良，有孝心，并且有雄才大略，是诸多公子中的佼佼者。再说，现在他在赵国做人质，生母也死了，也够可怜的。安国君听了也很辛酸。华阳夫人三番五次地恳求安国君，让他答应立异人为太子，安国君终于答应了。

但是，这仅仅是吕不韦实现宏伟计划的第一步。当时，邯郸是中原地带的首富之区，商贾繁荣，文化也比较发达，笙歌艳舞，日夜不绝。吕不韦在这些如花似玉的名妓中，选中了一个名叫赵姬的女子。她生得袅娜娉婷，楚楚依人，面貌如花，柔情似水。吕不韦遂斥巨资为她赎身，纳其作妾。

不久，赵姬怀孕，吕不韦大喜："天助我也！"过了几天，吕不韦邀请异人到自己府中饮宴，赵姬在一旁侍陪。异人年正青春，兼之在赵国孤身独处，如羁身缧绁，见有美女侍宴，且生得楚楚婷婷，风姿袅袅，不由得心旌摇荡，神魂颠倒。有美女作陪，加上喝多了酒，异人难以控制自己，情不自禁地上前将赵姬搂住，吕不韦见状，怒不可遏，喝道："岂有此理！我以诚心相待，欲救你于水火，你竟敢调戏我的爱姬，太不够朋友了！"

异人顿时吓得酒醒了，浑身颤抖着，跪下求饶。吕不韦随即笑道："我与你多时交好，我为你的事，竭尽心力，好不容易立你为太子，未来的秦国，将由你主宰，如今大业未举，你尚未脱出囹圄，还是人家的笼中之鸟，网内之鱼，唉！你太令人失望了！"

异人吓得跪在地上直磕头，说自己不知死活，斗胆冒犯，一时冲动，望求开恩。"好吧，起来！你既看中了赵姬，我也就送你一个情，把她送给你了！"

异人一听，欣喜若狂。他又迫不及待地向赵姬表明心迹："承蒙吕先生成全于我，请你放心，我异人此生决不负你！"

这是公元前 260 年的事。第二年正月，赵姬在赵国邯郸生下了一名男婴，因正月生于赵国，取名赵正，回秦国后叫嬴政，就是后来的秦始皇。

公元前 257 年，秦军围攻邯郸，赵因为对秦的仇恨，决定杀掉人质异人。吕不韦看到情况危急，就自己和异人装扮成为主仆商人，用重金买通守城官员，逃出了邯郸，逃回了秦国。

异人回秦之后，又将赵姬秘密接到秦，与赵姬拜见了华阳夫人。华阳夫人见这一双佳儿佳妇，乐不堪言。安国君当然也顺从华阳夫人，于是，正式宣布立异人为储君。异人在安国君面前极力推荐吕不韦，安国君见吕不韦品貌不凡，性情乖巧，机敏善辩，很是欢心，遂即委以重任。

公元前 251 年，秦昭王病殁，安国君正式嗣位，为秦孝文王，华阳夫人为王后，异人为太子，赵姬则名正言顺地做了太子妃。

秦孝文王即位才一年，就因病去世了，当时，三十二岁的异人做了秦国国君，是为秦庄襄王，立嬴政为太子，吕不韦为相国，并加封他为文信侯。

庄襄王登上王位，当然十分感激吕不韦，加上他并无文韬武略，朝政全由吕不韦掌管，吕不韦熟知各国局势，经过周密的准备，突然以迅雷不及掩耳之势，出兵击溃了赵军，秦的军力由此逐渐壮大起来。

秦庄襄王在位仅仅三年就死了。十三岁的嬴政在公元前247年做了秦国国君。嬴政让吕不韦做了相国，还尊称他为仲父。虽说，最终嬴政容不下吕不韦了，把他发配，他最终饮鸩而死，但这丝毫不减弱他那笔大买卖对中国历史的影响。因为，最终，嬴政统一六国，成为万世开基的始皇帝。

7. 汉景帝 误杀晁错

晁错是颍川（今河南省禹县）人，少年时学习法家申不害和商鞅学说，他也很有文学才华，文章写得很好，年岁不大就担任太常掌故。那时候，人们都非常推崇《尚书》，认为那是帝王治理天下不可不读的书。可是，由于秦始皇焚书坑儒，随后又是多年战乱，原来许多学说都失传了。汉文帝时竟至天下无人读懂《尚书》。后来，听说齐国有个伏生，是原来秦国的博士，只有他会《尚书》，可他已经九十多岁了，无法征召入朝。汉文帝便派晁错去齐向伏生学习。晁错学成归来，上书讲述他所学到的东西，因而得到文帝的赏识，被先后任为太子舍人、门大夫、博士等。

晁错给太子当老师是尽心尽力，他上书文帝，说现在太子读的书很多，但都跟治理国家没什么关系，应该早些培养太子的权术意识，如果只知背诵书本，那是劳而无功的。他建议文帝选择圣人之术中，那些对目前有实用价值的，赐给太子学习，经常让太子在皇帝面前陈述自己的看法。文帝采纳了晁错的意见，拜他为太子家令。太子家令相当于太子府的总管。晁错善于辩论，智谋出众，又很为太子的未来着想，太子对他特别宠信，称他为"智囊"。两人的关系非常亲密。

晁错在任太子家令期间，看到匈奴侵扰日益严重，多次上书给文帝，提出抗御匈奴的方略；针对商人兼并土地，农民流离失所的状况，他又提出重农抑商、与民休息的政策，都得到文帝的赏识，他的很多建议都被采纳。

文帝十五年（前165），文帝命令朝廷各部门推举贤良、方正、文学之士。晁错也应一些大臣的推荐应策。文帝亲自出题，就"明于国家大体"等重要问题，提出征询，这叫"策问"。当时大才子贾谊已死，参加对策的一百多人中，晁错获得第一名，他的《举贤良方策》成了西汉一篇著名的政论文。

这次策问，晁错给文帝留下了深刻的印象，他认为晁错思想深刻，该委以大任，就把他由太子家令提升为掌管议论政事的中大夫。

公元前157年，汉文帝死，太子刘启继位，称汉景帝。晁错被任命为内史，主管首都长安的行政管理工作。晁错多次单独和景帝商议国家大事，景帝对他言听计从，宠幸超过九卿。晁错仰仗景帝的宠幸，把法令制度该改的都改了一遍。这自然引起许多人的不满，可是晁错这时正受着皇帝的专宠，谁也不敢对他发难。

丞相申屠嘉深感自己的权力受到了侵犯，总想找机会除掉晁错。晁错的内史府坐落在太上庙外面的空地上，从东门出入极不方便，晁错便开门南出，恰好凿通了太一三庙外面的围墙。申屠嘉得知这个消息，就要拿它说事，奏请景帝杀了晁错。晁错预先知道申屠嘉要告自己，连夜进宫向景帝说明情况。等到申屠嘉向景帝奏事时，景帝说："那不是庙墙，是外面的围墙，是我让他干的，他没犯法。"申屠嘉气得吐血死了。别人见丞相都因和晁错作对被气死了，更没人敢说话了。

不久，晁错升为御史大夫，就是副丞相。他独揽朝廷大权，国家大事说一不二。他也有机会实现自己的政治主张了，而对诸侯国的担忧也更强烈了。

汉朝实行的是郡县制，但是同时又有二十二个诸侯国。这些诸侯都是汉高祖的子孙，也就是所谓同姓王。到了汉景帝那时候，诸侯的势力很大，土地又多，像齐国有七十多座城，吴国有五十多座城，楚国有四十多座城。有些诸侯不受朝廷的约束，特别是吴王刘濞，更是骄横。他的封国靠海，还有铜矿，自己煮盐采铜，跟汉皇帝一样富有。他自己从来不到长安朝见皇帝，简直使吴国成为一个独立王国。

晁错眼看这样下去，对中央政权不利。于是，他向景帝上了一道《削藩策》。君臣就此事进行了讨论。晁错对景帝说："吴王一直不来朝见，按理早该把他办罪。先帝（指文帝）在世时对他很宽大，他反倒越来越狂妄自大。他还私自开铜山铸钱，煮海水产

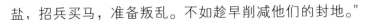

盐，招兵买马，准备叛乱。不如趁早削减他们的封地。"

汉景帝还有点犹豫，说："好是好，只怕削地会激起他们造反。"

晁错说："诸侯存心造反的话，削地要反，不削地将来也要造反。现在造反，祸患还小；将来他们势力雄厚了，再反起来，祸患就更大了。"

汉景帝觉得晁错的话很有道理，决心削减诸侯的封地。诸侯大多不是荒淫无度，就是横行不法，要抓住他们的罪恶，作为削减封地的理由，还不容易！

景帝下令，让公卿、列侯和宗室共同议论削藩之事。大多数人知道景帝是完全支持晁错的，没有人敢公开表示反对，只有窦太后的亲戚窦婴公开站出来表示反对，同晁错争论起来，从此他们之间就结了怨。

最后，景帝决定：削楚王东海郡，削赵王常山郡，削胶西王六县，削吴王豫章郡、会稽郡。随后，晁错又修改了关于诸侯王的法令三十条。

这件事在全国引起了极大震动，各地诸侯怨声载道，矛头都指向晁错。

晁错的父亲听到这个消息，从家乡颍川特地赶到长安。他对晁错说："你当了御史大夫，地位已经够高的了。怎么不安分守己，还管闲事？你想想，诸侯王都是皇室的骨肉至亲，你算什么？你把他们的封地削了，他们哪一个不怨你，恨你，你这样做究竟为什么？"

晁错说："不这样做，皇上就没法行使权力，国家就会大乱。"

老父亲叹了口气，说："你这样做，刘家的天下安定，我们晁家却危险了。我老了，不愿意看到大祸临头，我还是回家吧。"

这位老人一到家就服毒自杀了。事情的发展，果然像晁错的父亲预料的那样。

削藩十多天后，吴王刘濞就先造起反来了，他还煽动别的诸侯一同起兵叛乱。

公元前154年，吴王刘濞、楚王刘戊、赵王刘遂、胶东王刘雄渠、胶西王刘卬、菑川王刘贤、济南王刘辟光等七个诸侯王发动叛乱。历史上称为"七国之乱"。

七国都以"诛晁错、清君侧"为旗号，攻击晁错："侵夺诸侯封地，专以劾治污辱诸侯为事，不以诸侯入君之礼待刘氏骨肉，所以要举兵诛之。"

七国兴乱，朝野震惊，舆论哗然。景帝君臣一面调兵遣将，一面召来晁错商议军事。

晁错一介书生，不懂军事，认为诸侯王都是王爷，皇上应该御驾亲征才对。景帝反问道："朕带兵出征，谁来镇守京城呢？"

晁错又说："臣留守京城。陛下出兵，自然会镇服叛兵。"

景帝向来对晁错言听计从，这一次，他没有听从，而是任命周亚夫和窦婴为帅，带兵征伐七国。

有个叫袁盎的大臣和晁错是死对头，两人甚至从未在一间屋子里说过话。袁盎曾经做过吴国的国相，他知道吴王要造反，但不敢向朝廷报告，他回朝后吴国果然反叛，景帝一怒之下把他免为庶人。

这时，袁盎通过窦婴，说自己有计策可以不战而平息七国之乱。窦婴以为他真有安天下的妙计，便马上报告给景帝。景帝正为军事失利犯愁，闻言大喜，马上召见。

景帝问道："你曾经做过吴相，今吴、楚反，你看法怎样？"

袁盎说："这不足忧，只要答应七国的要求，杀了晁错，免了诸侯起兵的罪，恢复他们原来的封地，他们就会撤兵回去。"

景帝喟然长叹，说："如果能如此，为安天下，我不会爱惜一个人的。"

袁盎很聪明，害怕景帝杀了晁错会后悔，再来怪罪自己，便把自己先从责任中脱离开，说："臣的愚计只有这一条，皇上还是好好想一想吧。"景帝没有说话，只是任命他为太常，让他准备去吴国议和。

又过了十多天，前方的形势更加紧张了，七国猛攻不已，周亚夫和窦婴都处于守势，各地纷纷告急。还有一批大臣上奏章弹劾晁错，说他大逆不道，应该腰斩。

汉景帝为了保住自己的皇位，竟昧着良心，批准了这个奏章。

一天，中尉来到晁错家，传达皇帝的命令，要他上朝议事。晁错还完全蒙在鼓里，立刻穿上朝服，跟着中尉上车走了。

车马经过长安东市，中尉忽然拿出诏书，要晁错下车听诏。中尉宣布了汉景帝的诏令，后面一群武士蜂拥而上，把晁错绑了起来。这个一心想维护汉家天下的晁错，就这样糊里糊涂地被腰斩于市。

晁错被斩后，袁盎奉命出使吴国，他满心以为吴王的目的既已达到，应该见好就收的。谁知道吴王的胃口已经吊起来了，根本不把袁盎和朝廷放在眼里，不但连面都不见，还丢下一句话："要么投降，要么去死。"袁盎没办法了，只好从吴营中逃了出来，从此背上了一个恶名：挑拨离间，公报私仇，谗言误国，冤杀功臣。

这时，有人为晁错鸣怨了。校尉邓公从前线回来，向景帝汇报军情。

景帝问："晁错死了，吴、楚罢兵了吗?"

邓公说："吴王造反蓄谋已久，杀晁错不过是借口，其意不在晁错一人。臣实在担心，陛下杀了晁错，从此以后天下之士没有人敢为陛下言事了。"

景帝问："为什么呢?"

邓公说："晁错担心诸侯强大控制不了，才主张削藩，使中央权尊，这是万世之利。削藩才开始，陛下竟把晁错给杀了，这是内杜忠臣之口，外为诸侯报仇。臣认为陛下真是做了一件令亲者痛、仇者快的错事啊!"

景帝沉默良久，说："你说的对，朕也是追悔莫及啊!"

当时天下太平，吴、楚等七国之乱是不得人心的，周亚夫等名将率军平乱，不到三个月便平息，七个叛王不是被杀便是自杀。

晁错一心为汉室尽忠，到头来不仅成了替罪羊，也成为景帝用来平息叛乱的祭品。自古以来忠君须有道有术，强行削藩在当时是行不通的。班固在《汉书》中说："可悲呀，晁错虽不得善终，但世人怀念他的忠心!"

晁错削藩之功在于：自此以后，诸侯王力量大大削弱，到武帝时期，用"推恩令"彻底削弱了诸侯的实力，根绝了后患。

8. 赵普 半部《论语》治天下

赵普（922—992）字则平，幽州蓟县（今北京西南）人。为避兵乱，迁居洛阳。后周时，为赵匡胤的重要幕僚，策划了陈桥兵变，使赵匡胤黄袍加身。太祖时为宰相，参与制定"先南后北"战略，使北宋实现统一。太宗时，他两度为相。有半部《论语》治天下的说法。赵普有谋略，善于审时度势。二十四史演义的作者蔡东藩说："赵普惩前毖后，力劝宋祖裁抑武夫，百年积弊，一旦革除，读史者多艳称之。"

赵普读书不多，却天生是个做政治家的材料，他从小就对吏事感兴趣，年纪轻轻就作了永兴节度使刘词的幕僚，很受赏识。后来，后周宰相范质把他推荐到滁州任军事判官。在这里，他和赵匡胤相识，二人一见如故，很是投缘。

特别是在他们认识不久发生的一件事让赵匡胤意识到赵普绝不是等闲之辈。那时，赵匡胤的部下抓了南唐的一百多名乡民，说他们都是盗匪，打算斩首。赵普有些看不下去了，就对赵匡胤说："未审问就将他们杀死，倘或诬良为盗，岂不误伤了人命？"在赵匡胤这样的武将看来，赵普这样的书生之见未免太迂腐了，便笑着对赵普说："此地的老百姓，本来就是我们的俘虏，我将他们一律免罪，已经是法外拖恩。现在，他们又甘愿做盗匪，如果不将其正法，怎么警告众人呢？"赵普并不退让，他据理力争："南唐虽然是敌国，百姓又有什么罪过？况且您素有大志，很想一统中

原，怎能自己先划出一个界限呢?"赵匡胤一时语塞，最后说:
"你要是不怕劳苦，自己去审讯好了!"

赵普便去亲自讯问，除了确有赃物可以定罪的外，其余全部释
放。乡民们非常高兴，都称赞赵匡胤仁慈而明察。

此事给赵匡胤留下了深刻的印象，以后凡遇有疑难问题，赵匡
胤都会先同赵普商量。赵普对这位志向不凡的禁军将领也格外敬
重，全力辅佐。赵匡胤彻底掌管了禁军后，赵普开始成为赵匡胤
最信任的幕僚。

后来，周世宗从沧州进兵攻辽，一路势不可挡，他想一鼓作气
进攻幽州。谁知途中感上寒症，一连几天不见起色。他找来自己
信任的赵匡胤，心事重重地问他:"朕本想乘胜平辽，不料身体欠
安，恐怕会延误军机，你看怎么办才好?"

赵匡胤便说出了自己的看法:"大概老天现在还不想绝灭辽
国，所以圣躬不安，不能马上荡平它。如果陛下顺天行事，暂且
搁置不问，臣以为老天一定会降福，圣躬自然会安康了。"世宗犹
豫半晌，最后接受了他的意见。

当天晚上，赵普找到赵匡胤，问了世宗病情，寻思了一会，正
色说道:"主上的病看来是难好了。一旦辞世，七岁的孩子继位，
您的处境就吉凶难料了。"

"此话怎讲?"赵匡胤吃了一惊。

赵普深谋远虑地说道:"您为大周拓疆略地立下大功，威名远
扬;现又掌控禁军，权大威重。边关和禁军的将领里，无一人可
与您相比。自唐末以来，国家兴替，全因武将擅权。您现在正处
于风口浪尖之上，能不为少主和群臣所疑吗?被他们所疑，您还

不危险吗?"

赵匡胤听了这话,简直如雷击顶,半晌说不出话来。赵普两眼紧盯赵匡胤,一字一顿地说:"自古福祸相倚,您若顺势而为,趁此开创基业,非但没有危险,还会大富大贵。祸福吉凶,全在您一念之间了。"

赵匡胤深思良久,抬头对赵普说:"周主对我有恩,我怎能负他?"

赵普料到赵匡胤有此一问,他继续侃侃而谈:"如果您能妥善安置其宗室,也就可以了。非常之人才可行非常之事。何必为枝枝节节的小事牵怀?现在稍一犹豫,您就会失去时机,您的志向就不知何日才能实现了。"

赵普把问题说得清晰透彻,赵匡胤于是下了决心。公元960年,在赵普等人的导演下,历史上有名的"陈桥兵变"上演了,赵匡胤披上黄袍,封周主为郑王,封太后为周太后,改国号为宋,大赦天下。赵普当之无愧地成为北宋的开国元勋。

北宋的建立,基本上是一种和平过渡的方式,为了收买人心,稳定局势,太祖仍然重用后周的宰相范质等人;而明里暗里出谋划策、助赵匡胤登上帝位的赵普,得到的只是一般的官职。不过,赵普还是有战略眼光的,他对赵匡胤的做法很是理解,一如既往地为巩固新皇朝出力。但有一些人是不服气的。比如,那些领兵在外、据有数州之地的地方大员。

建隆元年(960),盘踞晋南的昭义节度使李筠联合北汉,起兵反宋。北宋当然要出兵平叛。赵普认为此次出征关系重大,对太祖说:"陛下初登宝位,广耀神武,挫英雄之气,服天下之心,在此举矣。"他建议太祖亲征，以鼓舞士气。太祖采纳赵普的建议，果然一鼓作气平定了李筠的叛乱。李筠投火自焚。

这一年，扬州的后周淮南节度使李重进又起兵反宋，太祖采纳赵普的谋略，仅用 3 个月就攻下了扬州。李重进全家投火身亡。

局势稍稍稳定了，但在北宋周围还盘踞着许多大大小小的割据政权,. 国家还没有实现统一。宋太祖是个有雄心大志的人，不统一天下，他是不能安心的。可怎样才能实现这个目标呢？他日夜思忖，殚精竭力。

一个大雪纷飞的夜晚，太祖和他的胞弟、后来的宋太宗赵光义亲自来到赵普家。温暖的火炉旁，三人烧肉饮酒，秉烛夜谈。

赵普问："这么寒冷的夜晚，陛下为什么出来？"

太祖直言不讳："我睡不着，一榻之外，都是他人的地方。"

赵普说："陛下认为天下太小了吧？南征北战是时候了，您已经有计划了吧？"

太祖试探着说："我想先打太原。"太原是北汉都城，太祖此意是"先北后南"的策略。

赵普一听，略略沉思，然后提出了完全相反的策略。他说："太原隔绝西北两边，就算打下太原，以后有什么事也只能由我们独自抵挡。不如等削平其他地方再解决它。弹丸之地，它能逃到哪儿去呢？"

太祖一听，笑着说："吾意正如此，特意试探试探你呀。"一个平定天下的统一大略——"先南后北"的策略就这样诞生了。这就是"太祖雪夜访赵普"的故事。

在随后的几年里，宋太祖就是在这个策略的指导下，基本上完成了国家的统一。

乾德二年（964），太祖起用赵普为宰相。那时，国家缺少人才，赵普就不遗余力地推荐。一次，他要授予某人担任某个官职，太祖不同意。第二天，他又上奏此事，太祖还不任用。第三天，还是上奏此事。太祖大怒，撕裂奏折扔在地上，赵普面色如故，慢慢拾起奏折回去，粘补缝合，又像以前一样上奏。太祖醒悟，终于同意了他的奏请。后来，赵普举荐的那个人果然很称职。

有个人，立了功，应当升官了，皇帝向来讨厌那个人，不同意升迁。赵普竭力奏请，太祖发怒说："我不同意他升官，你想怎么样？"赵普说："刑罚用来惩治恶人，奖赏用来酬劳立功者。刑罚与奖赏，是天下人的刑罚与奖赏，不是陛下一个人的刑罚与奖赏啊，哪里能够因为陛下高兴或讨厌而独断！"皇帝不听，起身，赵普跟着他。太祖进宫，赵普站在宫门旁，许久不离开，太祖最终答应了他的请求。

君臣如此这般地磨合了一阵，也慢慢地和谐了，但后来还是有了一些矛盾。

一天晚上，太祖来到赵普家，正赶上吴越王钱俶送书信给赵普，并赠有海产十瓶，放在廊屋下。忽然听说太祖到来，赵普仓猝出迎，来不及将海产藏起来。太祖进来瞧见，问是什么东西？赵普不敢谎报，据实奏对。太祖说："这些海产一定不错，不妨一起尝尝！"

赵普不敢违旨，便取过瓶子启封；打开一看，里面并非是什么海产，却是十分贵重的黄灿灿的瓜子金。赵普顿时汗流浃背，他解释说："臣还没有打开书信，实在不知情。我这就派人送回。"

太祖哈哈大笑，说："收下也无妨。他大概以为国家大事，全由你这样的书生作主，所以才格外厚赠啊！"

赵普碰上这么一个说不清的事情，真是倒霉。在此之前就曾发生过南唐后主李煜给赵普私下送银之事，太祖嘴上很豁达，心中怎么想却不得而知。实际上，太祖感激赵普，又深忌赵普。他多次微服出行，驾临臣子之家，表面是一种亲密的表示，也很难说不是为了监视臣下，自然对赵普也不例外。

一波未平一波又起。赵普准备修建住宅，派人去采购木料。手下人趁此机会多购了一些，再转手出售，牟取暴利。秦陇一带的大号木料，已有诏书明令禁止私人贩运。赵普暗地派人前去采购，已是违旨；贩卖牟利，更属不法。有人将详情奏知太祖，太祖想起上次瓜子金的事，更是不快，当即便下诏将赵普调出京城。这一年，是开宝六年（973）的八月。

开宝九年，宋太祖去世，他的弟弟赵光义继位，是为宋太宗。太宗继位的第二年，就把赵普召回京都供职。

太平兴国八年（981），赵普再次出任宰相。两年后，又被免去相位。不久，赵普又三度入相。淳化元年（990），赵普自己主动去相。

几起几落。992年，饱经宦海风云的权臣赵普撒手西归。讣闻传到朝廷，太宗皇帝大为伤心，对近臣说："赵普事奉先帝，与朕也是故交，能断大事。曾经对我有不忠的地方，但自从朕即位以来，他对朕很是忠心，可算是一个社稷之臣。今闻他溘然长逝，朕怎能不悲痛啊？"于是辍朝五日，为赵普发丧，赠尚书令，追封真定王。

　　赵普是个有一定功劳的历史人物，他所参与制定的方针政策，得失皆有，深深地影响着有宋一代，称得上一代名相。

　　关于赵普，后世有一个传说，说他有一个大书匣，从来不许别人动。人们只是看到他每天从里面拿出一本书来读，但是谁也不知道是什么书。等到这位宰相死后，人们打开书匣，发现里面只有《论语》的前半部分。从此以后，赵普以"半部《论语》治天下"的说法就传开了。

第二章　纵横四方篇

1. 弦高　郑商智退秦师

公元前 632 年，晋文公亲自带兵出征，攻打南方的大国楚国，城濮一战把楚军打得大败。于是晋文公会合中原各国诸侯，歃血盟誓，成了中原霸主。郑国地狭人少，国力不强，郑国国君穆公要保存自己的地位，不得已一面讨好晋国，加入同盟，另一方面又担心日益强大的秦国找麻烦，暗地里又同秦国保持友好关系。

秦穆公对于郑国两面讨好的做法心怀不满，总想找机会把郑国这颗眼中钉拔掉。机会终于来了，在郑国做官的杞子，早就投靠了秦国，公元前 628 年冬，他派心腹家臣到秦国通风报信，说："我现在做了郑国北城门的总管，如果大王派兵偷偷地攻郑，可以不费吹灰之力攻破郑国城门，灭掉郑国非常容易。"

秦穆公得知这一消息十分高兴，拒不听大臣蹇叔等人的劝告，决计第二年春暖花开之时派兵灭郑。

转眼间到了第二年（公元前 627 年）的春天，天气转暖，江河解冻，秦国经过几个月的准备，要派兵攻打郑国了。秦穆公选派秦国当时最得力的孟明视、西乞术、白乙丙三员大将，率领兵车三百辆，悄悄地出发了。

一天，郑国以贩卖牛羊为业的商人弦高赶着牛羊准备到都城去卖。忽见远处烟尘滚滚，战旗飘扬，上面绣着斗大的"秦"字，一支秦国的军队正向他的国家首都洛阳开来。他刚从洛阳城出来不过一天光景，丝毫没见郑国有出兵打仗的迹象，看来对于秦兵的偷袭是一点准备也没有。他见秦军气势汹汹而来，心里十分着急，他想到："国家不存，哪有我家？郑国如若被灭掉，我家中的妻子儿女又将如何！"无意中回头看看身边的牛羊，他眼睛一亮，心生一计。"我何不假冒使臣，用我的牛羊骗取秦军的信任呢？"

只见弦高吩咐手下人从牲口群中挑选十头膘肥体壮的牛、二十只羊出来；然后又派人迅速回郑国报信。布置妥当以后，他从衣箱里拿出一套崭新的长袍换上，叫手下人在前面赶着，他在后边不慌不忙地朝秦兵的方向走去。弦高见了秦兵上前打拱行礼说道："请你去通报你们将军，就说郑国使臣弦高求见。"

孟明视听了士兵的通报，很是疑惑，心想："我们这次出兵这么谨慎小心，郑国怎么会知道呢？"但又不能不见，只好吩咐底下士兵迎接弦高。孟明视与弦高见过礼，便问道："贵使臣前来有什么公干吗？"

弦高镇定地走上前，说道："我们国君听说贵国大军前来，特意派我备上牛羊前来慰问。将军如果只是路过这里的话，我们国家虽小，更谈不上富裕，但还是给贵国大军准备好了粮食柴草，并且还特地为贵国大军选派了晚上守卫的卫队。"就在弦高与秦军周旋的同时，他先前派去禀报的人已到了国都，把秦军偷袭的情报禀报给郑穆公。郑穆公得知这一情况，又惊又怕，连忙一面派人监视秦军活动，一面动员军民做好迎战守城的准备。

孟明视看到弦高送来犒劳的牛羊，以为郑国真如弦高所说已做好了准备，担心久攻不下，难以取胜，便假意对弦高说："我国已与贵国结为盟国，绝无他意，只是路经这里，烦劳弦大人回去转达我的谢意。"等弦高等人走远后，孟明视对西乞术、白乙丙两位副帅说："杞子这个小人又骗了我们，害得我们千里迢迢白跑一趟。日子一长，粮草恐难接济上，这里不宜久留，我们还是回去吧！"

秦军在回国的途中，被晋军打了伏击，几乎全军覆灭。由于商人弦高的机智，使得郑国避免了一场灾难。

2. 张仪　凭三寸不烂之舌纵横六国

张仪是战国时期魏国贵族后裔，学纵横之术，秦惠文君十年任秦相，封信武君，助秦惠文君称王，游说各国服从秦国，瓦解齐楚联盟。后入魏为相。他有权变之术，雄辩之才。意志坚定，为了实现他的"连横"策略，他置个人安危于不顾。但他不讲信义，出尔反尔，睚眦必报的人格，为人们所不齿，所以，历史上，他也没什么好名声。但在七国纷乱的争夺中，他看出了秦未来的发展趋势，为秦的强大出谋划策。他的功绩在于增强了秦的实力，击败了楚，为秦统一中国排除了一大障碍。

战国中期以后，秦国通过商鞅变法迅速强大起来，对山东诸国形成威胁。齐国在桂陵、马陵之战以后，迅速崛起，成为东方强国。这样就形成了东、西两大强国对峙的局面。其他五个诸侯国的地位岌岌可危。正是在这样的形势下，出现了"合纵"与"连横"的策略与实践。

所谓"合纵"就是"合众弱以攻一强"，目的是阻止强国的兼并。从地域上看，当时的弱国——三晋，即韩、赵、魏为主，北连燕，南连楚，称为纵，彼此联合，既可以对秦，也可以对齐。"连横"呢，就是"事一强以攻众弱"，从地域上看，就是五个弱国东连齐，或者西连秦，服从强国去兼并弱国。所以，"连横"是一种强国兼并弱国的策略。

各国在这种形势下，形成了复杂多变的"合纵""连横"格局。各国的国君都把外交关系看得非常重要。时势造英雄，张仪、苏秦等人就是这个时候出现在战国的政治舞台上，对列国兼并战争形势的变化产生了较大的影响。

张仪本是魏国人，还是贵族的后裔，可是到他这一辈的时候，早就穷困潦倒了。但张仪才华出众，曾跟着著名的谋略大家鬼谷子学习纵横之术，学成之后，就回到魏国。他求见魏惠王，献以强国之术，魏惠王没理他；他又求见楚威王，楚威王也没接见他。无可奈何，他只好投在楚国令尹昭阳门下做客卿。有一次，张仪和门客们陪楚相喝酒，大家喝得挺高兴，楚相却突然说自己身上带的一块玉璧不见了。张仪穷，人们就把怀疑的目光投向了张仪，说他既穷又没有德行，一定是他偷了玉璧，于是，就把张仪捆了起来，一顿打。这张仪被打得皮开肉绽，鲜血直流。但张仪始终不承认，最后没办法，就把张仪给放了。

张仪垂头丧气回到家里，妻子看着张仪满身伤痕，心疼地说："你要是不读书，不出去谋官做，哪会受这样的委屈！"

张仪张开嘴，问妻子："我的舌头还在吗？"

妻子说："舌头当然还长着。"

张仪说："只要舌头在，就足够了。"

张仪相信，凭着自己对六国形势的洞察和自己那三寸不烂之舌，总有一天会出将入相，成就名望。

公元前338年，四十五岁的秦孝公死了。第二年，秦惠文君即位。秦惠文君一上台，就把商鞅给杀了，但秦国的国势蒸蒸日上，他雄心勃勃，积极推行扩张兼并政策。

公元前329年，张仪只身入秦。他在秦国找到了施展自己才能的政治舞台。

张仪到了秦国，他向秦惠文君献上了"连横"之策，中心是破坏其他六国的联合，然后各个击破，实现秦的霸主地位。张仪的计划正中秦惠文君的下怀，他立即封张仪为客卿。并给了他一个展现自己能力的机会。

公元前328年，张仪和公子华受命攻打魏国的蒲阳，降服了魏国。他又劝说秦惠文君把蒲阳还给魏国。然后，他亲自到魏国，对魏王说："秦国对魏国是多么宽厚，魏国理应予以回报啊！"魏国便把上郡和少梁割让给秦国了。这样一来，既拉拢了魏国，又削弱了魏国。秦惠文君一看，张仪果然有才华，就任命张仪为相。

公元前325年，张仪拥戴秦惠文君为王。在秦国历史上，秦惠文君是第一个王，张仪是第一个相。

公元前323年，张仪从秦入魏，主要是为了游说魏国依附于秦，实现他的"连横"策略。张仪曾一度取代惠施任魏相。他力劝魏王投靠秦国，他在魏国待了四年，魏襄侯不同意事秦，魏襄侯死后，即位的魏哀王也不愿意事秦。张仪便在暗中要求秦王攻打魏国，让魏国尝尝秦国的苦头。

然后，张仪就耐心规劝。他说："魏国地势平坦，没有高山大川做屏蔽，很容易被攻破。而且魏国处在楚国、赵国、齐国、韩国四国之中，如果魏国不依附于秦国，那么秦国一旦攻打哪个国家，魏国就要遭殃，而且被攻打的国家会因为惧怕秦国而依附于秦国，魏国灭亡的日子也就快到了。"对于合纵抗秦的盟约，张仪形象地打了一个比喻，他说："即使同一父母所生的兄弟，还有不和的时候，更何况六国各怀心事，是极不可靠的。"

张仪又拉又打，魏王终于被说服，决定投靠秦国。这样，魏国成为加人"连横"策略的第一个国家。

公元前319年，张仪从魏国返回秦国，再次出任国相。

这时候，六国正在组织"合纵"。公元前318年，楚、赵、魏、韩、燕五国组成一支联军，攻打秦国的函谷关。五国之间内部矛盾重重，不肯齐心协力。经不起秦军的反击，五国联军很快失败。

公元前313年，秦惠王准备进攻齐国。当时在六国之中，齐、楚两国是大国。秦惠王担心，如果这两个大国结成联盟，秦军就很难取得胜利。张仪自告奋勇，出使楚国，设法破坏齐楚联盟。

张仪对楚一直有私怨。他从来都没有忘记早年在楚国受辱的事。他在登上秦相之位时，就给那个曾经鞭笞他的楚相发了一封信。信上说："当时我参加你的宴会，你诬陷我偷了你的玉璧，鞭答我。以后，你要好生守护楚国的土地，有一天，我会夺取楚国的城池。"现在，机会来了，张仪要实施报复。

这一年，秦王假意免除了张仪的相位。张仪离开秦国到楚国，他先拿贵重的礼物送给楚怀王手下的宠臣靳尚，求见楚怀王。

楚怀王久闻张仪的名声，于是，认真地接待他，并且向张仪请教。

张仪说："秦国最恨的是齐国，要是大王下决心跟齐国断交，秦王不但情愿跟贵国永远和好，还愿意把商、於（今河南淅川县西南）一带六百里的土地献给贵国。这样一来，既削弱了齐国的势力，又得到了秦国的信任，岂不是两全其美。"

楚怀王是个糊涂虫，经张仪这么一说，就高兴地说："秦国要是真能这么办，我何必非要拉着齐国不撒手呢？"

楚国的大臣们听说有这样便宜的事儿，都向楚怀王庆贺。只有陈轸极力反对。他对怀王说："秦国为什么要把商、於六百里地送给大王呢？还不是因为大王跟齐国订了盟约吗？楚国有了齐国作自己的盟国，秦国才不敢来欺负咱们。要是大王跟齐国绝交，秦国也会来欺负楚国。张仪的话不可信。"

楚怀王就是不听，陈轸就劝告楚怀王："大王如果希望得到土地，不如派人跟随张仪到秦国去，等秦国人把土地交给我们了，再与齐国断绝关系也不迟。"

楚怀王不高兴地说："陈先生闭上你的嘴巴吧，不要再说这件事了，你就等着我得到土地吧！"

楚怀王把相印授给了张仪，并且对他重重赏赐，随后宣布跟齐国绝交，派人跟着张仪到秦国去接收商、於。

齐宣王听说楚国同齐国绝交，马上打发使臣去见秦惠王，约他一同进攻楚国。

楚国的使者到咸阳去接收商、於，想不到张仪却假装生病，三个月不出门。听说齐、楚正式断交了，他才出来接见楚国使臣，而且还耍起了无赖，说："没有这回事，大概是你们大王听错了吧。秦国的土地哪儿能轻易送人呢？我说的是六里，不是六百里，而且是我自己的封地，不是秦国的土地。"

楚国使臣受辱，极为愤怒，立即驾车回国。

楚怀王听到报告，如梦初醒，知道上了张仪的大当了。火暴脾气的楚怀王立即发兵十万人攻打秦国。秦惠文王也发兵十万人迎战，同时还约了齐国助战。楚国一败涂地。十万人马被杀死了八万，七十多个将领被俘虏。不但商、於六百里地没到手，连楚国汉中六百里的土地也给秦国夺了去。

楚怀王怒不可遏，将楚国全部军队集中起来向秦国发动进攻，秦国也调集大军迎战。两国在蓝田进行了一场殊死搏斗，楚国军队再次吃了败仗。楚怀王只好忍气吞声地向秦国求和，楚国从此大伤元气。

公元前311年，秦国要联楚攻齐，对楚怀王说："秦国愿以商、於之地换取大王的黔中之地。"楚怀王一听"商、於之地"，气愤地说："不愿得商、於之地，只要得到张仪，就把黔中之地送给秦国。"

秦王想得到黔中之地，但又不好开口让张仪去楚国。张仪知道了，就对秦王说："以我一人，能让秦国得到黔中之地，是值得的。"

张仪很快就到了楚国。楚怀王立即把他关了起来，恨不得立刻杀了他。

可是，张仪来楚是有准备的，他再次贿赂了楚怀王的宠臣靳尚。靳尚就对怀王的宠妃郑袖说："大王要杀张仪了。我听说秦王很宠信张仪。他打算用六百里地来贿赂大王，还要把秦国的美女嫁给大王，要让宫中最擅歌舞的女子做陪嫁。这样一来，秦女必受宠，而夫人就会受贬斥了。不如替张仪求个情，把他放了。"郑袖听了，就担心了。她流着泪对怀王说："杀了张仪必然得罪秦国，请求大王让我们母子迁到江南去，以免被秦军所害。"

楚怀王不长记性，听信女人之言，就放了张仪，对他还像以前一样好。

张仪便留在怀王宫里，从容地讲起他的"连横"术。他说："秦国真是了不得啊，拥有天下土地的一半，将士百万，兵车千辆，粮食如山，法令严明，天下归心。虽然有'合纵'之人想抗秦，但那就像羊群攻猛虎，大王不亲猛虎而亲羊群，这可不对呀！"又说："如今天下只有秦、楚两个强国，大王不与秦国联合，一旦秦王攻打别的国家，楚国就危险了。秦、楚本来就是近邻，我请秦王派太子来楚国做人质，您派太子到秦国做人质，两国就相安无事了。"楚怀王听着，觉得有道理，不住地点头，这时，张仪又引诱怀王："秦王想把女儿嫁给大王，还带有一万户的都邑，两国永久地结为兄弟之国。"怀王答应了张仪。

张仪说完这些话，就赶紧回了秦国。秦王给张仪五个邑做封地，封为武信侯。

刚刚出使齐国归来的楚国三闾大夫屈原听说放走了张仪，急急地进宫阻止，但已经晚了。

张仪用欺骗手段收服了楚国，又去了韩国。他对韩王说："如今，秦国实力远在六国之上，如果韩国凭借在地理上的有利条件帮助秦国攻打楚国，秦国将给予韩国土地，并且韩国还能免于被强国进攻的危险。"韩王再三考虑，终于屈服。

张仪又马不停蹄地来到齐国。他威胁齐王说："现在，秦、楚两国，已结为兄弟之国，韩、魏、赵已侍奉秦国了，这几个国家又都与齐国接壤，如果大王您不去侍奉秦国，秦国就会联合这些国家进攻齐国，到那时，齐国想侍奉秦国，恐怕秦国都不接受了。"齐王吓得赶紧答应了。

张仪又到了赵国、燕国。用软硬兼施的手段迫使他们依附秦国。六国"合纵"联盟终于被张仪拆散了。张仪的"连横"政策对秦的强大和日后秦统一中国起了积极的作用。

之后，张仪回到了秦国。这时，秦惠王已经死了，秦武王继位。秦武王在做太子的时候，对张仪就没什么好感，身边的大臣又在武王面前说张仪的坏话。各国也都憎恨张仪的为人，齐国还扬言要杀了张仪。张仪在秦国失势，连生命都不保了。但张仪毕竟不是等闲之辈，大难临头，他还是为自己安排了一个比较稳妥的后路。他对武王说："齐国那么恨我，我逃到哪个国家，齐国必会去攻打哪个国家。大王可以现在就把我派到魏国去，那样，齐必攻魏。大王就趁机攻打韩国，逼近周都，挟持天子，霸业可成。"

秦武王就送了张仪一个人情，把张仪送到了魏国。

张仪一到魏国，齐国立即出兵攻魏。魏王吓坏了。张仪说：

"大王不必忧虑，我自有妙计让齐撤兵。"他派自己的门客去楚国，借楚国的使臣到齐国去。楚国使臣到齐国后，对齐王说："齐王攻打魏国会使秦更加信任张仪。"于是，把张仪对秦王说的话告诉了齐王。齐王说："张仪果然机关算尽啊。"于是，收兵。

张仪在魏国，还是担任国相。一年后，即公元前310年，张仪死在魏国。

张仪一生为秦国的强大而奔走，最后还是死在了自己的故国。

张仪是战国时期著名的纵横家，他和公孙衍同时代，曾经是显赫一时的人物。孟子的弟子景春称赞说："公孙衍、张仪是真正的大丈夫，他俩一发脾气，诸侯都害怕；他俩安静下来，天下都平安。"

3. 苏秦　头悬梁锥刺股名垂青史

苏秦字季子，战国时期洛阳人，出身寒门，他从小就有大志向。据传，他随鬼谷子学游说术多年，与张仪、庞涓、孙膑同学。他取法诸子百家的学说加以融汇，游说诸侯国君，讲究机谋权变，被推为当时纵横家的代表人物。他的一生为了燕国的强大而进行频繁的外交活动，同时又大大影响了齐、赵、魏等国的政治决策。燕昭王破齐，苏秦功不可没。如果说燕昭王是勾践式的君王，苏秦就是范蠡、文种式的大臣。

苏秦出身于寒门。苏秦有兄弟五个，他排行最末，故称季子。他的哥哥苏代、苏厉、苏辟、苏鹄，都是闻名一时的纵横之士。

苏秦生活的时代，正是战国中期，各国龙争虎斗，风云际会。一批纵横之士往来于诸侯之间，以口舌之功博取功名，成为白衣卿士，权倾入主，名震天下。苏秦非常敬慕这些人，加上受几个哥哥的影响，从小便有大志。据说，他随鬼谷子学成之后，见同窗庞涓、孙膑相继下山求取功名，也告辞鬼谷子下山，返回故里。

张仪诡诈楚国，使楚国的势力削弱。齐、秦两强对峙。这时，苏秦登上了"合纵"的舞台。

苏秦回来后，想在周朝谋个官职，就去求见近在洛阳的周显王，向他陈述强国之术。周显王见他有才干，口才也好，就留他住下了，想给他个官做。可显王左右的臣属都嫌苏秦出身农耕之家，他们在背后议论苏秦："这小子就会纸上谈兵，没啥真才实学。"臣属都不肯保举他。苏秦住了一阵儿，见进取无望，周显王也越来越不信任他了，只好无奈地离开了。

苏秦回到家，把家产都变卖了，得钱后做了美衣，备了车马，去周游列国，考察世情。

苏秦先去了秦国。那时，秦孝公张榜求贤，网罗天下才俊，以求强秦。可是，苏秦到秦国的时候，秦孝公已经死了，秦惠王刚刚继位，他杀了推行变法的商鞅，对外来的说客都存有戒心。苏秦说："我愿意为大王您献计献策，秦国一定能强大起来。"秦惠王只冷冷地说："感谢苏先生不远千里前来指教。秦国现在就像一只幼鸟，羽毛还没有长成，不可以高飞。等寡人准备好了，秦国的力量强大了，再请教先生吧！"

苏秦并不甘心，他索性在客栈住了下来，数次向秦王献策，秦王一直不用他。

如此数年折腾，钱都花完了，衣服也破了，苏秦只好卖掉车马仆人，挑个破担子重回故家。"败家子"回家，父母骂他；妻子正织布，看他回来，连织布机都不肯下，懒得理他；他肚饿难忍，只好求嫂嫂给自己做饭，嫂嫂不热不冷地说家中没柴烧，也不肯给他做饭。苏秦不觉泪如雨下，叹息着说："妻子不把我当丈夫，嫂嫂不把我当小叔，父母不把我当儿子，贫贱如此，全家人都不认我，全是因为我无能呀！"

尽管如此，苏秦还是不死心，他取出师父临下山时赠送给他的姜子牙的《阴符》，昼夜苦读。真是知耻近乎勇，他读书时，把头发用绳扎起来，悬在梁上，一打盹儿，头发就把自己揪醒；夜深太困了，他拿锥子刺自己的腿以求清醒。功夫不负苦心人，凭着这种"头悬梁，锥刺股"的精神，苏秦在不到一年的时间里，就把所有的书研读了一遍，把一部《阴符》背得滚瓜烂熟。他还边读书边揣摩列国形势，对天下大势了然心中。

于是，苏秦再次说服家人为他出资，并对他们说："我现在对兵书娴熟，天下的富贵唾手可得，你们借给我盘缠，将来我一定十倍、百倍奉还。"然后，他再次踏上周游列国之路。

苏秦熟知当时天下的形势，齐秦两国比较强大，都有席卷六国、统一天下之势。而弱国之间彼此明争暗斗，力量互相削弱了。他力主合纵，联合几个弱国共同对付强国。为此，他最先到赵国，然后到燕国，把燕国作为他施展才能的舞台。

公元前 314 年，燕王哙让位给大臣子之，引起太子平和将军市被的叛乱。齐国趁机派兵攻燕，仅五十余天就攻破燕国。燕国因此残破。后来，赵武灵王护送燕公子职回国，立为燕昭王。燕昭王在一片焦土废墟中继位，他发誓要报酬雪耻，打垮齐国。

于是，燕昭王广纳贤士，他以郭隗为师筑黄金台，置千金于台上，延揽四方贤士。这个举动获得意想不到的成果。"苏子闻之，从周归燕；驺衍闻之，从齐归燕；乐毅闻之，从赵归燕；屈景闻之，从楚归燕。四子毕至，果以弱燕并强齐。"苏子就是苏秦，在昭王的号召下，战国历史上盛名一时的四个人物相继来到了燕国。这一年是公元前308年。

苏秦来到燕国，燕昭王很重视，亲自到郊外迎接，对他很礼遇。昭王说："听说先生曾献策于秦王，把称霸天下的道理讲得头头是道，今天务请先生多多指教。"苏秦于是把破齐之术讲给昭王听。

大约在公元前300年，昭王派苏秦到齐国交涉仍被齐占领的燕国土地。苏秦到齐，对齐宣王说："燕昭王是秦穆公的女婿，有强秦作后盾。齐占燕地，必然是燕和秦都不满于齐。如果大王能把所占的燕国十城之地交还燕国，那么燕和秦反而会感激大王的恩德。大王就可以得到秦燕的支持，号令天下，天下没有人敢不听从齐国的，则齐国霸业可成。"齐宣王大喜，归还燕国旧地。苏秦回到燕国，受到燕昭王的重用。

苏秦知道昭王一心要向齐国复仇，积极为他谋划。苏秦的战略构想是：劝齐攻宋，孤立齐国，消耗齐国的人力、物力、财力，然后一举灭齐。苏秦对昭王分析道："现在天下七雄中，燕国力量较弱，独立与其他国家作战是很不利的。"又说："大王如果真能忍痛将自己的兄弟或者儿子作为人质，用珠宝玉帛笼络齐国，使齐攻打宋国，齐国必亡。"

为了报答燕昭王的知遇之恩，苏秦自告奋勇，前去齐国做内应。但是，苏秦考虑到，远离昭王，到齐国做奸细，不但危险，而且时间长了，有谗言从中挑拨，燕昭王可能会对他起疑心。于是，他给燕王讲了一个意味深长的故事：从前，有一个人到很远的地方做官，一去就是三年。他的妻子就和别人私通。当妻子听说丈夫要回来时，和她私通的姘夫很害怕。妻子说："你不用怕，我已准备好毒酒等着他了。"过了三天，她的丈夫果然回来了。妻子派侍妾把毒酒端给丈夫喝。侍妾知道是毒酒，想告诉男主人，又怕女主人会把他赶出去；不说出来，又怕毒死了男主人。于是，侍妾心生一计，假装绊倒，把毒酒泼掉了。妻子一看奸计告吹，就挑拨丈夫，将侍妾绑起来，狠狠抽了五十大鞭。

苏秦用这个故事劝告燕王，希望在他到齐国施行反间计的时候，不要受谣言所惑，要坚定地相信他，不要让他落得和那个侍妾一样的下场。

燕昭王明白了苏秦的良苦用心，拜苏秦为上卿，让他带着丰厚的财物，出使齐国。

公元前289年末，苏秦第二次以燕国使臣的身份出使齐国。这一次，燕昭王为苏秦装备了大批财宝，装了整整一百五十辆车，入齐的队伍非常庞大。齐国接待的规格也很高。齐缗王派国相韩聂亲自到齐国都城门外迎接，并为苏秦驾车。

苏秦到齐国的时候，恰逢秦国魏冉来齐，商量和齐国共同称帝，秦称西帝，齐称东帝，然后联合攻打赵国。齐缗王好大喜功，听到这个建议，立即就答应了。但当齐缗王向苏秦征求意见的时候，苏秦却坚决不同意。他还提出了早已谋划好的攻宋建议。

苏秦劝说齐王："齐秦并立为帝，天下人是尊齐还是尊秦?"齐王说："当然是尊秦了!""那么，齐放弃帝号，天下是爱齐呢，还是爱秦呢?""当然是爱齐了!""两帝并立，共约伐赵，与齐军独攻宋，哪一个更有利呢?"齐王回答："当然伐宋有利!"苏秦接着劝齐王道："如果我们同秦一样称帝，天下只尊秦国，如果我们放弃帝号，天下就爱齐而称强秦，共约伐赵又不如单独伐宋。所以，我建议您放弃帝号以顺应天下。"

齐缗王当然知道，宋国地当要冲，物产丰富，历来为各国所垂涎。齐国离宋国这么近，灭亡了宋国，就可以占有宋国这片土地。这诱惑力实在是太大了。他立即罢免了韩齑的相位，由苏秦代之。这样，苏秦便成了齐国的国相。

公元前 288 年，齐国联合赵国在阿地会盟，约定共同抗秦，齐缗王宣布去掉帝号，齐赵联盟正式形成。秦齐关系恶化。

苏秦又趁机劝齐王攻宋："宋国国君荒淫无度，天下共愤，如果我们挥师西击宋，正是奉天讨罪的壮举，大王必然以贤名威震于诸侯，且可得到实际的利益，使齐雄踞东方，成为中原诸侯之长。"

齐于是攻宋。燕为了取得齐的信任，派兵两万协助齐国。宋在联军攻击下，割淮北地求和，而齐国的实力也因攻宋而衰弱。

齐国和宋国讲和以后，就派苏秦出访燕和三晋，组织五国合纵攻秦，以使齐趁机灭了宋国。苏秦则打定主意，把五国攻秦策反为五国反齐。

公元前 288 年末，苏秦从齐国回到燕国。齐缗王在这时杀掉了帮助齐国攻打宋国的燕将，燕昭王大怒，苏秦力劝昭王，昭王意识到小不忍则乱大谋的道理，强压怒火，遣使向齐缗王请罪，说自己"择人不慎"，请多包涵。齐缗王不知是计，继续躺在火山口上睡大觉。

几个月后，苏秦由燕至魏，以便组织五国攻秦。可是，五国各有各的打算，貌合神离，加上人家也看出来了，苏秦名义上是联合大家攻秦，却在暗地里联络反齐，谁都不是傻子，都在观望徘徊。

齐缗王着急了，干脆使出了贿赂手段，预先把宋国的平陵、阴许给了魏相孟尝君、赵国的奉阳君做封邑。于是，在公元前287年上半年，齐国发动了第二次攻宋战役。本来五国之间各怀心事，不肯出力，这时，燕昭王又趁机和魏、赵密谋攻齐，齐缗王听说了，赶紧命令攻宋的齐军退军，防止燕国趁隙进攻齐国。第二次攻宋流产了。

公元前287年下半年，苏秦又来到赵国。赵国对苏秦很重视，封他为武安君。三晋之中，赵国经过赵武灵王胡服骑射的改革以后，实力大强，韩、魏都得看赵的眼色行事。苏秦深知，要联合三晋反齐，必须先争取赵国。于是，积极在暗中联络反齐势力，不料被当政的奉阳君察觉，派人拘留了苏秦。这回苏秦急了，给燕昭王写了好几封信，燕昭王向赵奉阳君提出严重抗议，奉阳君释放苏秦，这苏秦毅力也顽强，刚从赵国脱身，随即就来到齐国。苏秦这次入齐之后，燕昭王对他产生了怀疑，甚至打算让别人替换苏秦回国。苏秦感到非常委屈，向燕昭王写信申辩。这封信可以说是他对自己一生功过的一个评说。他说："燕和齐的仇恨由来已久。我在燕、齐之间奔走，处境本来就很难，想获得各方面的信任更难。奉阳君将我扣在赵国，大王您救臣下出于水火，现在齐、赵都不谋攻燕，大王您可以致力于谋齐的准备了，我虽无功，但自以为可以免罪了。我作为燕臣，在齐国活动，本来就会有流言蜚语。如果我受齐王重用，燕大夫就会对我抱有希望，希望达不到就会怨恨我。齐国有不利于燕的地方，会把责任都归到我头上，天下人不攻齐，就说是我在为齐谋划。我的处境真的很危险。我以死报效于大王，大王却怀疑我，我实在感到委屈。如果大王以大事为重，我就留在齐地；如大王不放心我，我就回燕侍奉大王，以宽解大王的忧虑。"

燕昭王终于没有撤换苏秦。

这次入齐，苏秦终于成功地使齐国第三次攻宋。公元前286年，齐灭宋。齐灭宋之际，苏秦暗中组织的五国反齐联军也即将兵临城下。

这时，苏秦的间谍身份暴露了。齐缗王盛怒之下，下令将苏秦车裂。苏秦死时，五十多岁。

公元前284年，燕、赵、魏、秦、韩五国联军以迅雷之势，从齐国北部边境攻入齐国，在济西，双方展开会战，结果齐军全军覆没。接着，燕军在乐毅的统帅下，长驱直入，攻破齐都临淄，齐缗王仓皇逃走，被部下所杀。燕昭王卧薪尝胆二十八年，终于报仇雪恨。

苏秦一生为合纵之事奔波，曾经荣耀一时。大诗人李白曾有诗赞曰：洛阳苏季子，剑戟森词锋。六印虽未佩，轩车若飞龙。

但是，苏秦死后，并没有得到好名声。因为他是为燕至齐，施行反间计而死，为时人所不齿，他的事迹也渐渐被湮没了。司马迁在《史记·苏秦列传》里说："苏秦因为从事反间计而死，天下人都笑话他，不愿意提起他的思想。但是他使六国联合起来，是他的大智慧。我给他列传，就是不想让他永远背着恶名。"

4. 陈轸 巧妙计一箭双雕

陈轸是战国时期的一个著名策士，非常善辩，经常用一些机智的故事启发别人。当时，他和魏国人张仪一起侍奉秦惠王，为秦国吞并天下出谋划策。两人都很有智慧，都得到了秦惠王的赏识和重用。但是，陈、张二人互相妒忌，都想一个人独享秦惠王的宠爱。

张仪就在秦王面前不断地诋毁陈轸。

后来，秦惠王任命张仪为秦国丞相，陈轸只好投奔楚国去了。

在楚国，陈轸仍然没有得到重用，更让他尴尬的是，楚国居然派他出使秦国。

前往秦国的途中，陈轸经过魏国时打算拜访一下魏国将军公孙衍，但被公孙衍托辞谢绝了。

陈轸托人传话说："我来这里是有要事跟你谈的，您不见我，那我就要走了，不能在这里耽搁时间喽！"

公孙衍于是就接见了陈轸。

陈轸见面后没有任何客套，开门见山地问道："您为什么整天喝酒呢？"

公孙衍懒洋洋地答道："饱食终日，无所事事啊！"

"那么，我让您整天都事情多得处理不完，你看怎么样？"

公孙衍一听，立刻来了精神，问道："你有什么主意？"

陈轸说："你们魏国的丞相田需跟楚王相约实行合纵政策共同对付秦国，楚王怀疑魏国的诚意，不相信田需的计谋。对您来说，这可是个一展身手的好机会啊！"公孙衍忙问："什么机遇，快说给我听。"

陈轸说："您可以告诉魏王，就说，您跟燕国、赵国两个国家的君王有老交情，他们多次派人来邀约您，说：'您为什么不抽空来我们国家会会面，走一走看一看呢？'然后，您就请求魏王允许您前往燕、赵两国，探望探望这两位国王老朋友。魏王即使允许您前往，您也无需准备太多的车马仪仗，只要把三十辆车马陈列在宫廷前面的广场上，然后对外宣称将要到燕、赵两国做一次旅行就可以了。"

公孙衍依计而行。

客居魏国都城大梁的燕、赵人士听到公孙衍将出访燕赵的消息，争相快马加鞭驱车回国报告他们的国君；并且，燕、赵都派来了使者迎接公孙衍。

楚王听到这个消息后，大光其火，说："田需跟寡人订约合纵抗秦，而公孙衍如今却被派遣出使燕、赵，这不明摆着在欺骗我吗！"从此，楚王对田需的游说再也不当一回事了。

齐国国王听说公孙衍出使北方燕、赵两国，便派人把相关的政务委托给他办理，公孙衍因此又前往齐国访问。就这样，公孙衍就挂了燕、赵、齐三国的相印。

公孙衍大获成功后，陈轸便离开魏国前往秦国。

　　秦国的近邻韩国与地处中原的**魏国**互相攻伐，战事历经一年也没个停火的迹象。秦惠王想出面解救调停，可又不知道这事做好还是不做好。左右近臣有的说调解停战好；有的坚持不予过问，说让他们打下去对秦国更有利。双方各执己见，相持不下，秦惠王也无法作出决断。

　　正在这时，陈轸来到了秦国。

　　秦惠王接见了自己昔日的谋臣陈轸。秦惠王问道："你离开寡人到了楚国，是不是还想起过寡人？"

　　陈轸没有正面回答，他也向秦惠王发了一问："大王您听说过有个名叫庄舄的越国人吗？"

　　"没听说过！"秦王不解地摇了摇头。

　　"庄舄在楚国做了爵位是执圭的大臣，可是不久，他就病了。楚王说：'庄舄在越国不过是一个平民百姓，而今在我们楚国做了大官，既尊贵又富有，庄舄还思念他的故土越国吗？'有个侍御宫回答说：'大凡人思念故国旧土，都在他生病的时候。庄舄思念越国，他病痛的呻吟就是越国的腔调，不思念越国则是楚国的呻吟声调。'楚王派人前往打探，结果是越国的腔调。而今，微臣虽然被抛弃、被驱逐到了楚国，发出的呻吟之声还是秦国的声调，臣哪能不思念大王呢！"

　　陈轸的话深深地打动了秦惠王，秦惠王含泪点头。

　　接着，秦惠王跟陈轸说起了正困扰着他的韩**魏**战争问题，还很客气地对陈轸说："希望您在为您的主人楚国谋划方略的间隙时间，也给寡人出个主意。"

　　陈轸回答说："大王左右可有人给您讲过卞庄子刺杀猛虎

的事?"

秦惠王诧异地说:"从来不曾有人提及此事啊。"

陈轸讲道,卞庄子住在一家旅舍里,他准备去杀掉一只祸害人畜的猛虎。店堂里一位跑堂的小伙计出言相劝,认为卞庄子计划不周,举措鲁莽。旅店小伙计给卞庄子出主意说:"猛虎和另一只虎正要捕食一头牛,它俩吃到痛快处必定得争夺起来,争夺必然要格斗拼杀,格斗拼杀的结果肯定是强大者受伤,弱小者亡命。等到那时,你再去刺杀那只受伤的猛虎,不就一箭双雕,一举两得了吗!"旅店小伙计的智慧,让卞庄子大为叹服。他依计而行,只等了片刻,两只老虎果然就拼抢搏斗了起来。结果正是小伙计所预言的情况。

陈轸讲到这里,立即把话题转到了秦惠王所关心的韩魏战事上,而韩魏对于秦惠王来说,正像卞庄子所面对的两虎相斗的局面。有了这么个胜于雄辩的掌故,解除秦惠王的困惑,自然是水到渠成了。

陈轸又像是话家常般地侃侃而谈:"如今韩国、魏国两相攻伐,交战一年而不见结果,结局肯定也是大国受损伤,小国取灭亡。那时候,大王举强秦之兵讨伐大受损伤的一方,岂不就一举两得吞并两个国家的战果了吗!这与卞庄子刺虎的道理没有什么两样。大王您认为,我为楚王擘画方略,同为您出谋献策有什么不一样吗?"

这么几句话,让秦惠王茅塞顿开。他用手拍着几案高兴地说:"好啊,很好!您为寡人解惑了!"

秦惠王欣然采纳了陈轸的策略,韩魏战事的结局完全证实了陈轸的预见。秦国隔岸观火，最后乘机发兵，以很小的代价换取了很大的胜利。

5. 范雎 "远交近攻" 说秦昭王

公元前 268 年，有一个人从齐国逃到秦国，他的到来对秦国的命运产生了重要影响，甚至改变了中国历史的进程。这个人就是向秦昭王提出"远交近攻"战略的范雎。

范雎原为魏国人，游说诸侯，想臣事魏王，但因家贫难以实现自己的愿望，就通过魏中大夫须贾入朝，随从须贾出使齐国，齐襄王很欣赏他的口才，赐给他许多财物。须贾因此怀疑他透露了魏国的情报，回来后告诉魏相魏齐，范雎被下狱治罪，后来，他用装死的办法逃到了秦国。

范雎入秦时，战国群雄已经争战了二百多年。齐、楚、韩、魏、燕、赵等国在战争中实力大损，国势衰微。而秦国自商鞅变法、夺取西河形胜之地后，一直根据天下形势和各国关系的变化，以外交配合军事，交替实施东进和南下的军事行动，并夺取了巴、蜀。由秦国担当统一全国、结束割据的历史重任的形势日趋明朗。战争目标已由称霸诸侯演变为统一天下。在这种历史条件下，范雎适时地向秦昭王献上了他的"远交近攻"战略。

范雎来到秦宫，秦王亲自到大厅迎接。

秦王对范雎说："寡人很久以来，就该亲自来领受您的教导，正碰上要急于处理义渠国的事务，而寡人每天又要亲自给太后问安；现在义渠的事已经处理完毕，这才能够亲自领受您的教导了。寡人真是愚蠢糊涂啊！"

秦王以正式的宾主礼仪接待了范雎，范雎一再表示谦让。这天，凡是见到范雎的人，都肃然起敬，对他另眼相看。

秦王屏退左右的人，宫中只剩下他们两人，秦王躬身说："先生怎么来教导寡人呢？"范雎只是敷衍了两声。过了一会儿，秦王再次请求，范雎还是不说什么。就这样一连三次。秦王又拜请说："先生是不是打定主意不教导寡人了？"范雎便恭敬地解释说："我不敢这样。我听说，当初吕尚与文王相遇的时候，他只是一个渔夫，在渭河钓鱼而已，那时，他们很陌生。他们交谈了一会儿，吕尚就被尊为太师，和文王同车回去，这是因为他们谈得很投缘，很深入。周文王终于因吕尚而建立了功业，最后掌握了天下的大权。如果文王当时疏远吕尚，不与他深谈，周朝就不可能有天子的圣德，而文王、武王也不可能成就帝王的事业。现在，我只是个旅居在秦国的宾客，与大王比较陌生，但想陈述的又是纠正君王政务的问题，而且还会关涉到君王的骨肉至亲。我本想尽我的愚忠，可又不知大王是怎么想的，所以大王三次问我，我都不敢回答。"

范雎接着说："我并不是因为畏惧什么才不敢进言。我知道，今天在大王面前说了，明天可能就会遭到杀身之祸。但是，我并不畏惧，大王真能按照我的计谋去做，我即使身死，也不会以为是憾事；即使流亡，也不会以此为担忧；即使不得已披发为狂，也不会以此为耻辱。"

他又举了古代很多圣贤的例子，表明自己的决心，他说："五帝是天下的圣人，但终究要死；三王是天下的仁人，也免不了一死；五霸是天下的贤人，也终究要死；乌获是天下的大力士，也会死；孟贲、夏育是天下的勇士，也都是要死的。死，是人人不可避免的，这是自然规律。如果能够有益于秦国，这就是我最大的愿望，我还有什么可忧虑的呢？伍子胥当年是躲藏在口袋里逃出昭关的，他晚上出行，白天躲藏，到了凌水，吃不上饭饿得没力气走了，就双膝跪地，双手爬行，在吴市讨饭度日。但他终于帮助阖闾复兴了吴国，建立了霸业。如果让我像伍子胥一样能献上良谋，即使遭到囚禁，终身不再出狱，又有什么可遗憾的呢？我所担心的只是，我死了以后，人们见到我这样尽忠于大王，终究还是身死，人们就会闭口不言、裹足不前，不肯到秦国来。大王对上畏惧太后的威严，对下又迷惑于大臣的虚伪，住在深宫之中，终身迷惑糊涂，看不清楚坏人坏事。这样，大而言之，会亡国，小而言之，则使自己处于孤立危境。这就是我所担心的。如果我死了，秦国却治理得很好，我也毫不吝惜。"

秦王跪身说："先生怎么说出这样的话呢？寡人能接受先生的教导，这是上天派先生来扶助寡人，今后事无大小，上至太后，下及大臣，所有一切，都希望先生一一教导，千万不要对寡人有什么疑惑。"

范雎再次拜谢，秦王也再次回拜。

于是，范雎向秦昭王分析了秦国面临的形势。

范雎说："大王的国家，北有甘泉、谷口，南绕泾水和渭水的广大地区，西南有陇山、蜀地，东面有函谷关、崤山；战车有千辆，精兵有百万。拿秦国兵卒的勇敢，车骑的众多，来抵挡诸侯国，就如猛犬追赶跛兔一般，就可轻易地造就霸王的功业。如今反而闭锁函谷关门，兵卒不敢向山以东的诸侯窥视一下，这是秦国穰侯魏冉为秦国谋划不忠实，导致大王的决策失误啊！"

秦王说："寡人在什么地方失误了呢？请先生教诲。"

范雎说："大王越过韩、魏的国土去进攻强齐，这不是好的计谋。出兵少了，不能够损伤齐国；多了，则对秦国有害。臣揣摩大王的计谋，是想本国少出兵，而让韩、魏全部出兵，这就不合适了。如今明知盟国不可以信任，却越过他们的国土去作战，这怎么能行呢？显然是疏于算计了！从前，齐国攻打楚国，打了大胜仗，攻破了楚国的军队，擒杀了它的将帅，两次拓地千里，但最终还是连寸土都没得到，这难道是齐国不想得到土地吗？疆界形势不允许它占有啊！诸侯见齐国士卒疲惫君臣不和睦，起兵来攻打它，齐缗王出走，军队被攻破，遭到天下人的耻笑。落得如此下场，就因为齐伐楚而使韩、魏获得土地壮大起来的缘故。"

范雎接着说："大王不如采取交接远国而攻击近国的策略，得到寸土是王的寸土，得到尺地是王的尺地。如今舍近而攻远，这不是错了吗？从前，中山国的土地，方圆有五百里，赵国单独把它吞并，功业也成就了，声名也树立了，财利也获得了，天下也没能把赵国怎么样。如今的韩、魏居各诸侯国的中央，是天下的枢纽。大王如果想要成就霸业，一定先要亲近居中的国家而用它做天下的枢纽，来威胁楚国和赵国。赵国强盛，那么楚就要附秦；楚国强盛，那么赵就要附秦。楚、赵都来附秦，齐国一定恐慌，齐国恐慌了，就会卑辞言好，以厚礼来侍奉秦国。如果齐国归附，那么韩、魏就有虚可乘了。"

秦王说:"寡人本想亲睦魏国,但魏的态度变幻莫测,寡人无法亲善它。请问怎样才能亲魏呢?"范雎说:"用卑下的言辞和重金宝物来引诱它。这样不行,就割地贿赂它,这样还不行,就起兵来攻伐它。"

后来,秦国果真起兵攻打魏国的邢丘,邢丘陷落,魏国就来请求归附。

范雎说:"秦、韩两国的地形,相交纵如锦绣。秦旁有韩存在,就像树木长了虫子,人生了致命的疾病一样。天下一朝有变,危害秦国的,没有比韩国再大的。王不如使韩归附于秦。"

秦王说:"寡人打算使韩来附,韩不听从,那该怎么办呢?"

范雎说:"起兵攻打荥阳,那么成皋的道路就不通了;北部截断太行的道路,那么上党的兵也就不能南下了;一举而拿下荥阳,那么韩国将分成孤立的三块,谓新郑、成皋、泽潞。韩国看到自身将要覆亡,哪有不听从的道理呢?韩国一顺从,霸业就可以成功了。"

秦王说:"太好了!"

范雎说:"臣在山东时,只知道齐有相国田单,不曾听说过有齐王;只听说秦国有太后、穰侯、泾阳君、高陵君,而不晓得有秦王。能手握国政、独断专谋、操生杀大权的,方称得上国君。但如今宣太后专权,穰侯遣使臣不上报国君,泾阳、高陵做事随心所欲。国家由这四个显贵操纵着,不出危险才怪呢。文武诸臣都屈从于这四人,心中哪里还有大王!如此下去,大权旁落,政令又怎能出自大王之手?臣听说善于治国的君主,一方面在国内加强权威,一方面亲自执掌外交政策。穰侯派出的使者操纵王权,任意和诸侯结盟或断交，擅自对外用兵，征伐敌国，朝野上下，莫敢不从。于是，打了胜仗，战果全归穰侯他们所有，以致国家困弱，受制于诸侯；一旦失利，则百姓怨声载道，祸害由国家承受。《诗经》上说：'果子多会压损枝条，树枝折了会伤及根本；扩大封君城邑会危及到国家安全，过分尊宠大臣会削弱君王权威。'淖齿控制齐政，到头来将缗王吊在庙堂大梁上面，使缗王一夜之间横遭惨死。李兑执掌赵国，围困赵武灵王，只一百天功夫，便将他活活饿死。现在的秦国，太后、穰侯呼风唤雨，高陵、泾阳推波助澜，臣民都不知道上面还有大王。这些都是淖齿、李兑一类的人。有幸的是臣还能看见大王孤立于朝堂，真担心将来秦国主持国政的君王，不再是大王的子孙！"

听了这番话，秦昭王不寒而栗，便废太后，逐穰侯，将高陵、泾阳赶出函谷关。他对范雎说："当年齐桓公得到管仲，把他称为'仲父'，寡人今日得到先生，先生也是寡人的'仲父'啊！"

范雎由一个小人物得到秦王的赏识，继而登上历史的舞台，完全是他自己谋划深远、口才杰出的结果。他设法和秦王见面后又故作姿态，用无数的典故渲染自己一心只为国家大计、不畏惧死亡和个人得失的高尚人格，从而使自己与那些功利主义的说客、谋士们区别开来，让秦王感到他确实是比苏秦、张仪等谋士的境界高，确实是个忠心谋国的大谋略家，故而对他另眼相看、言听计从。

范雎进而向秦昭王提出"远交近攻"战略，即对距离秦国远的国家，就拉拢结交，对离秦国近的国家，就集中力量去攻击它。这样，"得寸则王之寸，得尺则王之尺"。

范雎进一步指出了实施远交近攻战略的具体步骤。他建议先亲韩、魏以威服楚、赵，从而迫使齐国亲秦，然后回过头来再消灭韩、魏。

范雎的远交近攻战略为秦国蚕食六国、各个击破指明了方向和步骤，正如元人吴师道在《战国策校注》中所说："秦卒用此术破诸侯，并天下。"

此后，远交近攻成为我国历史上各政治势力进行多极斗争的重要战略策略之一。

6. 触詟　巧说赵太后

公元前265年，赵惠文王去世，太子丹即位，这就是赵孝成王。赵孝成王年幼，就由他的母亲赵太后执政。这时，秦国加紧攻赵。根据群臣的建议，赵太后决定向齐国求救。使臣火速赶往齐国，带回来的消息说："齐国一定要把长安君作为人质，只要长安君到了，就派兵。"

长安君是赵太后的小儿子，惠文王死了，赵太后就格外心疼这个小儿子，仿佛对小儿子的怜爱寄托着对辞世的丈夫的怀念。如今听说齐国要求让小儿子去做人质，非常气愤。可是救兵如救火，秦国进攻指日可待，赵国的大臣们惶惶不可终日，明明知道赵太后不肯让长安君去做人质，可还是三番五次地去进谏，要求赵太后答应齐国的条件。赵太后急了，怒气冲冲地对左右的人说："有哪个再来说要长安君为人质的，我就要把唾沫吐在他的脸上。"

就在这紧要关头，左师官触詟希望晋见太后，太后气冲冲地等着他。触詟迈着小碎步，来到宫中，到了太后跟前谢罪道："老臣脚上有毛病，不能快走几步向您施礼。好久都没拜见您了，我这心里老是念叨着您，一直想来看看您。"

太后道："我身体也不怎么样，行动都得靠车子。"

触詟又问："每日饮食怎么样，该没减少吧？"

太后道："只是吃点稀饭罢了。"

触詟说："老臣近来胃口也不好，什么也不想吃，只勉强散散步，每天走三四里，稍稍增加了一些食欲，身体也觉得好了一点。"

太后说："我做不到啊。"

触詟和太后絮絮叨叨地说了半天，太后的怒色稍稍地消了些。

触詟看到太后神色缓和了，就把话题转到了长安君上。

触詟说："老臣的贱子舒祺年岁最小，不成器得很，而我已经老了，心里很怜爱他，希望他能充当一名卫士，来保卫王宫。请太后宽恕我的冒昧。"

太后答道："行啊，他多大了？"触詟道："十五岁了。虽然年纪小了点，但是我希望在我没死之前把他托付给太后，让他日后生活有个出路。"

触詟爱子的心情溢于言表，同样有爱子之心的赵太后感同身受，就关切地问："男子汉也心疼自己的小儿子吗？"

触詟答道："比女人还疼爱呢！"

太后答道："孩子是娘身上的肉，所以女人格外疼爱小儿子。"

触詟心想，太后爱子到了固执的程度，我该釜底抽薪，让她走出当前的偏执，把国家利益放在第一位。

于是，触詟说："老臣私下认为您对女儿燕后的爱怜超过了对长安君呢。"

太后道："您说错了，我对燕后的爱远远赶不上对长安君啊！"

触詟言道："父母疼爱自己的孩子，就必须为他们做长远打算。您把燕后嫁出去的时候，拉着她的手，哭个不停，舍不得她走，想着她远嫁，您十分悲伤，那情景够伤心的了。燕后走了，您也不是不想念她。可是，每逢祭祀上天，您都说：'千万别让女儿因为遭遇不幸被送回父母之国啊！'为什么会这样呢？因为您是在为她的长远利益考虑，希望她的子孙能世代相继为燕王啊！"

太后不住地点头，说："还真是这样啊！"

左师触詟又说："从现在的赵王往上推，三世以前曾为王侯的赵氏子孙，他们的后嗣继承其封爵的，还有存在的吗？"

太后答道："没听说过这事。"

触詟又问："不只是赵国，诸侯各国有这种情况吗？"

太后道："我也没听说过。"

触詟说道："现在有您在，长安君地位尊贵，使他拥有肥沃的土地，还有很多宝物，可是不趁现在使他有功于国，有朝一日您不在了，长安君凭什么托身赵国，又凭什么空享高位呢？我觉得您为长安君考虑得太短浅了，所以认为您对他的爱比不上对燕后啊！"

太后答道："行了，任凭您去指派长安君吧。"太后如释重负地说。

太后采纳触詟的意见，为长安君准备了上百辆车子，到齐国做人质。齐王隆重地迎接长安君的到来，随即派兵救赵。

7. 毛遂　自荐雄辩敌千军

秦国围困赵都邯郸，赵王派平原君去楚国求救，与楚国合纵抗秦。平原君要带门下二十个文武兼备的门客同去。平原君说："这次，如果能说服楚王出兵，那最好了，如果不能，也要和楚国订立盟约，绝不能空手而回。这次我就不在别的地方找随员了，在我手下的门客中选。"结果选出了十九个人，剩下的人中再也选不出合适的人来了。

在众多门客之中，有个叫毛遂的人，上前禀奏："请殿下带我毛遂一同前往吧。"

平原君说："先生来我门下有几年了？"

毛遂回答："有三年了。"

平原君又说："如果是贤士，无论在哪里立足，都像囊中的锥子一样，会立即冒出头来。可是先生您在我门下有三年了，左右没有称颂您的，而我也从没听说有先生这么一号人物，看来先生没有什么过人之处。先生还是留在此地吧。"

毛遂说："臣只是希望在特殊时刻显现自己。"

平原君听了，果然带毛遂一起去了。那十九个人心中都暗暗嘲笑毛遂。

到了楚国，毛遂与其他十九个人一番谈论后，那十九个人个个佩服。平原君与楚王商谈合纵抗秦的大事，再三陈述利害，从早晨一直谈到中午也没有结果。那十九个人对毛遂说："先生，您去吧！"

毛遂按剑上前，登上几级台阶，对平原君说："合纵的好处与害处。三言两语就能说清楚，怎么谈了半天都没个结果？"

楚王问平原君："这是什么人啊？"

平原君说："这是我的门客毛遂。"

楚王呵斥道："放肆，还不退下！我是跟你的君上说话，你来干什么！"

毛遂按剑又往前走了几步，对楚王说："大王之所以敢斥责我，是因为楚国是大国，人多势众。可如今，在十步之内，大王您却得不到楚国众人的护佑，您的性命现在掌握在我的手里，我家君上在此，大王为何敢呵斥于我！况且，我听说商汤以区区七十多里的土地而成就天下之王，周文王仅以百里国土而使天下诸侯臣服，难道是因为他们的士兵多吗？实在是因为他们善于掌握形势而奋力发扬自己的威力。如今，楚国国土方圆五千余里，士兵百万，这可是称霸天下的资本啊。以楚国的疆土而言，天下没有谁能与之争锋。可是，秦国的白起，不过是个无名小子，率领几万军队与楚国作战，一战就拿下了楚国的鄢、郢，再战则火烧夷陵，三战则使大王的先祖受辱。这是楚国百世不解的仇怨，赵国都为你们感到羞愧，难道大王您对此一点憎恶之情都没有吗？我们谈论合纵，是为了楚国，而不是为了赵国！现在我家君上在此，大王为何这样呵斥我！"

听了毛遂这番数说，楚王立即改变了态度，说："是，是，先生所言极是，为了楚国的社稷，我愿意与赵国合纵。"

毛遂问道:"大王真的决定要与我国合纵了吗?"

楚王说:"我决定了。"

于是,毛遂对楚王的侍从们说:"把鸡、狗、马的血取来。"

毛遂手托着盛血的铜盘,跪走几步来到楚王近前说:"请大王与我们歃血为盟,大王先请,我家君上随后,然后是我毛遂。"于是楚、赵两国在大殿之上歃血为盟,约定合纵。

平原君成功地与楚国订立合纵约定后,回到了赵国,对毛遂说:"我不敢再观察识别人才了。我平生所见所观之人,多说上千,少说数百,以为天下的贤士都逃不过我的眼睛。可今日,对于先生的大才,我竟浑然不知。先生一到楚国,就使赵国的地位比九鼎大吕的传国之宝还尊贵。先生的三寸不烂之舌,真是强过百万大军啊。"于是把毛遂尊为上客。

8. 信陵君　窃符救赵

魏无忌(?—前243),魏昭王少子,安釐王的异母弟,受封于信陵(今河南宁陵县),后世皆称其为信陵君,与春申君黄歇、孟尝君田文、平原君赵胜并称战国四公子。

公元前266年,范雎从魏国逃到秦国,担任秦柜。他在魏国时,魏相魏齐曾屈打他,差点致死,他非常怨恨,于是派秦军围攻大梁,击败了魏国驻扎在华阳的军队,魏将芒卯战败逃走。魏王和公子为此非常担忧。

魏公子仁爱宽厚,礼贤下士,士人无论有无才能或才能大小,他对他们都是谦恭有礼，从来不因为自己富贵而轻慢士人。方圆几千里的士人都争相归附于他，门客号称三千。当时，诸侯各国因公子贤德，宾客众多，连续十几年不敢动兵进犯**魏**国。

因为**魏**公子贤能，连**魏**王都畏惧公子，不敢任用公子处理国家大事。

魏国有个叫侯嬴的隐士，已经七十岁了，家境贫寒，是大梁城东门的看门人。公子听说了这个人，就派人去拜见，并想送给他一份厚礼。但是侯生不肯接受，说："我几十年来修养品德，坚持操守，怎么能因我是个贫困的看门人就接受公子的厚礼呢？"

公子于是大摆酒席，宴饮宾客。大家来齐坐定之后，公子就带着车马以及随从人员，空出车子上的尊位，亲自到东城门去迎接侯生。侯生整理了一下破旧的衣帽，径直上了车，坐在尊贵的座位上，毫不谦让，暗中观察公子的态度。

公子手握马缰绳态度恭敬。侯生又对公子说：'我有个朋友在街市的屠宰场，希望委屈一下车马载我去拜访他。"公子立即驾车前往进入街市，侯生下车去会见他的朋友朱亥，他斜乜着眼睛观察公子，故意在那站了很久，同他的朋友闲聊。公子的面色更加和悦。与此同时，**魏**国的贵族大臣贵宾们，正高坐堂上，等着公子举杯开宴哪。

街市上的人都看到公子亲自为侯生驾车，公子的随从人员都暗自责骂侯生。侯生看到公子面色始终不变，才告别朋友上了车。

到公子府上后，公子领着侯生坐到上位上，向全体宾客介绍侯生，并且赞扬侯生，举座惊异。大家酒兴正浓时，公子站起来，走到侯生面前举杯为他祝寿。侯生趁机对公子说："今天我侯嬴为难公子也够劲了。我只是个看门人，可是公子委屈车马，亲自在大庭广众之中迎接我，我本不该再去拜访朋友，今天公子竟屈尊陪我拜访他。我想成就公子的名声，故意让公子的车马在街市中停了很久，借拜访朋友来观察公子，结果公子更加谦恭。街市上的人都以为我是小人，而认为公子是个高尚的人啊。"

这次宴会以后，侯生便成了公子的贵客。

侯生对公子说："我拜访的人叫朱亥，别看他是个屠夫，却是个贤能的人，只是人们都不了解他。"公子曾多次前往拜见朱亥，朱亥故意不回拜答谢，公子觉得这个人很奇怪。

公元前 260 年，秦国武安君白起在长平全歼赵军。公元前 258 年正月，秦军进抵赵都邯郸城下，战至第二年仍不能克。信陵君的姐姐是赵国平原君的夫人。秦兵围邯郸，赵国多次向魏国求救，魏王派将军晋鄙领兵十万救赵。

秦昭王得知魏国派兵救赵，马上派使臣告诫魏王："我早晚会攻下赵国，诸侯中有谁敢救赵国的，拿下赵国，就调兵先攻打它。"

魏王很害怕，就命令晋鄙不要再进军了，晋鄙军于是在邺城扎营驻守，名为救赵，实为观望。

赵国平原君使臣的车子连续不断地到魏国来，频频告急，责备信陵君说："我赵胜之所以自愿依托魏国跟魏国联姻结亲，就是因为公子的道义高尚，能救人之急。如今邯郸危在旦夕，早晚就要投降秦国，可是魏国救兵至今不来，公子的高义何在！再说公子即使不把我赵胜看在眼里，抛弃我让我投降秦国，难道就不可怜你的姐姐吗？"

信陵君为这事忧虑万分，屡次请求魏王赶快出兵，又让宾客辩士们千方百计地劝说魏王。魏王害怕秦国，始终不肯听从公子的意见。信陵君估计终究不能征得魏王同意出兵了，就决计不能自己活着而让赵国灭亡，于是请来宾客，凑集了战车一百多辆，打算带着宾客赶到战场上去同秦军死拼，与赵国人一同赴死。

信陵君的车队走过东门时，去见侯生，与侯生诀别。行前，侯生说："公子努力干吧，老臣我不能随行。"信陵君走了几里路，心里不痛快，想道："我对待侯先生算是够周到的了，天下无人不晓，如今我将要死难，可是侯先生竟没有一言半语来送我，我难道对待他有什么不周吗？"

信陵君想到这里，又赶着车子返回来。侯生一见公子便笑着说："我知道公子会回来的。"又接着说："公子好客爱士，闻名天下。如今有了危难，想不出别的办法却要赶到战场上同秦军拼死，这就如同把肉扔给饥饿的老虎，有什么作用呢？要是这样，还用我们这些宾客干什么？公子如此厚待我，我却不送行，因此知道公子恼恨我会返回来的。"

信陵君连连向侯生拜礼，询问对策。侯先生就让旁人离开，同公子密谈，说："我听说晋鄙的兵符经常放在魏王的卧室内，在妻妾中，如姬最受宠爱，她可以随意出入魏王的卧室，能够把兵符偷出来。我还听说如姬的父亲被人杀死，如姬一直想要报仇雪恨，三年来，从魏王以下的群臣左右都想为如姬报仇，但没能如愿。为此，如姬曾对公子哭诉，公子派门客斩了那个仇人的头，恭敬地献给如姬。如姬一定会为公子效命的，只是没有行动的机会罢了。如果公子开口请如姬帮忙，如姬必定答应，那就能得到虎符而夺了晋鄙的军权，北边可救赵国，西边能抵御秦国，这是春秋五霸的功业啊！"

信陵君听从了侯生的计策，请如姬帮忙。如姬果然盗出晋鄙的兵符交给了信陵君。

信陵君拿到了兵符准备上路，侯生说："让我的朋友朱亥跟您一起去吧，他是个大力士。如果晋鄙听从，那是再好不过了；如果他不听从，就让朱亥击杀他。"于是公子去请求朱亥一同前往。行前，公子向侯生辞行。侯生说："我本应随您一起去，可是我老了不能成行。请允许我计算您行程的日期，您到达晋鄙军部的那一天，我面向北刎颈而死，报答公子。"信陵君于是上路出发。

信陵君一行至邺，要代晋鄙领兵。晋鄙合符后，表示怀疑，就举着手盯着信陵君说："如今我统帅着十万之众的大军，驻扎在边境，这关系到国家命运，今天你只身一人来代替我，这是怎么回事呢？"正要拒绝接受命令，这时朱亥取出藏在衣袖里的四十斤铁椎，一椎击死了晋鄙，信陵君于是统帅了晋鄙的军队。

信陵君首先整顿部队，向军中下令说："父子都在军队里的，父亲回家；兄弟同在军队里的，长兄回家；没有兄弟的独生子，回家去奉养双亲。"经过整顿，得到精兵八万人。公子率领军队前去攻击秦军。秦军解围撤离而去，于是邯郸得救，赵国保住了。

赵王和平原君亲自到郊界来迎接信陵君。平原君替信陵君背着盛满箭支的囊袋走在前面引路。赵王连着两次拜谢说："自古以来的贤人没有胜过公子的。"在这个时候，平原君不敢再拿自己跟别人相比了。信陵君与侯生诀别之后，在到达邺城军营的那一天，侯生果然面向北刎颈而死。

　　信陵君盗出了魏王的兵符，假传君令击杀晋鄙，魏王非常恼怒。这一点信陵君也是清楚的。所以，在打退秦军、拯救赵国之后，就让部将带着部队返回魏国，而信陵君自己和他的门客就留在了赵国。

第三章　南征北伐篇

1. 孙膑　田忌赛马，减灶诱敌

公元前 445 年，魏文侯即位后，任用李悝、吴起、西门豹、段干木等人，进行各方面的改革。在政治上，基本上废除了世袭的禄位制度，推行因功授禄的政策，建立起比较清明、健全的官僚体制。在经济上，实行了一系列有利于生产力发展的措施，促进了社会秩序的稳定和农业生产的发展。在军事上，加强军队建设，推行"武卒"选拔制度，重视军事训练，提高部队的战斗力。通过这些改革，魏国迅速成为战国初期最为强盛的国家。

公元前 400 年，魏惠王继位以后，继承文侯、武侯的霸业，继续积极地向外扩张。魏国的勃兴和称霸，直接损害了楚、齐、秦等其他大国的利益，引起这些国家的普遍恐惧和嫉恨，其中尤以齐、魏之间的矛盾最为尖锐。

齐国自西周以来一直是东方地区的大国。公元前 356 年，齐威王即位后，任用邹忌为相，改革吏治，强化中央集权，加强国防建设，国势日渐壮大。面临魏国向东扩张的严重威胁，它就积极利用赵、韩诸国与魏国之间的矛盾冲突，展开了对魏的激烈攻势。

就是在这样的复杂背景下，公元前353年爆发了桂陵之战。

这时期的兼并战争无论规模之大还是次数之多，都远远超过了春秋时期。各国投入战争的兵力增多，而且战争方式也一改春秋时期的车战，出现了步兵、骑兵的机动战。战争实践促进了战略战术的发展变化，战争指挥艺术达到了很高的境界，造就了不少杰出的军事指挥家，产生了影响后世、誉满中外的军事理论著作。

孙膑就是齐国著名的军事指挥家和理论家。

孙膑从小就秉承了先祖孙武的兵法家学，早年曾从师专攻兵法，他和庞涓是同学。

后来，庞涓辍学到魏国从政，很受魏惠王的赏识，被任命为将军；而孙膑则心无旁骛继续跟老师研究学问。庞涓清楚，本来学问就高出自己的孙膑，一旦学业结束走上了齐国的政治舞台，对魏国和他自己都将非常不利。因此，他设下圈套把孙膑邀请到了魏国，以防范并杜绝他效忠齐国。

孙膑来到魏国后，庞涓更羡慕他的满腹才学，嫉妒他的睿智洞达，唯恐他因为才能突出夺走了魏王对自己的专宠。于是，庞涓蓄意挑剔孙膑，设法陷害使他获罪，然后依法用刑砍断了孙膑的双腿，并且在他脸上刺字涂墨，想用这种酷刑使他终身残废，埋没他的才学，不让他施展整军经武的才华。

后来，在齐国使臣的帮助下，孙膑到了齐国，被推荐给了齐国大将田忌。田忌佩服孙膑的军事才能，热情地接待了他，并且把他留在自己的门下，待之以宾客之礼。

田忌喜欢赛马，常常跟齐国宗室的公子王孙们押重金赌输赢。

孙膑曾随田忌前往观赏赛事，虽然田忌连输三场，但孙膑却发现输赢双方马匹的足力没有多大差别，他们的马匹都只不过分为上、中、下三个等级罢了。孙膑把自己的观察与思考告诉了田忌，说："下次，您只管重下赌金，我保证让您大赚。"

田忌想不出孙膑会用什么招法，不过，他十分相信孙膑。到了下次赛马的时候，田忌果然投下了千金赌注。

开赛之前，孙膑给田忌面授机宜，说："这次比赛，第一场您用下等马同他们的上等马周旋；第二场，您以上等马同他们的中等马比试；第三场，拿您的中等马跟他们的下等马较量。"这样，三场赛事下来，田忌以二胜一负告胜，赢得了齐王的千金赌注。

赛马场还是原来的赛马场，马匹也还是先前的那几匹马，为什么比赛的结局居然颠倒了个个儿？齐威王莫名其妙，非常惊奇地问田忌哪儿得来的制胜法宝。田忌就说出了孙膑传授赛法的秘密，并且当即把孙膑引荐给了齐威王。齐威王与孙膑谈了些兵法方面的问题，孙膑的智慧学识一下子征服了齐威王，齐威王对孙膑佩服敬重，当下就拜他为军师。

公元前354年，赵国出兵攻打毗邻的小国卫国，打算通过武力征服使它成为自己的附庸国。在这之前，卫是魏国的附属国，经常朝拜魏王，并且还向魏国交纳赋税。赵国掠走了卫，就意味着魏国的军事、外交、经济等各方面蒙受了损失，魏国当然不肯善罢甘休。

于是魏惠王挥师伐赵，包围了赵国的都城邯郸。

为了加强打击赵国的军事力量，魏惠王还胁迫与它相邻的另一个小国宋派出军队参战。宋国得罪不起魏，又不想结怨于赵，就暗中派遣使臣到赵国说明受人挟制的两难处境。使臣转达宋国国君的话说："魏国军队劲健，权重威严，现在向我国征兵，我们如果不屈从，恐怕国家要遭到魏国的侵袭；如果为虎作伥，加害赵国，我又于心何忍呢？再说，削弱赵国增强魏国的势力，对于我这个弱小的宋国也没有什么好处。"于是，赵、宋两国商定，宋兵进入赵国，包围一座边境城池，围而不攻。这样，宋国既应付了魏国的胁迫，赵国也减少了敌对的力量。

陷入魏国重围的邯郸情况十分危急，赵王向齐国求救。

齐国虽然渐渐强大了起来，但与魏国相比，国力还远远不够，而且曾经吃魏国的败仗。赵国求救，齐国不得不慎重对待。

齐威王征询大臣们的意见说："出兵救助赵国好呢，还是不救好呢？"大臣们也意见不一。丞相邹忌反对出兵救赵。齐将段干朋则认为不救赵既会失去对赵国的信用，又会给齐国自身带来麻烦，因而主张救赵。但他同时又指出，以当时的战略形势来考虑，如果立即出兵赴邯郸，赵国既不会遭到损失，魏军也不会消耗实力，对于齐国的长远战略利益来说是弊大于利。因此，他主张实施使魏与赵相互削弱，而后"承魏之弊"的战略方针。具体地说，是先派少量兵力南攻襄陵，以牵制和疲惫魏国。待魏军攻破邯郸，魏、赵双方均师劳兵疲之际，再予以正面攻击。

段干朋的这番谋划，完全符合齐国统治集团的根本利益，因此齐威王欣然采纳。齐威王决定以部分军队联合宋、卫南攻襄陵，主力暂时按兵不动，静观事态发展，准备伺机出动，以求一举成功。

当时魏国的扩张，也引起了楚国的敌视。因此，楚宣王便乘魏国出兵攻赵、后方空虚的时候，派遣将军景舍率领部队向魏国的南部地区进攻。

而西边的秦国也不甘寂寞，发兵先后攻打魏国的少梁、安邑等要地。这样，魏国实际上已处于四面作战的困难境地。幸亏它实力十分雄厚，主将庞涓又决心破赵，不为其他战场的局势所动摇，因而一直勉力维持着邯郸方面的主攻局面。

魏国以主力攻赵，两军相持一年有余。当邯郸形势危在旦夕，赵、魏两国均已非常疲惫之时，齐威王认为出兵与魏军决战的时机已经成熟，于是就决定派齐军主力救援赵国。

齐威王打算让孙膑统帅军队担任大将军，孙膑辞谢说："受过酷刑，身体残废的人不宜担任主帅。"齐威王接受了孙膑的意见，改派田忌为大将军，任命孙膑为军师。齐威王让孙膑乘一辆设有帷幔的轻便小车，安坐其中，为主将田忌出谋划策。

由于邯郸危急日甚一日，随时有被攻陷的可能，田忌打算率领军队直趋赵国都城，以解赵国燃眉之急。

孙膑否定了田忌的计划，他给田忌分析赵、魏的战局说："解开纠缠不清一团乱丝般的东西，得用手慢慢地理出头绪，而不是攥紧拳头一锤砸去就能奏效的；解救赵国之围，就像劝止别人打架，劝架的人不必参与进去。解围的诀窍是，抓住敌人关键的地方，避实就虚，击其要害，这样就能控制住整个战局，激烈复杂的战争冲突自然就解决了。现在魏、赵两国陈兵对阵，竭力厮杀，魏国的精兵劲旅肯定是倾巢而出，留守国内的不过是些老弱病残罢了。您不如统帅大军直捣魏国都城大梁（今河南省开封市），占据它的交通要道，袭击它守备空虚的薄弱环节，那么，它们侵入赵国的大军必然放弃邯郸之围回救大梁。这样,我们既可以解救邯郸之围,又可以调动魏国军队从黄河之北的邯郸趋赴黄河之南的大梁,让它疲于奔命。"

田忌听从了军师孙膑的这番制胜韬略,率领齐军开赴大梁。齐军浩浩荡荡,如入无人之境,顺利地形成了对大梁的围攻之势。

魏国军队围攻邯郸经年,在濒临精疲力竭的时候攻破了邯郸,还没来得及喘息,齐军进攻大梁的消息就传到了前线。魏将庞涓立即拔营回军,回救大梁,准备跟来犯的齐军交战。

孙膑在魏国军队撤退的必经之地桂陵(今河南省长垣县西南)埋下伏兵,以逸待劳。当长途跋涉、人困马乏的庞涓部队与士气旺盛的齐军遭遇时,刚一交锋,就被打得七零八落。庞涓只好收拾余部,撤回了大梁。

魏军虽在桂陵之战中严重失利,但是并未因此而一蹶不振,仍具有蔚为可观的实力。十三年后(公元前341年),魏国又挟持赵国挑起了侵略韩国的战争。韩国位于魏国的西南,是战国七雄中比较弱小的一个。韩国自然不是魏的对手,危急中遣使奉书向齐国求救。

齐威王一如当年那样,召集大臣商议此事。邹忌依然充当反对派,他说:"魏国韩国相斗,不管鹿死谁手,双方实力都要受到损伤,这对齐国没有什么好处。"他主张隔岸观火,不出兵救韩。

而田忌则主张发兵救韩,他说:"不出兵救援韩国,韩国就会屈服于魏国. 从而导致魏国势力的进一步壮大,将形成对我们齐国更为不利的局面,不如及早出兵营救。"

齐威王征求孙膑的意见,孙膑便胸有成竹地谈了自己的看法:

他既不同意不救，也不赞成早救，而是主张"深结韩之亲，而晚承魏之弊"。他说："韩魏两个国家的战争才刚刚开始，它们双方的军事力量都还没什么大的损伤，这时出兵相救等于我们代替韩国承担抵御魏国的强劲攻势，又好像我们是听从韩国的调遣。况且魏国有倾其国力不惜代价不败韩国决不罢休的来势，韩国眼睁睁地看着自己将沦陷敌国，肯定遣使求救于我国。"

接着，孙膑向齐威王进献了具体的战略措施："现在，我们应当私下里许诺韩国，出兵相救，跟它结交深密的感情，但却不必马上出兵。韩国有了我们的救援指望，必定增强战斗信念；魏国军队遭遇了韩国的拼命抵抗，实力也一定会有相当大的消耗。等形成了这种两败俱伤的局面，我们再举兵赴战，打败魏国可以说是稳操胜券！这样，不仅能够轻而易举地享受很重要的军事利益，而且还能在山东各国享有很高的威望。"

"妙！"齐威王对孙膑的这番计谋啧啧赞赏，连连赞叹："妙计，妙哉！"

齐威王按照孙膑的谋略秘密召见了韩国使臣，表示齐国不会辜负韩国的期待，将出兵救援，希望韩国在援军开赴战场之前全力抵抗。

齐国承诺救助，韩国深受鼓舞，反侵略战争的士气更加高涨，连续五次发起对魏国军队的猛烈反攻。虽然五战五败，但却使魏国军队遭到了重创，付出了不小的军事代价。渐渐地，韩国也支撑不住了。

韩国使臣又一次来到齐国，只好把自己的国家托付给齐国，请求赶快出兵。

齐威王见时机成熟，决定出兵救韩。

像十三年前的围**魏**救赵一样，齐威王仍拜孙膑为军师，任命田忌为主将，田婴为副将。

田忌根据孙膑"批亢捣虚"的战略思想，再次设下了"围**魏**救赵"之计。

田忌按照军师孙膑的谋划，统领大军直接向**魏**国都城大梁进发。

魏将庞涓得到齐军将偷袭后方的消息，立刻放弃了攻韩的一系列战略部署，撤军回国。这时，齐国的军队已开出国门，长驱直入踏上**魏**国土地了。

孙膑已经掌握了庞涓回师迎敌的情报，于是对田忌说："**魏**国的军队一向自以为强悍勇敢，根本瞧不起我们齐国军队，齐国因而被认为胆小懦弱，善于作战的将领应该利用这种情势，因势利导。兵法上说，以急行军赶路百里去争夺战胜之利，部队肯定会疲惫劳顿，连它们的主将也有被折损的危险；以急行军五十里争利，不过能有半数兵力赶到目的地。而今，庞涓轻装急进，日夜兼程，恨不得一口吃掉我们，这是兵家大忌。"

田忌认为孙膑的分析非常正确，问孙膑说："那么，当此关头，我们该怎样对付劳师袭远的庞涓呢？"

"将计就计，我们故意装出胆怯懦弱的样子，骄纵庞涓，蛊惑敌人军心，诱使它轻敌冒进。"接着，孙膑又作出了具体的实施计划，"现在，我军立刻掉头撤退。撤退过程中，第一天宿营时筑起可供十万人马烧饭用的炊灶，第二天减少到五万灶，第三天减为三万灶，给敌人造成我军兵士不断逃亡的错觉，进一步助长它轻敌麻痹的情绪。"

果然，庞涓尾随齐军三天，紧追不舍，发现齐军宿营用餐的炊灶一天比一天少，起初密密麻麻十万炊灶，三天后稀稀落落不过三万灶坑。他得意洋洋地说："我早就知道齐军是些胆小怕死的可怜虫，进入我们魏国才三天，士卒就逃亡过半了！"

庞涓得意忘形，以为洗雪桂陵战败耻辱的时刻到来了。根据自己的判断，他立刻命令丢弃步兵和辎重，只带领了一支精选的劲健轻骑部队，以一天赶两天路程的速度拼命追赶齐军。

齐军这时已退至本国境内，孙膑计算庞涓的行程，当晚应当抵达马陵（今河北省大名县东南）。

马陵路狭道窄，是条蜿蜒于高丘中的小路，两旁林木丛生，布满天然险阻，是设置伏兵袭击敌人的上选之地。再加上漆黑一团的夜色，也是出奇制胜的最佳天时。

孙膑决定选在此地此时消灭庞涓。他让田忌命令士兵砍倒路旁的树木阻塞庞涓的去路，并选择了一棵特别高挺的大树，砍削去一大块树皮，在光滑的树干上写了"庞涓死于此树之下"几个大字。

孙膑亲自挑选了一万名善射的弓箭手，埋伏在道路两旁，吩咐他们："一旦看到火光，就万箭齐发！"

当晚，庞涓果然赶到了这棵大树下。阴沉漆黑的夜空，他影影绰绰地看到树干上模模糊糊的一行字迹，但没有看清楚到底写的是什么，便命令士兵点亮火把，照明看字。

只见上面写着："庞涓死于此树之下"八个大字。

庞涓还没来得及作出任何反应，齐军便万弩齐发，给魏军以迅雷不及掩耳的打击，魏军顿时惊恐失措，大败溃乱。庞涓智穷力竭，眼见败局已定，遂愤愧自杀。齐军乘胜追击，又连续大破魏军，前后歼敌十万余人，并俘虏了魏军主帅太子申。

　　齐国在桂陵之战，尤其是随后的马陵之战中的大获全胜，从根本上削弱了魏国的军事实力。从此，魏国一步步走下坡路，失去了中原的霸权。而齐国则挟战胜之威，力量迅速发展，成为当时数一数二的强大国家。孙膑也从此名扬天下，他的兵法著作流传后世。

2.　吴起　杀妻求将，口吸卒脓

　　吴子名起，卫国人。吴起初期投效鲁国，周威烈王十四年（前412），齐国进攻鲁国，鲁国国君想用吴起为将，但因为吴起的妻子是齐国人，对他有所怀疑。吴起渴望当将领成就功名，竟杀了自己的妻子，表示不倾向齐国，史称杀妻求将。因为这件事，吴起一直为后世所不齿。但吴起却赢得了鲁君的信任，任命他为将军，率领军队与齐国作战，并且取得了胜利。

　　后来鲁国人批评吴起为人猜忌残忍，说吴起是个残暴无情的人。小时候，他家资丰厚，他想当官，到处游说没有成功，以致家庭破产。乡邻耻笑他，他就杀了三十多个诽谤他的人，然后逃出卫国向东去。他和母亲告别时，咬着臂膀发誓说：'不为卿相，不复入卫。''以后，他才学习兵法奉事鲁君。鲁君对他有怀疑，他就杀了自己的妻子以争取做将军。这样的人怎么能任用呢？于是，鲁君就辞退了吴起。

吴起离开鲁国，投效魏文侯，官至西河守。

吴起做将军总是身先士卒，同他们同衣同食。士兵中有人生疮，吴起就用嘴为他吸脓。这个士兵的母亲知道这事后大哭起来。别人说："你儿子是个小卒，吴将军亲自为他吸疮脓，你怎么还哭呢？"母亲说："往年吴公为他父亲吸过疮上的脓，打仗时，他父亲就拼命往前冲，结果战死了。现在吴公又为我儿子吸疮上的脓，我不知他又将死到哪里了，所以我哭。"

魏文侯死后，吴起奉事他的儿子魏武侯。武侯泛舟黄河，顺流而下，船到半途，回过头来对吴起说："山川是如此的险要、壮美哟，这是魏国的珍宝啊！"吴起回答说："政权是不是稳固，关键是给百姓施以恩德，不在于地理形势的险要。如果您不施恩德，即便乘着同一条船的人也会变成您的仇敌啊！"武侯回答说："讲的好。"

魏国选相，很多人都看好吴起，可是最后却任命田文为相。吴起很不高兴，他对田文说："请你和我比一比功劳可以吗？"田文说："可以。"吴起说："统领三军，使士卒乐于为国牺牲，敌国不敢图谋进攻我们，你比我怎样？"田文说："我不如你。"吴起说："管理各级官员，亲附人民，使财力充裕，你比我怎样？"田文说："我不如你。"吴起说："镇守西河地区，使秦军不敢向东扩张，韩国和赵国都遵从我们，你比我怎样？"田文说："我不如你。"吴起说："这三方面，你都不如我，而你的职位却比我高，这是为什么？"田文说："国君年少，全国忧虑，大臣没有亲附，百姓还不信赖，在这个时候，是由你来任相合适呢，还是由我来任相合适呢?"吴起沉默了很久,然后说:"应该由你任相。"田文说:"这就是我所以职位比你高的原因。"吴起才知道自己不如田文。

齐相田文死后,公叔出任国相,他娶了魏君的女儿,却畏忌吴起。公叔就设计陷害吴起,使得武侯怀疑吴起,不再信任他。吴起怕招来灾祸,于是离开魏国,到楚国去了。

吴起到楚国,楚悼王听说吴起有才能,就任他为相,进行改革。改革的结果,打击了旧贵族的势力,加强了王权,楚国国力一度强盛,"南平北越,北并陈蔡",",却三晋,西伐秦",引起各诸侯国的恐慌。

但吴起改革仅一年,悼王就死了。旧贵族对吴起发难。吴起跑到悼王的尸体旁,伏在尸体上,意在射我必中王,中王,自然就暴露他们是反叛的罪人。但旧贵族还是射杀了吴起,乱箭也射到了悼王的身上。这就是"矢中王尸"。这一年是公元前381年。楚肃王继位后,又全部杀了因射刺吴起而同时射中了悼王尸体的人,被诛灭的宗族有七十多家。

吴起一生在鲁、魏、楚三国出将入相,显示了卓越的军事才能,对后世用兵有深远的影响。

3. 荆轲 莽夫之勇,大器难成

燕太子丹曾在秦国做人质,由于不甘受辱,便化妆偷偷跑回燕国,并发誓定要报仇雪恨,于是四处寻访刺客,准备刺杀秦王嬴政。

太子丹听说驼背老人田光很有见识，便将他请来，说了自己的心愿，并请他与访求的几个勇士见面。田光见过秦舞阳及其他勇士后对太子丹说，这些人喜怒均现于脸色，不可大用。接着，田光向他推荐了有勇有谋，喜怒不形于色的荆轲。

田光告辞时，太子丹起身相送，并一再嘱咐不要将此事泄露出去。田光心中黯然。

田光见到荆轲，对他讲了刺杀秦王的计划，然后说："太子对我并不十分信任，我只有以死表明心迹。"说完拔剑自刎而死。荆轲含泪收起田光的尸体。

太子丹听说此事后，痛哭流涕。

荆轲见到太子丹说："刺杀秦王的重任，臣无能，恐担当不起。"

太子丹跪在荆轲面前，百般相求，荆轲只好答应。

二人一起商量刺杀秦王的计策。荆轲说："我们可以用求和的名义接近秦王，如果想让秦王相信，必须将我们最肥沃的土地督亢（今河北省琢县东）献给他。"太子丹同意了，催促荆轲快些行动。荆轲觉得条件还不成熟，单凭献督亢的一纸地图并不足以取信于秦王，他想到了一个人——樊于期。

樊于期是秦国大将，因得罪秦王逃到燕国，投在太子丹门下，秦王正出重金悬赏捉拿樊于期。

荆轲见到樊于期，说了谋刺秦王的计划及自己的想法。樊于期说："如果能帮助太子报仇，我一个人的头又算得了什么。"言罢自刎而死。荆轲向樊于期的尸体拜了几拜，便将他的首级装入匣子带走了。

不久，秦国利用反间计灭了赵国，大军直逼燕国。太子丹见荆轲还没有动身，就三番五次催他快些行动，荆轲原想等他一个有胆识的朋友做助手，见太子实在焦急，只好提前动身。太子丹派秦舞阳作荆轲的助手，又将一把用毒药炼过的匕首藏在地图中，作行刺秦王的武器。

公元前 277 年，荆轲和秦舞阳以燕国使臣的名义来到咸阳。

朝见时，荆轲捧着装有樊于期头颅的匣子，秦舞阳捧着装地图的匣子共同上殿。

秦舞阳心中有事，又见朝堂布置森严，脸色变得雪白，身体也不由自主地抖起来，秦王的侍臣看出秦舞阳有些异样，大声喝道："使者脸色怎么变了？"荆轲看看秦舞阳，笑着解释说："他从未见过大世面，今天见秦王如此威严，免不了要害怕。"秦王还是起了戒备之心，传旨让正使一人上殿。侍臣将秦舞阳阻拦在阶下。

秦王查验了樊于期的首级，又见荆轲言谈从容得体，疑虑渐消。荆轲又将地图拿给秦王看，当地图全部打开时，匕首露了出来，秦王大惊失色。荆轲一手执匕首，一手扯住秦王衣袖，他本想乘机逼迫秦王交出侵占的燕国土地，谁知秦王力大，突然扯断衣袖跳开去。荆轲急忙追赶，秦王绕着殿柱躲避。当时，秦王规定大臣上殿不许带武器，带兵器的卫士没有命令不准上殿。

众大臣只好徒手和荆轲搏斗。御医见情况危急，顺手将药箱向荆轲掷去，这时有人提醒秦王："大王，身上有剑！"秦王这才想起自己身上背的宝剑，于是执剑在手，乘荆轲抬手挡药箱的机会，将荆轲右腿斩断。荆轲无法站立，将匕首向秦王掷去，秦王一闪身，匕首从他耳边飞过，击在铜柱上。荆轲手中没有了武器，秦王上前又补了几剑，荆轲身中八处剑伤，知道事已失败，苦笑着说："如果不是想让你交出侵占的土地，你早被我刺死了。"随即又骂道："幸运的无道魔王！你恃强吞并诸侯，你的国家岂能长久！"这时，秦王的卫士们一拥而上，杀死了荆轲。秦舞阳在殿下，闻听荆轲动手，也要上前帮忙，被殿下武士乱剑刺死。

秦王非常震怒，不久后就发动大军展开对燕国的进攻。公元前221年，燕国被秦国灭亡。

4. 诸葛亮 鞠躬尽瘁为汉室

诸葛亮，字孔明、号卧龙（也作伏龙），汉族，琅琊阳都（今山东临沂市沂南县）人，三国时期蜀汉丞相、杰出的政治家、军事家、发明家、文学家。在世时被封为武乡侯，死后追谥忠武侯，东晋政权特追封他为武兴王。

诸葛亮为匡扶蜀汉政权，呕心沥血，鞠躬尽瘁，死而后已。其代表作有《前出师表》《后出师表》《诫子书》等。曾发明木牛流马等，并改造连弩，可一弩十矢俱发。于234年在宝鸡五丈原逝世。诸葛亮在后世受到极大尊崇，成为后世忠臣楷模，智慧化身。成都、宝鸡、汉中、南阳等地有武侯祠，杜甫作《蜀相》赞诸葛亮。

诸葛亮于汉灵帝光和四年（公元181年）出生于琅邪郡阳都县的一个官吏之家，诸葛氏是琅邪的望族，先祖诸葛丰曾在西汉元帝时做过司隶校尉，诸葛亮父亲诸葛圭东汉末年做过泰山郡丞。

诸葛亮三岁时母亲章氏病逝，八岁时丧父，与弟弟诸葛均一起跟随由袁术任命为豫章太守的叔父诸葛玄到豫章，东汉朝廷派朱皓取代了诸葛玄职务，诸葛玄就去投奔荆州刘表，诸葛亮的躬耕地尚有争议，一说在南阳卧龙岗，另说在襄阳城西二十里的隆中。

建安二年（197 年），诸葛亮的叔父诸葛玄病逝；汉献帝已从长安李傕手中逃出，迁到了曹操的许县。

诸葛亮此时已十六岁，平日好念《梁父吟》，又常以管仲、乐毅比拟自己，当时的人对他都不屑一顾，只有好友徐庶、崔州平等相信他的才干。人称"卧龙"。

他与当时的襄阳名士司马徽、庞德公、黄承彦等有结交。黄承彦曾对诸葛亮说："闻君择妇；身有丑女，黄头黑色，而才堪相配。（听到你要选妻，我家中有一丑女，头发黄、皮肤黑，但才华可与你相配。）"诸葛亮应许这件亲事，立即迎娶她。

当时的人都以此作笑话取乐，乡里甚至作了句谚语："莫作孔明择妇，正得阿承丑女"。

《隆中对》原名《草庐对》，是东汉末年诸葛亮与刘备初次会面的谈话内容，选自《三国志·蜀志·诸葛亮传》。207 年冬至208 年春，当时驻军新野的刘备在徐庶的建议下，三次到隆中草庐拜访诸葛亮。前两次都没见到诸葛亮，第三次终于得见。

《隆中对》中，诸葛亮为刘备分析了天下形势，提出先取荆州为家，再取益州成鼎足之势，继而图取中原的战略构想。三顾茅庐之后，诸葛亮出山成为刘备的军师，刘备集团之后的种种攻略皆基于此。

赤壁之战，是指三国形成时期，孙权、刘备联军于建安十三年

（208 年）在长江赤壁（今湖北赤壁西北）一带大破曹操大军，奠定三国鼎立基础的以少胜多的著名战役。这是中国历史上以少胜多的著名战役之一，也是三国时期"三大战役"中最为著名的一场。它也是中国历史上第一次在长江流域进行的大规模江河作战，标志着中国军事政治中心不再限于黄河流域。最后以火攻大破曹军，曹操北回，孙刘双方亦各自夺去荆州的一部分。

当时，刘表之妻刘琦后母蔡氏屡进谗言，刘表对刘琦渐渐不悦。刘琦数次向诸葛亮请教自安之术，但诸葛亮每每推辞，刘琦便在一次饮宴时用上屋抽梯之计令诸葛亮说出解决办法，诸葛亮便反问刘琦："君不见申生在内而危，重耳在外而安乎？"意思是说你没见到春秋时期的申生在内而有危险，但重耳（指的是晋文公）在外却可得安吗？当时黄祖被东吴杀害，刘琦便上荐为江夏太守外求自保。

建安十三年（208）八月，刘表病逝，其二子刘琮继位，听到曹操南下的消息，遣使投降。刘备在樊城知道后，率军队和百姓南逃，曹军在当阳长坂追上刘军。

刘备到达夏口，而孙权之前又派鲁肃到来观察情况，并向刘备建议向孙权求救，诸葛亮便自荐到柴桑做说客，与鲁肃结为朋友；到达柴桑后，诸葛亮面见孙权，先用二分法给孙权两个选择，"若能以吴、越之众与中国抗衡，不如早与之绝。若果能以吴、越的军力与中原之国抗衡，不如早和曹操断交"；另一个选择则是激将法，"若不能当，何不按兵束甲，北面而事之！"如果认为不能抵挡，为何不停止军事行动，向北方称臣呢！"北面"在这里有双重含义：其一是曹操当时在北方；其二是君臣见面时，臣子通常面向北方。"孙权却反问诸葛亮,刘备为何不投降。诸葛亮便提高刘备身价,说刘备有气节,绝不投降,以向孙权显示刘备的决心。孙权大怒,誓言不会向曹操投降,却担心,刘备还有多少兵力战斗。诸葛亮最后才分析两军的情况,先说出自军散兵归还和关羽水军有万人,加上刘琦凡江夏士兵亦不下万人,再说出曹军远来疲弊,追刘备时,又用轻骑一日一夜行了三百多里,正是"强弩之末,势不能穿鲁缟";而且北方人不习水战,荆州百姓又是被逼服从曹操,不是心服;最后肯定地说曹操必定可打败。孙权十分高兴,后又受到鲁肃、周瑜的游说,决定联刘抗曹,派周瑜、程普、鲁肃等率三万水军,与曹操开战。

诸葛亮随军回到刘备处;十一月,曹操大军在赤壁遭遇孙刘联军火攻,军中又发生瘟疫,故大败,回师北还。

赤壁之战后,刘备于十二月平定荆南四郡,任命诸葛亮为军师中郎将,住于临烝,督令零陵、桂阳、长沙三郡,负责调整赋税,充实军资。建安十六年(211 年),益州牧刘璋派法正、孟达请刘备助攻张鲁。诸葛亮便与关羽、张飞、赵云等镇守荆州。至次年十二月,刘备与刘璋决裂,还攻成都。诸葛亮便与张飞、赵云等入蜀助阵,留关羽负责荆州防务,分兵平定各郡县,与刘备一起围成都。至建安十九年(214 年),刘璋投降,刘备入主益州。

诸葛亮受金五百斤,银千斤,钱五千万,锦千匹,并受任为军师将军,署左将军府事。

每当刘备出兵征伐,诸葛亮便负责镇守成都,为刘备足食足兵,如汉中之战就替刘备提供支援。

汉献帝延康元年(220 年),曹丕篡汉自立。魏黄初二年(221

年），群臣听到汉献帝被害的消息，劝已成为汉中王的刘备登基为帝，刘备不答应，诸葛亮用耿纯游说刘秀登基的故事劝刘备。于是刘备才答应，任诸葛亮为丞相、录尚书事，假节；同年张飞被害，诸葛亮领司隶校尉一职。

　　章武二年（222 年）八月，刘备在东征夺回荆州的途中被打败，撤退至永安，诸葛亮大叹："可惜法正故去，否则必能阻止刘备东征之举。"

　　至章武三年（223 年）二月，刘备病重，召诸葛亮到永安，与李严一起托付后事，刘备对诸葛亮说："君才十倍曹丕，必能安国，终定大事。若嗣子可辅，辅之；如其不才，君可自取。"意即你的才能是曹丕的十倍，必定能够安顿国家，终可成就大事。如果嗣子（刘禅）可以辅助，便辅助他；如果他没有才干，你可以自行取度。诸葛亮涕泣地说："臣敢不竭股肱之力，效忠贞之节，继之以死乎！"刘备又要刘禅视诸葛亮为父。

　　延至四月，刘备逝世，刘禅继位，封诸葛亮为武乡侯，开设官府办公。不久，再领益州牧，政事上的大小事务，刘禅都依赖于诸葛亮，由诸葛亮决定。本来南中地区因刘备逝世而乘机叛乱，诸葛亮因国家刚逝去君主，先不发兵，而派邓芝及陈震赴东吴修好。

　　时为蜀丞相的诸葛亮受昭烈帝刘备托孤遗诏，立志北伐，以重兴汉室。就在这时，蜀南方之南蛮又来犯蜀，诸葛亮当即点兵南征。到了南蛮之地，双方首战诸葛亮就大获全胜，擒住了南蛮的首领孟获。但孟获却不服气，说什么胜败及兵家常事。孔明得知一笑下令放了孟获。放走孟获后，孔明找来他的副将，故意说孟获将此次叛乱的罪名都推到了他的头上。副将听了十分生气，大声喊冤，于是孔明将他也放了回去。副将回营后，心里一直愤愤不平。一天，他将孟获请入自己帐内，将孟获捆绑后送至了汉营。孔明用计二次擒获了孟获，孟获却还是不服，诸葛亮便又放了他。这次，汉营大将们都有些想不通。他们认为大家远涉而来，这么轻易地放走敌人简直是像开玩笑一样。孔明却自有道理：只有以德服人才能真的让人心服；以力服人将必有后患。孟获再次回到洞中，他的弟弟孟优给他献了个计谋。半夜时分，孟优带人来到汉营诈降，孔明一眼就识破了他，于是下令赏了大量的美酒给南蛮之兵，使孟优带来的人喝得酩酊大醉。这时孟获按计划前来劫营，却不料自投罗网，被再次擒获。这回孟获却仍是不甘心，孔明便第三次放虎归山。孟获回到大营，立即着手整顿军队，待机而发。一天，忽有探子来报：孔明正独自在阵前察看地形。孟获听后大喜，立即带了人赶去捉拿诸葛亮。不料这次他又中了诸葛亮的圈套，第四次成了瓮中之鳖。孔明知他这次肯定还是不会服气，再次放了他。孟获带兵回到营中。他营中一员大将带来洞主杨峰，因跟随孟获亦数次被擒数次被放，心里十分感激诸葛亮。为了报恩，他与夫人一起将孟获灌醉后押到汉营。孟获五次被擒仍是不服，大呼是内贼陷害。孔明便第五次放了他，命他再来战。这次，孟获回去后不敢大意，他去投奔了木鹿大王。这木鹿大王之营极为偏僻，孔明带兵前往，一路历尽艰险，加上蛮兵使用了野兽入战，使汉兵败下阵来。这之后汉兵又碰上了几处毒泉，使情况变得更为不妙。幸亏不久孔明得到伏波将军及孟获兄长孟节指点，他们才安全回到大营。回营后，孔明造了大于真兽几倍的假兽。当他们再次与木鹿大王交战时，木鹿的人马见了假兽十分害怕不战自退了。这次孟获心里虽仍有不服，但再没理由开口了，孔明看出他的心思，仍旧放了他。孟获被释后又去投奔了乌戈国，这乌戈国国王兀突骨拥有一支英勇善战的藤甲兵，所装备的藤甲刀枪不入。孔明对此却早有所备，他用火攻将乌戈国兵士皆烧死于一山谷中。孟获第七次被擒，孔明故意要再放了他。孟获忙跪下起誓：以后将决不再谋反。孔明见他已心悦诚服，觉得可以利用，于是便委派他掌管南蛮之地，孟获等听后不禁深受感动。从此孔明便不再为南蛮担心而专心对付魏国去了。

诸葛亮恢复与吴联盟、平定南中后，就准备北伐曹魏。第一次北伐在蜀汉建兴六年（228 年）春，他令赵云等作疑兵，摆出由斜谷（今陕西眉县南）攻郿城（今眉县北）的态势，以吸引魏军；自己则率主力向祁山（今甘肃西和县祁山堡）方向进攻，陇右的天水、南安、安定等郡相继叛魏降蜀，又收服了姜维，一时关中大震。可是马谡违背诸葛亮部署，为张郃所败，丢了街亭；赵云等出兵也不利，诸葛亮只得退回汉中。不久，天水、南安、安定三郡又叛汉附魏。

第二次北伐是同年冬，诸葛亮乘陆逊在石亭打败曹休之机，出散关，包围陈仓（今陕西宝鸡西南），攻打二十多天未破，魏的援军赶到，他不得已又退回汉中。

第三次北伐是建兴七年，诸葛亮进攻武都（今甘肃成县）、阴平（今甘肃文县西北），打败魏援军，占了这两郡，留兵据守，自己率部回师。次年，魏军进攻汉中，诸葛亮加强防守，又增调援军，再由于连续大雨，子午谷、斜谷等道路不通，魏军撤退。

第四次北伐是建兴九年，蜀军包围祁山，魏军统帅司马懿迎击，诸葛亮准备决战。司马懿知蜀军远来，军粮不多，凭险坚守，拒不出战。诸葛亮想用退兵的办法引诱敌人，但司马懿追赶很谨慎，蜀军一停，他就扎营拒守。此时刘禅听信诸葛亮早晚欲称帝的谣言，下旨令武侯退兵，加上蜀军粮草将尽，诸葛亮只得班师，在归途中以伏兵杀了魏国名将张郃。

第五次北伐是十二年春，诸葛亮率十万大军出斜谷口，

到达郿县，在渭水南岸五丈原扎营。司马懿也筑营阻拦，不与蜀军作战，料知蜀军远来，粮草运输困难，想把蜀军拖垮。诸葛亮也有准备，在渭水分兵屯田，作长期战争的打算。诸葛亮在这次出兵前曾与孙权约定同时攻魏，五月吴军十万攻魏，不胜，撤回江东，所以蜀军只得与魏军单方面周旋。八月间诸葛亮积劳成疾，病情日益严重，不久就与世长辞。死后，姜维等遵照他的遗嘱，秘不发丧，整军退入斜谷。诸葛亮出师北伐共为五次，真正出兵祁山只有二次；还有一次是魏军进攻汉中，不是诸葛亮出击。后世概而言之，说成是"六出祁山"。

诸葛亮六出祁山的决策，是贯彻落实《隆中对》策，北定中原，兴复汉室，以成霸业的正确军事举措和重要战略方针，有其重要战略意义。

234 年八月，诸葛亮病故于五丈原。

5. 项羽 西楚霸王威震沙场

项羽（前 232—前 202 年），名籍，字羽，秦下相（今江苏宿

迁西南）人，他是中国军事思想"勇战派"代表人物，与"谋战派"孙武、韩信等人齐名。项羽是楚国名将项燕之孙。秦二世元年（前209年）从叔父项梁在吴中（今江苏苏州）起义，项梁阵亡后他率军渡河救赵王歇，巨鹿之战摧毁章邯的秦军主力。秦亡后称西楚霸王，实行分封制，封灭秦功臣及六国贵族为王。后与刘邦争夺天下，进行了四年的楚汉战争，公元前202年兵败，在垓下（今安徽灵璧南）乌江边自杀，年仅三十岁。古人对其有"羽之神勇，千古无二"的评价，"霸王"一词源自项羽。

公元前224年，秦将王翦大破楚军。次年，秦军攻到蕲（今安徽宿州市区南22公里蕲县镇浍河北岸）南，项羽的祖父项燕兵败被杀（一说自杀）。

楚国灭亡之后，项羽与弟弟（一说堂弟）项庄随叔父项梁流亡到吴县（今江苏苏州）。羽年少时，项梁曾教他读书，项羽学了没多久便厌倦了；后梁又教他武艺，没多久又不学了；梁大怒！籍曰："读书能够用来记姓名就行了，学武不过能敌得过一人，籍要学便学万人敌！"于是项梁便教授他兵法。但其学了一段时间后又不愿意学了，梁只好顺着他不再管他。项羽力能扛鼎，气压万夫，年轻时志向便极为远大。一次秦始皇出巡在渡浙江（今钱塘江）时，项羽见其车马仪仗威风凛凛，便对项梁说："彼可取而代也（我可以取代他）。"秦二世元年（公元前209年），陈胜、吴广在大泽乡振臂一呼，揭竿而起（即大泽乡起义），项羽随叔父项梁在吴中刺杀太守殷通举兵响应，此役项羽独自斩杀殷通的卫兵近百人，第一次展现了他无双的武艺！二十四岁的项羽，就这样带领八千吴中（指春秋吴国旧境，即今上海市、江苏南部及浙江北部等地）男儿反秦起义军，登上了历史舞台。

秦二世二年六月，项梁采纳范增之计，立楚怀王芈心，仍称楚怀王。项梁自号武信君。之后，项梁率义军大破秦军于东阿、定陶。项羽和刘邦也率军攻占城阳，略地至雍丘（今河南杞县），与秦三川郡（治雒阳，今洛阳市白马寺东）守李由激战，项羽以一人之力于万军之中斩杀李由，秦军大败。

定陶（今山东省菏泽市定陶县）之战后，秦军北渡黄河，攻打起义抗秦的赵王歇和张耳，被秦军围困于巨鹿（今河北平乡县城西南的平乡村）。楚怀王任命宋义为上将，项羽为副将，率兵救援。宋义率军到达安阳（今河南安阳南），便畏缩不前，屯兵四十六天。当时，阴雨连绵，楚军缺衣少粮，处于困境之中。项羽当机立断，一剑杀了宋义，迫使楚怀王任命他为上将军，并命他立即挥师北上救赵，后渡过一条通往赵国的漳河，但由于寡不敌众，士气低落，项羽遂命令军士凿沉渡江用的船只，打破吃饭用的铁锅，身上只带三天干粮，军士们个个以命相抵，士气大振，大破秦军（破釜沉舟一词的由来）。

说起秦朝，人们总是先想到大秦雄师，其气吞如虎，横扫六合的气概让千年来无数风流志士遐想、讴歌。秦之兴起，无疑其内在战争机器的疯狂开动，外在百万铁军的征讨四方，拓开前所未有的疆域。然而短短十五年间，泱泱大秦，毁于一旦，真是应了"其兴也勃焉其亡也忽焉"。秦朝大厦倒塌之快，其内在外在有各种问题，但是给予大秦最沉重一击，使强悍的大秦再无能力开动其战争机器，无疑是项羽的天才之作——巨鹿之战。

出身于文官的章邯，在名将如云的大秦帝国犹如一颗耀眼的流星划过黑暗的天空。在陈胜发难于野，诸侯并起，几十万大军迫近函谷关时，承担起大秦最后的命运！靠临时组织起骊山囚徒，一败周文之数十万大军，再破齐楚之联军，三胜楚军统帅项梁，杀之定陶。可谓是战绩累累，似乎再建大秦之军威，重铸大秦之军魂！

此时关外之地：黄河之南布满秦军势力，只有少部分魏的残余势力。王离带领着边防军进攻河北之地赵国，更北边盘踞着势力弱小的燕国。田荣因为刚为秦军所败，又怨恨楚赵不杀田假田角，所以龟缩齐地，拥兵自保。当时的秦朝廷正为权利斗争而生死相搏，灭诸侯义军的大任自然就落在统帅章邯的身上，章邯再击败楚军杀掉项梁作了一个大的战略决定，北上汇合王离军，拿下整个赵国。这个战略计划却遭到后世的唾弃，多数学者认为他应该趁机进攻彭城。但从当时的情况看却是个可圈可点的战略计划。

王离军进攻赵国，一直未果。彭城远离关中，而北方西边并不安定！章邯攻彭城短时间如未攻下，粮食必然吃紧，孤军深入，粮道必为所扰！而王离军继续攻赵，分兵不如合，分则容易被各个击破。而王离放弃赵国一起来攻彭城，后方则为赵国断。前不能进，后不能退，势必全军覆没！而此时有个偶然的事件更是促使章邯全力北上。

王离军对赵国实行拉拢政策，诈为二世书以招赵将李良。李良因为赵王的姐姐对其无礼，杀掉赵王的姐姐，投靠秦军，击杀赵王。后来为张耳陈余击败，又投靠了章邯。章邯抓住这个机会出兵，击败赵军，王离军趁机包围赵王于巨鹿。章邯军扎住其南部，边为王离军护送粮草，边虎视眈眈的守护王离军侧翼，形成夹击之势。

项羽到巨鹿后开始谋划对秦军来一场世纪豪赌，赌注就是自己的性命加上几万楚军，输则全军尽墨，身死当场；而赢则大秦的天下。

面临在自己面前的是种种不利，似乎是一场有败无胜毫无悬念的赌局。

天才不愧是天才，项羽立刻就发现秦军的弱点——秦军布局是王离军围巨鹿，章邯军扎住其南边，一边筑甬道输之粟一边随时对救助巨鹿的援军打击，这只军队像两只虎钳，牢牢地盯死猎物。而弱点就在两钳之间的心脏。项羽要直接实施黑虎掏心战略，只有切断两只虎钳的联系，集中力量攻其一只才可以有希望获胜。

为了得到更多的情报，让秦军露出破绽。项羽先派英布，蒲将军带上自己的两万人马渡河进攻秦军甬道。英布，蒲将军不负所望，战斗击败看守甬道的秦军。从这场小胜利，项羽看到秦军的问题所在——甬道虚弱，而章邯军疲惫不堪，决定抓住时机全军进攻秦军，这个时候陈余又派人向项羽请战，项羽同意了。正好让陈余做出救赵的姿态吸引王离军的注意。

项羽带着剩余的主力部队，全部渡河。在渡河之后，项羽发表即兴煽动演讲鼓舞士气，随后破釜沉舟，只带三天的干粮，以示"不战胜毋宁死"的大无畏精神。这里充分体现了项羽的战略眼光和权谋手段以及大无畏的决断力，首先项羽带着一只杂牌军，军队派系多，战斗力参差不齐，而项羽又是第一次指挥他们，很难指挥的得心应手。这样的情况下项羽充分运用了"陷之死地而后生，置之亡地而后存"，把一只向心力不足的军队拴成一根绳，只有一起向前冲打败秦军才有活路。在项羽的策划下，楚兵的求战欲望高涨！后世研究者仅仅看到破釜沉舟后者的精神作用，而忽视了前者的重大意义。项羽还命人打破作饭的锅，每人只带三天干粮。项羽不但要以劣势兵力击败秦军，还要用三天时间击败秦军！如果三天之内不能灭掉秦军夺取粮草，就算击败秦军还是一个死字！项羽莫非疯了？

项羽主力开始进攻，项羽把主力汇合在一起，直接进攻甬道，断王离军的粮草。章邯听到消息后，立刻带军援救甬道，正中项羽之计，项羽以逸待劳，大攻章邯。章邯没有料到项羽孤注一掷，把所有筹码都压了上去，由于英布军前期的骚扰战的迷惑，章邯还以为项羽又在玩断粮游戏，搞搞破坏然后跑人（谁又能想到项羽如此高明如此不要命乎），连阵型都没有布置好就带军救援。这次项羽玩真格的，有心算无心，决战对救援，胜负可想而知！史记张耳陈余传："项羽悉引兵渡河，遂破章邯。章邯引兵解……"章邯遭遇大败，准备休整后再战。此时项羽击退章邯军后，立刻马不停蹄杀向毫无准备的王离军。王离军围巨鹿，防诸侯。这几天在防备陈余的虚张声势，突然听闻项羽领军杀来，大吃一惊。由于此刻阵型松散，只好命大将苏角仓促迎战。此时项羽早作好战术部署，对松散的秦军实行穿插，分割，包围，而项羽亲自带兵直攻秦军指挥中枢。《史记》中作了精彩的艺术描写："于是至则围王离，与秦军遇，九战，绝其甬道，大破之，杀苏角，虏王离。涉间不降楚，自烧杀。当是时，楚兵冠诸侯。诸侯军救钜鹿下者十馀壁，莫敢纵兵。及楚击秦，诸将皆从壁上观。楚战士无不一以当十，楚兵呼声动天，诸侯军无不人人惶恐，于是已破秦军，项羽召见诸侯将，入辕门，无不膝行而前，莫敢仰视。项羽由是始为诸侯上将军，诸侯皆属焉。"这里太史公用了艺术化的描写，实际是项羽把秦军分割，独立后，项羽杀苏角，擒王离，九战九胜。诸侯看到形式有利，立刻加入痛打落水狗的行列。诸侯包围秦军，巨鹿城的赵军里应外合，全歼王离军，王离的大将涉间绝望放火自杀。曾经灭六国击败匈奴的雄师，就这样风消云散了！

王离正是当年覆灭六国、横扫华夏的秦朝神将王翦的孙子，项羽的祖父项燕便是死于王翦之手，不知是否上天注定，多年之后项羽击败王离，也算是为自己的祖父报仇。

灭掉王离军，救赵成功后，战争并没有结束，章邯军还有20多万人退居棘原，此时怀王命项羽回师。但是项羽另有大志！项羽要摆脱怀王灭秦称霸天下，此时对他来说是一个机会。项羽开始使用政治手段，首先要收服诸侯联军，再要收服章邯！

做好这些项羽煞费心机，项羽先把章邯军牢牢压制在自己手中却不强攻，利用章邯的威胁一面统帅整合诸侯，一面用裂土分封收买诸侯，恩威并用，双管齐下，把诸侯联军牢牢绑在自己的战车上。章邯在王离兵败后，受到极大的压力，一直求战，希望用胜利来回应秦庭。但是局势的主动权掌握在项羽的手中，项羽此时表现耐性十足，屡屡击败章邯却不决战，只是一点点磨，而章邯此时战不胜退不得。这样对峙六个月，已经是秦二世三年六月了，秦二世屡屡派人责问章邯，章邯派亲信司马欣到咸阳打探消息。赵高派人捉拿司马欣，司马欣从小路逃回。此时陈余给章邯写信讲明利害，让章邯投降项羽！章邯有些意动，却不甘心，一面派人谈约，一面准备在战。但是章邯的小动作都被项羽看在眼中，为了彻底收服章邯，项羽决定打怕他！

项羽命蒲将军迅速到漳南击破章邯军，自己带大军再败章邯军。章邯无计可使，只好投降。秦朝的最后一只军队宣告覆灭。

项羽虽然痛恨秦王朝的暴政但他自己的杀戮之心同样太重，章邯投降于他的几十万大军，最后竟被他全部杀死，在中国历史上能干出这种暴虐之事的人物也是屈指可数的！

秦朝末年，纲绝维弛，群雄并起，其间项羽凭借灭秦巨功分封天下，称霸诸侯。而灭秦的另一主角刘邦却被封在偏远的汉中巴蜀之地。汉二年，刘邦因不满汉中之地毅然出兵定三秦，东向伐楚，而此时，项羽大军正在东边平定齐国之乱，后方空虚。刘邦抓住这个机会大举东进，一路上所向披靡，兵锋直指项羽的都城彭城。《史记》载：

"春，汉王部五诸侯兵，凡五十六万人，东伐楚。"很多人质疑五十六万人这个数字，其实这个数字是可信的，刘邦当年在关中的时候统兵十万，经过汉中整顿，收其巴人等当地民族为军，后定三秦亦收其兵，完全可以做到翻一倍。而此时刘邦"劫持"五个诸侯一起进攻项羽（哪五个诸侯？一直有争议，大概有魏王豹，殷王司马昂，河南王申阳，塞王、翟王，另有陈余军不在此路），而此时东进刘邦倾巢而出，手下重要将领和谋士几乎全到，彭城兵败后萧何"发关中老弱未傅悉诣荥阳"可见损失之惨重。

关于刘邦进攻彭城的部署，后世有很多误解，这里简要说明刘邦东进的部署，汉元八月，刘邦出汉中定三秦。"汉二年三月汉王从临晋渡"东进。大概刘邦分三路行军，中路军由刘邦亲自统帅，部将为张良、陈平、韩信，吕泽，张耳，卢绾，夏侯婴以及五诸侯军，是从洛阳直接向东，直取彭城。北路军由曹参、灌婴率领汇合陈余军从梁鲁，与中路军会攻彭城。南路军由薛欧、王吸（或有王陵军）自关中出武关走南阳，攻阳夏，向东进攻彭城。

此时关中并不安稳，章邯等势力还在负隅顽抗。刘邦留下萧何守关中，周勃围废丘，樊哙郦商转战关中各地，而立韩王信为韩王平定韩地。

这里有疑问的是关于韩信的行踪。很多人认为韩信此时在关中围章邯，没有参与彭城之战，甚至认为是把韩王信当成韩信。这种说法是说不通的，首先韩王信为韩王平定韩地，行踪确定。韩信的问题主要是因为《淮阴侯列传》叙述此段时，只说汉王而未提韩信，但是有一点要知道，在韩信的列传中叙述本身就暗含其人行踪。考证韩信生平我们知道韩信虽然在汉中被刘邦拜为大将，但是一直到彭城之战都无兵权，其地位只相当于参谋，这个期间他并没有什么举动，太史公自然忽略过去。而后来彭城之败后，韩信收残兵败将在荥阳和刘邦会合更有力地证明其人当时亦在彭城。

汉二年四月，北路军破龙且于定陶，南下砀和刘邦中路军会师，接着攻下项羽都城彭城，刘邦似乎已经完胜。

早在刘邦定三秦的时候，项羽就预感刘邦会东进，不过此时他带兵进攻自己后翼的齐国。而对刘邦的攻势，项羽一面派郑昌为韩王，前往韩地抵抗刘邦东进。派陈平平殷王在此又布一层防御线。派龙且抵挡北路军，又派兵距阳夏阻拦南路军。除了南路军史书未明外，其余各路均告失败。而项羽寄以厚望的英布却趁此坐山观虎斗。刘邦军浩浩荡荡，五十六万大军数月就尽占楚地。

此时，项羽陷入前所未有的危机中。

面临两线作战。齐国尚未平定，回师救楚，则腹背受敌。

兵力的极大悬殊。刘邦诸侯联军五十六万人，规模空前宏大。项羽此时全部兵力不详，但是必然远少于五十六万。

后方沦陷，孤军深入。此时项羽楚地尽失，没有根基的孤军只能速战速决。

远离战场，长途奔波。敌人则以逸待劳，利用防御工事抵抗回师楚军。

盟友背叛，政治大环境陷入极度孤立的状况。

面对如此险恶的政治，军事环境，项羽一个大胆的战略计划出笼：以诸将率领大军继续平定齐国，作为迷惑刘邦的手段。而自己亲自带领三万精兵绕道彭城后方，以彭城为钓饵引刘邦上钩，然后偷袭刘邦后方，尽灭刘邦军。项羽的作战计划出来，所有人都楞住了！此人傻了，他不但要以三万尽歼对方五十六万，还要长途奔波，设局偷袭！这可以说是前无古人，后无来者的一个疯狂计划！

彭城之战，关于项羽的行踪由于历代很少研究者涉足，以致人人认为是刘邦攻下彭城后"收其货宝美人，日置酒高会"，轻敌而致。实际上刘邦虽然得意忘形却是并未放松警惕，谋臣大将皆在左右，未见有其疑义。关键是项羽在刘邦未下彭城之际，已经回师彭城西边，断其后路，忽然出现在刘邦诸侯联军的后方。关于这一点甚少有人注意，但是这确是彭城之战胜利之关键。《史记·项羽本纪》有载："春，汉王部五诸侯兵，凡五十六万人，东伐楚。项王闻之，即令诸将击齐，而自以精兵三万人南从鲁出胡陵。

四月，汉皆已入彭城，收其货宝美人，日置酒高会。项王乃西从萧，晨击汉军而东，至彭城……"这里清楚地写明了项羽行踪的顺序。但是大多人采用了《史记·高祖本纪》："项羽虽闻汉东，既已连齐兵，欲遂破之而击汉。汉王以故得劫五诸侯兵，遂入彭城。项羽闻之，乃引兵去齐，从鲁出胡陵，至萧……"为何两者有差异？这里我们分析，项羽本纪排在高祖本纪前面，事迹以项羽为主，顺序详细，亦以此为准。而高祖本纪以刘邦事件为主，项羽事迹只是插叙。如果读高祖这段会发现刘邦入彭城强调的是因果关系，并未详细叙述项羽行踪，而项羽本纪已说的很清楚了，无须再费力。细看项羽本纪发现有一个关键字"项王'乃'西从萧"，从乃字我们可以大胆推测，项羽三万兵力在刘邦军尚未全部入彭城时，已经到达彭城西南断其后路，等待刘邦全部入彭城给刘邦联军致命一击。而长途奔波，绕道千里，断敌后路，攻其不备未给敌人发现任何蛛丝马迹，可真谓是前无古人！

现在项羽只剩下耐心等待最佳时机给予致命一刀了，不过项羽已经准备好秘密武器了。

项羽把大部队留在齐国迷惑刘邦，自己运用骑兵的机动性，绕道彭城西南的萧县。等待刘邦诸军全部进入彭城，混乱不堪，而且大将忙着部署北边建立防御，刘邦等主帅松懈的最佳时机。开始西出萧，向东进攻彭城。项羽选择的是早晨发动偷袭。选择早晨看得出项羽对时机把握的老辣，早晨敌人尚在睡梦中，正处于最疲惫的时候，突然遭遇大规模偷袭，其慌乱可想而知！而自己可以利用早晨天亮明了敌方情况，选择合适有效的战术最大消灭敌人。很多偷袭喜欢放在夜里，这样有利掩藏行踪。但是项羽此次不光要造成敌方混乱，更要全歼敌军。

项羽在战术的选择上直接攻击刘邦指挥中枢，造成刘邦联军指挥系统瘫痪，这样联军就无法组织有效的反抗，然后项羽死死咬住刘邦的主力进行攻击，不给刘邦喘气的机会。而且利用驱赶的方法把他们逼到河流边上，使他们因为拥挤掉进河中淹死或自相残杀！而刘邦联军犹如从云雾端落入无底的深渊，昨天还意兴盎然，大胜在握；今天就兵从天降，不知其然！不明白实情的联军又没有得到有效的组织像无头苍蝇四处乱撞，此时正中项羽之计。由于兵力上的极大悬殊，如果硬拼无论如何都是要被消耗怠尽。这里项羽用骑兵驱赶引诱把联军引向南方的谷、泗水，再此项羽展开攻击，杀联军十余万人。联军为了活命拼命南逃，逃到更南的灵璧东睢水上，这样联军自相残杀，被挤落水十多万。彭城之战终成了一面倒的局势，剩下就是追击残兵败将，扩大战果，收拾残局的事了。可惜由于项羽的兵力单薄，追击战并未产生多大效果，刘邦诸将收拾残兵汇聚荥阳，顶住了楚兵的追击。

楚霸王四年八月，与汉军对陟于广武的楚军粮尽；而刘邦也没能调来韩信、彭越等人的军队，无法对楚军进行最后的合围。于是，双方进行了历史上著名的"鸿沟和议"，以战国时魏国所修建的运河鸿沟为界，划分天下。

随后，九月，西楚霸王项羽率十万楚军绕南路、向固陵方向的迂回线路向楚地撤军。刘邦也欲西返。但是，正当刘邦打算率军西返之时，张良、陈平却建议撕毁鸿沟和议，趁楚军疲师东返之机自其背后发动偷袭。张、陈二人认为："汉有天下太半，而诸侯皆附之。楚兵罢食尽，此天亡楚之时也"，建议"不如因其机而遂取之"（《史记·项羽本纪》）。

刘邦于是采纳二人建议，遂背约，向楚军突然发起战略追击作战。大军追至夏南时，刘邦约集韩信、彭越南下，共同合围楚军。

五年十月，刘邦亲率二十余万大军追击十万楚军至固陵（今河南太康）。但此时，韩、彭二人没有一个出兵配合刘邦。项羽知道后大怒，于清晨在此地发动突然反击，斩杀汉军近两万余人，再次将汉军击败。刘邦慌忙率军退入陈下，并筑起堡垒坚守不出，而楚军又一次合围了刘邦。坚守壁垒的刘邦向张良询问："诸侯不从约，为之奈何？"张良回答："楚兵且破，信、越未有分地，其不至固宜。君王能与共天下，今可立致也。即不能，事未可知也。君王能自陈以东傅海，尽与韩信；睢阳以北至谷城，以与彭越：使各自为战，则楚易败也。"于是，刘邦采纳张良的意见，将陈以东直到大海的大片领土封给齐王韩信；睢阳以北至谷城封给彭越。就这样，刘邦以加封土地为报酬，终于搬动了韩、彭二人，使他们尽数挥军南下，同时命令刘贾率军联合英布自淮地北上，五路大军共同发动对项羽的最后合围。垓下之战随之开始。

齐王韩信亲率齐军从齐地南下，占领楚都彭城和今天苏北、皖北、豫东等广大地区，兵锋直指楚军侧背，自东向西夹击项羽；梁王彭越率军数万从梁地出发，先南下后西进，于刘邦本部军共同逼楚军后退；汉将刘贾率军数万会同九江王英布、合兵十万，自淮北出发，从西南方发动对楚地的进攻，先克寿春，再攻下城父并将此城军民全部屠尽；而镇守南线的楚将大司马周殷却在此时叛楚，先屠灭六县，再与英布、刘贾会师，随后北上合击项羽；同时，得到关中兵丁补充的刘邦则率本部军二十万出固陵东进；

汉军五路大军、合计近六十万之众，形成从西、北、西南、东北四面合围楚军之势，项羽被迫率十万楚军向垓下后撤。

楚霸王四年十二月，刘邦、韩信、刘贾、彭越、英布等五路大军于垓下（今安徽灵璧东南，一说今河南淮阳、鹿邑间）基本完成了对十万楚军的合围。刘邦立刻任命韩信为联军统帅，指挥大军作战。韩信命刘贾、英布军自南将楚军外围出路全部封闭，命彭越军自北封闭通路，韩信军三十万于刘邦本部军主力则合成一股，向困守垓下的十万楚军发起进攻，展开决战！

韩信率主力大军四十余万，排出了这样一个阵形：韩信亲率三十万大军居中，为前锋主力；将军孔熙率军数万为左翼；陈贺率军数万为右翼；刘邦率本部主力尾随韩信军跟进，将军周勃率军断后。而项羽方面，对于楚军而言，如今的情况即不能守、也不能退。后勤断绝、无粮而守，无异于坐以待毙，等死！

就这样，战斗打响了。首先，韩信率五阵大军先行向楚军发动挑衅性进攻。项羽立刻率十万楚军发动中央突破作战，矛头直指韩信本部。项羽亲自率军出击，冲锋在前，楚军以骑兵在前、步兵在后随其冲锋。汉军接战，汉军出于下风。韩信立刻命令大军后撤，以三十万大军为屏障掩护指挥部和刘邦的十万人马向后退去。汉军且战且退，楚军则是继续孤注一掷的疯狂突击，项羽本人更是一马当先，冲锋速度之快甚至将十万楚军将士统统甩在了后面，连楚军骑兵都没有一人能赶上。一路上，汉军如乌云一般层层叠叠，一眼望去，满山遍野。项羽率十万将士猛打猛攻，连破汉军数道防线，直杀向韩信本人。

而另一方面，当韩信以前阵为屏障掩护刘邦军回撤退避的同时，孔熙、陈贺所率的左右两军也自楚军左右两侧进行着夹击，其意思便是为了节制楚军进攻侧翼、分离楚军骑兵步兵之间的配合、牵制楚军进攻。

经过半日厮杀，项羽依然没能突入汉军指挥部，韩信始终不断地向后退却，始终没有出现在项羽面前。而项羽过于猛烈的冲锋，却明显拉开了军队前后的距离。当时的楚军，项羽本人脱离全军冲锋在前、冲开敌军一道道兵列线；后面是速度较快的主力骑兵急赶项羽、并将被项羽本人打开缺口的汉军散兵——冲散踏过；而最后面的是速度最慢的步兵部队，他们与未被骑兵踩死的汉兵一边厮杀一边继续追赶骑兵。楚军队形越来越散、越拉越长，已经渐渐失去了紧密的队形和互相之间的配合。

战至下午，汉军中军一退再退，左右两军迂回急进，终于完成了前后夹击之势。汉军左右军随之投入了对楚军后方侧翼的进攻，以紧密的阵形两面压来，迅速合围了落在后面的楚军步兵。楚军将士殊死抵抗，两军官兵绞斗在一起，立刻陷入交战状态，将楚军步兵、骑兵一分两半，楚军攻势随之被牵制。项羽不得已，只好率残存骑兵回师而去、救援步兵。

当得知左右军完成迂回并发动了对楚军后方步兵的进攻之时，韩信随即组织反击，并将刘邦主力以及所剩的全部中军投入反冲击。

汉军向项羽和楚军前锋骑兵反扑而来。数十万汉军向楚军发起了前后夹击。项羽见势不妙，立刻率全军向反方向突围，冲开汉左右军的包围，退回营中。此战，楚军伤亡四万余。随后，韩信率领全军收拢此前被楚军冲散的部队全数压上，彻底包围了楚军大营至此垓下，决战到此结束。

战败的项羽陷入四面楚歌的境地，最终不得已而上演了霸王别姬、乌江自刎的雄壮悲剧。

在中国历史上，有无数的英雄人物。但如项羽这样铁血柔情的汉子却很少。万军包围，四面楚歌也打不倒这个铁骨铮铮的汉子。战场上的纵横吟啸，面对伊人却柔情刻骨，像项羽这样的英雄，当之无愧的受后人敬仰。

解读

古代豪杰

大智慧

韩宇◎编著

下

中国出版集团

现代出版社

图书在版编目（CIP）数据

解读古代豪杰大智慧（下）／韩宇编著. —北京：现代出版社，2014.1
ISBN 978-7-5143-2636-9

Ⅰ.①解…　Ⅱ.①韩…　Ⅲ.①历史人物–生平事迹–中国–古代–青少年读物　Ⅳ.①K820.2-49

中国版本图书馆 CIP 数据核字（2014）第 057128 号

作　　者　韩　宇
责任编辑　王敬一
出版发行　现代出版社
通讯地址　北京市安定门外安华里 504 号
邮政编码　100011
电　　话　010-64267325 64245264（传真）
网　　址　www.1980xd.com
电子邮箱　xiandai@cnpitc.com.cn
印　　刷　唐山富达印务有限公司
开　　本　710mm×1000mm　1/16
印　　张　16
版　　次　2014 年 4 月第 1 版　2023 年 5 月第 3 次印刷
书　　号　ISBN 978-7-5143-2636-9
定　　价　76.00 元（上下册）

目　录

第四章　韬光养晦篇

1. 勾践　卧薪尝胆图复国 …………………………………… 1
2. 范蠡　功成身退 …………………………………………… 5
3. 廉颇蔺相如　完璧归赵,负荆请罪 ……………………… 10
4. 王导　大义灭亲存英名 …………………………………… 15
5. 魏征　无私勇谏名留青史 ………………………………… 18
6. 狄仁杰　大唐名相神机断案 ……………………………… 21
7. 李隆基　披荆斩棘逆境崛起 ……………………………… 25
8. 冯道　官场中的"不倒翁" ……………………………… 29

第五章　奇策妙计篇

1. 晏婴　二桃杀三士 ………………………………………… 34
2. 冯谖　狡兔三窟,高枕无忧 ……………………………… 37
3. 张良　圯上受书,画箸阻封 ……………………………… 39
4. "商山四皓"　乱世高人巧助吕后………………………… 45
5. 陈平　六献奇计成就功名 ………………………………… 48

6. 王允　美人计妙杀董卓 ················· 54

7. 司马懿　装疯卖傻积蓄力量 ················· 57

8. 鲁肃　榻上之策到三足鼎立 ················· 65

第六章　阴谋诡计篇

1. 赵高　指鹿为马, 玩火自焚 ················· 70

2. 田蚡　皇室新宠大施小人之术 ················· 74

3. 主父偃　工于心计终身败名裂 ················· 80

4. 张汤　创"腹诽"罪于天下 ················· 86

5. 李林甫　口腹蜜剑, 玩弄权术 ················· 90

6. 贾似道　欺上瞒下误国罪人 ················· 94

7. 王振　蛊惑皇帝终自取灭亡 ················· 99

8. 刘瑾　无耻宦官竟称"立皇帝" ················· 104

9. 魏忠贤　建生祠难度罪恶 ················· 112

第四章　韬光养晦篇

1. 勾践　卧薪尝胆图复国

公元前496年，越王允长死去，他的儿子勾践继位。吴王阖闾得到消息后，便想乘乱打越国。伍子胥劝他不要做这种有损名声的事，阖闾不听，与儿子夫毅，带三万大军浩浩荡荡地向越国进发。

越王勾践亲率士兵奋勇抗敌，吴国惨败。吴王阖闾因受重伤死于路上，不久夫毅也死了，夫差成为吴王。

夫差继位后一心想报父仇，天天训练水兵、车兵和步兵。还要人每天问他一遍："夫差，你忘记越国的杀父之仇了吗？"他应声答道："没有，不敢忘。"

这样坚持准备了近三年的时间。公元前494年，吴王夫差亲自统率大军攻打越国。

越国大夫范蠡对越王说，吴国准备了三年，如今发兵士气正旺，我们应当避其锋芒，文种也赞同范大夫的看法，并建议同吴国讲和。越王不听，认为讲和有失颜面，便出兵迎战，结果正如范蠡所料，大战一场之后，三万人仅剩五千人，还被吴兵层层围困。勾践悔之莫及。这时，文种说："主公，我们应该赶快与吴王讲和，否则连国家都保不住了。"勾践流着泪说："事已至此，恐怕他们不会同意了。"文种说："此事交给我来办吧。"

当晚，文种带着八名美女，大量黄金珠宝来到伯嚭营中，并说明来意。伯嚭看见礼单心里乐开了花，假意推辞一番，便应承下来。

第二天，伯嚭见吴王，向他说了越王求和的意思。吴王说："越国指日可灭，我怎么能坐失良机呢？"伯嚭见吴王不答应，进一步说："越王讲和，名声虽好，实际就是投降，他们的一切都由我们做主，越王也愿意做您的奴仆。答应求和，别国也会称赞我们仁义，这样名利双得的事我们何乐而不为？况且也有利于我们成就霸业。假如我们不同意求和，越国必拼死作战，其后果很难预料。"

吴王觉得很有道理，便答应下来。伍子胥一听越王派人求和，知道事情不妙，急忙求见吴王。听说吴王已答应讲和，大怒道："吴、越向来势不两立，几年前您天天想着报仇，日日提醒自己不要忘了报仇，如今答应讲和，是何道理？吴国如果不灭越国，将来必定被越国所灭！"

伯嚭收了人家的礼物，生怕事情办砸了，赶紧说："相国此话言重了，当初您报了楚国的杀父之仇，最终不也答应同他讲和了吗？如今大王报了仇，你怎么就说三道四了呢？你这不是陷大王于不仁不义之中吗？"

伍子胥正要反唇相讥，吴王道："大家不要再争了。相国您先回去吧，等越国送来贡品，我分给您一部分。"伍子胥心底一片苍凉，不禁叹道："吴国亡矣！"

正如伯嚭所说，越国名义上求和，实际就是投降。勾践安排好文种料理一切国事后，便和范蠡一起去吴国服役。吴王将他们安排在简陋的石屋里居住，还让他到阖闾的墓地看坟喂马。夫差有时故意羞辱勾践，出门让他牵马，回来让他更衣、脱靴，甚至上厕所也让他伺候。勾践百依百顺，毫无怨言。

吴王很欣赏范蠡的才华，想重用他。可范蠡并不动摇，和勾践一起服了整整三年的苦役。

由于这几年文种始终不间断的贿赂伯嚭，伯嚭就不间断地向吴王说勾践的好话。经过三年的观察，吴王感觉勾践表现不错，决定放他回国。伍子胥不同意这么做，再三劝阻，可吴王很反感，没有理睬。

勾践回国后，继续过着清贫的生活，他的床上铺着木柴干草，屋子里挂一只苦胆。每次饭前都要舔一下苦胆，尝尝它的味道，以便提醒自己不要忘了昔日的耻辱与百姓的疾苦。他将国家政事交给文种，军事交给范蠡，而自己则和百姓一起下田务农，他的妻子带领妇女养蚕织布。由于君臣一心，全国上下齐心协力，越国渐渐恢复了生气。

一天，勾践向文种询问对付吴国的办法，文种提出对内积草屯粮、操练兵马，对外使用贿赂、美人计、离间计等七条建议，勾践依计而行。

范蠡听说要对吴国施用美人计，知道普通的美女难当此任，便忍痛推荐了自己才貌双全的未婚妻西施。

吴王夫差得到西施，立刻被她天仙般的容貌迷住了，对她宠爱备至，言听计从。

伍子胥明白西施是越国的美人计，劝吴王远离西施，并举出夏桀之于妹喜、殷纣之于妲己的例子。夫差心里很不痛快。西施也暗暗吃惊，觉得此人不除，对越国不利，伯嚭为了当上相国也有恨他不死的意思。

一天，越国向吴国借粮，这也是文种的计策之一，目的是弄空吴国粮库。关于借与不借的问题，伍子胥与伯嚭又起了争执。吴王心烦便离朝回到后宫向西施说了此事。西施举出当年秦穆公、齐桓公向敌国难民借粮受到好评终成霸业的例子，劝说吴王同意。吴王当即决定借粮给越国。

由于伯嚭所做的事大多遭到伍子胥的反对，除掉伍子胥的想法更加强烈。于是造出谣言：伍子胥要投降齐国。

吴王得到消息很生气，也不调查，只派人送给伍子胥一把"属镂"宝剑，辛苦一生、帮助吴王奠定基业的伍子胥含泪自刎而死。伯嚭如愿以偿地当上了相国。

为了消耗吴国实力，西施劝吴王争夺中原霸主之位。吴王决定进攻齐国。太子友知道，吴国伐齐，越国必会乘机攻吴，便用"螳螂捕蝉，黄雀在后"这种借喻的方式劝阻吴王。吴王此时哪里肯听，还劳师动众花费大量财力、物力挖掘了中国第一条大运河——邗沟。公元前485年，吴、鲁联军通过运河讨伐齐国，这也是中国历史第一次大规模海军作战。

公元前482年，吴、鲁、齐、晋在黄池会盟，尊吴王夫差为霸主。回国的路上，听说越王率军攻吴，太子友已阵亡。吴王再想调兵遣将，已是有心乏力了。此时他才想起伍子胥、太子友平时所说的话，但后悔已来不及了。

万般无奈，吴王夫差派伯嚭备足厚礼向越王求和。又过了四年，越国大规模进攻吴国，吴国大败。吴王夫差请求讲和，一如当年勾践臣事吴国的故事，勾践想答应吴王。

范蠡说："会稽的事，是上天把越国赐给吴国，吴国不要。今天是上天把吴国赐给越国了，越国难道可以违背天命吗？再说君王早上朝晚罢朝，还不是因为吴国吗？谋划伐吴已二十二年了，怎么能放弃呢？难道您忘记会稽的苦难了吗？"

勾践说："我想听从您的建议，但我不忍心杀他的使者。"

范蠡就鸣鼓进军，说："君王已经把政务委托给我了，吴国使者赶快离去，否则将要对不起你了。"

吴王夫差只好自杀了。自尽时，他遮住自己的面孔说："我没脸面见到子胥！"

勾践卧薪尝胆二十二年，终于灭亡吴国，成为中原霸主。

2. 范蠡 功成身退

范蠡字少伯，号陶朱公，别名鸱夷子皮，楚国南阳人，春秋末期杰出的政治家。他晓天文，识地理，善机变，文韬武略，无所不精。位列越大夫后又擢为右将军、相国。他的一生充满着神秘和传奇的色彩，正如唐代诗人李白在《悲行歌》中所说：

范子何曾爱五湖，功成名就身自退。

越国也是长江下游的一个小国。公元前 506 年，吴国大败楚国于柏举，楚昭王逃亡，楚大臣申包胥向秦国求助。公元前 505 年，秦襄公派兵援楚，打败了吴军，收复了楚都郢。就在吴军攻陷楚都郢时，吴国的邻居越国趁机偷袭了吴国。那时，越国的力量还远比不上吴国，越国竟敢在吴国的头上动土，吴国大怒。公元前 496 年，吴国讨伐越国，不料，吴国国王阖闾被打伤，很快就死了。阖闾的儿子夫差决心为父报仇。

公元前 494 年，吴王夫差亲率大军讨伐越国。两军在夫椒（今江苏太湖椒山）决战，越军大败，吴军乘胜攻入越都。勾践面临绝境，在文种、范蠡的谋划下，数次以"卑词厚礼"，收买吴国大臣伯嚭，托他求夫差放勾践一条生路。文种还爬着去见夫差，一边磕头，一边流着泪请求做吴王的附属，吴王夫差同意了。越王勾践携妻带子，与大臣范蠡一起入吴，做了屈辱的人质。

　　范蠡在踏上仕途之前，本在楚国的南阳躬耕。他和好朋友文种本来商议去吴国，但此时，伍子胥已经在吴国，且声名显赫，如日中天，他们怕被他压制住了，于是跋山涉水来到越国，很快就获得了越王勾践的充分信任。

　　在勾践穷途末路、身为奴仆之际，范蠡挺身而出，随勾践一起入吴为吴王驾车养马。勾践很是感激。在吴国的两年里，范蠡为勾践制订了"十年生聚，十年教训"计划，鼓励勾践在困境中养精蓄锐，为日后复仇作准备。

　　三年后，吴王夫差放了勾践，勾践返国后，卧薪尝胆，积极准备伐吴战争。他拜范蠡为相国。范蠡果然善理内政，他首先在今绍兴卧龙山下建立了小城，接着又利用这一带孤丘地形，建立了与小城毗连的大城，这样就建成了国都大越城。

　　为了麻痹吴王夫差，使他放松对越国的防范，范蠡还将自己最心爱的女人西施送给了吴王。让一个女人去充当越国复仇的工具，这对西施是不公平的，她曾质问范蠡："为了那个'长颈鸟喙，可与共患难，不可与共乐'的勾践，我们值得这样吗？"范蠡答："为了越国的前程，值得！"

　　范蠡依依不舍地将西施送到了吴国。

　　　　君不见，馆娃初起鸳鸯宿，越女如花看不足。

　　　　香径尘生鸟自啼，屧廊人去苔空绿。

　　　　撸羽移宫万里愁，珠歌翠舞，古梁洲，

　　　　为君剜唱吴宫曲，汉水日夜东南流。

　　这是后人歌咏西施到吴宫以后的生活。

　　西施的绝世容颜和柔言媚语果然让夫差神魂颠倒，色令智消，他下令耗费巨资为西施筑馆娃宫，终日与她嬉戏其中，沉湎酒色，不理朝政。传说，西施早晨梳妆常照池为镜，夫差并立在她身后，亲自为她撩发施妆。他对西施说："以你的娇妍，映在水里，水也生媚。"

在西施的温柔怀抱里，夫差早将争夺盟国霸主地位的壮志置之脑后，更放松了对越王的警惕，使勾践有了卧薪尝胆、励精图治的良机。

夫差对西施如此宠爱，西施在枕边就经常挑拨夫差与吴国肱股之臣伍子胥的关系。伍子胥曾仰天叹息："吴国的今天，就像桀纣之世，怎么能不灭亡啊？"最终，伍子胥被逼死，吴国的军事力量大大削弱了，而越国却在暗中把"刀"磨得锋利无比。

勾践在范蠡、文种的辅佐下，"十年生聚，十年教训"，前后用了二十二年的时间，报仇的时机成熟了。从公元前480年开始，越国对吴国进行了报仇雪耻的争战。范蠡在作战中身先士卒，亲冒矢石。公元前473年，越军在范蠡的率领下把夫差围在了姑苏山上。这次轮到夫差派人"卑词厚礼""膝行"求和了，勾践不允许，范蠡率军继续进攻，夫差不得已自杀身亡。吴国亡在了越国的手上。

范蠡艰辛劳苦、尽心竭力地帮助越王勾践消灭吴国，洗刷了当年亡国称臣的耻辱。之后，范蠡又辅佐勾践北上进兵，与中原的齐国、晋国争霸，并最终称霸诸侯，立下了汗马功劳，自己也被封为上将军。

但是，不久，人们发现，范蠡不见了。范蠡本来可以做大官，享受荣华富贵，却为什么要归隐呢？

原来，灭吴之后，越国君臣设宴庆功。群臣皆乐，勾践却面无喜色。范蠡观察到这一细节，立刻开始思索："勾践为灭吴兴越，不惜忍辱负重，卧薪尝胆。如今如愿以偿，功成名就，只怕自己盛名之下，难以久留，如不急流勇退，日后恐无葬身之地呀！"

于是，范蠡给勾践写了一封信，信上说："臣下听说，如果君王忧愁，臣子就该辛劳；君王耻辱，臣子就该去死。当年大王在会稽受辱，我之所以不死，正是为了报仇雪耻。如今大仇已报，臣请君王赐死。"

勾践读完范蠡的信，诚恳地对范蠡说："难道你不相信寡人吗？我还打算把越国的一半分给你哪！"

范蠡心知，勾践并非真心对自己，早晚有一天，他会加害于自己。于是，在一个夜晚，范蠡带着珠玉宝物，与心腹亲信乘船渡海出逃了。人们说，他到了齐国。

范蠡在齐国海边落脚后，隐姓埋名，耕种滩涂。他吃苦耐劳，勤奋努力，治理产业，很快就积蓄了万贯家财。

齐国人听说他有才能，请他做齐国的国相。可是他婉言谢绝了。他叹息着说："我做老百姓，能赚到万贯家产，我做官，能做到宰相，；我也应该知足了。物极必反，我长期身居高位，要时刻警惕啊！"

于是，范蠡辞掉了官职，散发了他的财产，带着贵重的财宝，悄悄地离开，在陶地住了下来，自称"陶朱公"。不久，他又成为当地的巨富，远近闻名。

范蠡活了八九十岁，寿享天年。

和范蠡命运相连的美女西施则给后人留下了一个谜。

有人说，当西施在吴国享受着吴王对她的百般疼爱时，她的内心是矛盾的，她有家国之恨不能不报。可是当吴国灭亡的时候，也许她已经爱上了吴王。她既已为国尽忠，活在世上还有什么意义呢？于是，国破之日，她自沉于太湖，为夫差殉情了。

李白的《西施》似乎暗示着美人不知所终的结局：

西施越溪女，出自苎萝山。

秀色掩今古，荷花羞玉颜。

浣纱弄碧水，自与清波闲。

皓齿信难开，沉吟碧云间。

勾践征绝艳，扬蛾入吴关。

提携馆娃宫，杳渺讵可攀。

一破夫差国，千秋竟不还。

也有人说，国破之日，她徘徊在馆娃宫前，范蠡找到了她，两人泛舟五湖，成了一对神仙眷侣。她和范蠡本就是恋人，功成身退后双双隐居了。元代王昙在《留侯祠》中说：

君不见，五湖范蠡栽西施，一舸鸱夷去已还。

人们愿意相信在经历家仇国难之后，范蠡和西施实现了他们先前的诺言，终于美满地生活在一起，再也不分离了。

真相已经湮没于历史的迷雾之中，只留下了这个可歌可泣的美人计传奇任后人评说了。

对于吴国的灭亡，唐代诗人罗隐有诗曰：

家国兴亡自有时，吴人何苦怨西施。

西施若解倾吴国，越国亡来又是谁？

把国家的兴亡归结于一个弱女子身上，是不是有失公道呢？

范蠡归隐后曾写信给大夫文种，说了一段后世非常有名的话："飞鸟尽，良弓藏；狡兔死，走狗烹。越王为人长颈鸟喙，可与共患难，不可与共乐。子何不去？"

意思是说："飞鸟射杀完了，好弓就会被收藏起来；狡猾的兔子猎取光了，猎狗就会被煮了吃掉。越王为人很阴险，工于心计，做臣下的可以与他共患难，却不可以与他同享安乐。您为什么还不离开呢？"

文种接到信后，心中闷闷不乐。好友不辞而别，他感到很孤单。这时，越王勾践日夜享乐，也不像以前那样敬重自己了，这使他有点心灰意冷，于是称病不再上朝。有人就进谗言说："大夫文种自恃有功，倨傲不朝，背地里结党营私，将要造反。"

越王勾践正好就有了处置文种的借口，他赐给文种一把剑，说："你教给我进攻吴国的七条计策，我只用了三条就打败了吴国，还有四条在您那里。您去跟随我死去的国王父亲，试试那些计策吧。"文种愤然地说："都怪我不听范蠡的劝告，才落得这样可悲的结局啊！"说完，举剑自刎。

勾践逼死文种，不仅是因为文种已经丧失了利用价值，还因为文种的才能非常突出，勾践怕他会威胁到自己的统治权力。范蠡早就看穿了这一点，所以早早地离开越国，幸免于难。

3. 廉颇蔺相如　完璧归赵，负荆请罪

据《韩非子》记载：春秋时，楚国人卞和，在荆山东麓的一个山洞内得到一块玉璞，也就是内部包含着玉的石头。他便将这块玉璞献给了楚厉王，厉王心存疑虑，便叫来玉匠进行鉴别。哪知那玉匠是个平庸的人，看了之后断定这只是一块普通的石头。厉王认为卞和欺骗了他，就砍断了卞和的左脚。

厉王死后，楚武王继位，卞和又捧着这块玉璞去献给武王。武王又叫来玉匠鉴别，玉匠看了，还是说卞和所献的只不过是一块普普通通的石头而已。武王同厉王一样认为卞和欺君，非常生气，让人砍掉了他的右脚。

武王死后，文王继位，卞和想再去献玉，可是他双足俱废，再也无法行走了，只好把玉璞抱在怀里，爬到荆山脚下哭了整整三天三夜。眼泪流完了，从眼角溢出来的竟是一滴滴鲜血。后来，文王

听到有关卞和哭玉的消息，就派人询问他痛哭的原因："天下人因犯罪被砍断脚的很多，你为何哭得这么悲伤啊！"卞和回答："我并非因为砍断了双脚而悲伤，我痛心的是珍贵的玉石被看成是普通的石头，忠贞的人却被当成了骗子！"

文王得知后，将卞和与那块玉璞带进了宫里，并令玉匠凿开玉璞，果然，里面是一块精美的玉石。玉匠经过精心制作，将这块玉石制成了一块圆形玉璧。卞和终得平反昭雪，文王同时将玉璧命名为"和氏璧"，以纪念卞和的忠贞。

"和氏璧"后来流落到了赵国，到了赵惠文王的手上。秦昭襄王听说赵惠文王得了无价之宝"和氏璧"，又从一位玉工的口中了解到，和氏璧不但隐藏了一段卞和哭玉的故事，而且颜色光润，纯洁无瑕，夜间生光，冬季温暖，近旁可以不生火炉，夏季凉爽，百步之内不近蚊蝇。

秦王想将和氏璧占为己有，其中自然含有他的政治目的。

公元前 283 年，秦王派使者带国书去赵国。国书大意是，秦国愿以十五座城池换取和氏璧，希望赵王答应。

赵王召众臣商议。大家普遍认为：送去和氏璧，恐怕不会得到十五座城池；不送和氏璧怕秦王怪罪，惹他不起。只能派一个智勇双全的人，带上和氏璧去秦国，等得到城池后再交出玉璧，可是该派谁去呢？大家议论纷纷，一时难以找到合适的人选。

这时，一个叫缪贤的宦官向赵王推荐他的门客蔺相如。

赵王召见蔺相如。蔺相如说："秦国以十五座城换一块玉璧，出价够高了。如果赵国不答应，赵国理亏。大王若把玉璧送去，秦国不交城池，秦国理亏。我们宁可让秦国占理亏的一面。"赵王点点头说："如果秦王不守信，我们怎么办？"

蔺相如坚定地说："秦国交出城池，我就留下和氏璧；如果秦国失信，我会将和氏璧完好无损地护送回国。"

蔺相如带着和氏璧来到咸阳。蔺相如呈上和氏璧。秦王接过玉璧，爱不释手，自己看了半天又交给近侍传看。蔺相如站在朝堂上等了很久，见秦王只字不提交出城池之事，知道秦王并无诚意。可是璧已在对方手中，又不能硬抢，怎么办呢？蔺相如急中生智，对秦王说："此璧有个微小的斑点，让我指给大王看。"

秦王并未发现斑点，很想知道在哪儿，便将玉璧交给蔺相如。蔺相如将和氏璧拿在手中，往后退了几步，靠在一根柱子上，怒气冲冲地说："赵王诚意派我将璧送来，大王却没有交换的诚意。如今璧在我手中，大王若再相逼，我的头和璧玉将一起撞碎在石柱上！"说着，便将和氏璧举起来。

秦王慌忙解释说："先生误会了，我怎么会没有诚意呢？"接着命人拿过地图，将准备给赵国的城池指给蔺相如看。

蔺相如说："赵王送玉之前，斋戒五天，举行了隆重的仪式。大王若诚意换玉，也应斋戒五天，再举行接玉仪式。"秦王满口答应。

蔺相如回到馆舍，将和氏璧包好交给随从，让他化妆后偷偷跑回赵国。

五天后，秦王在咸阳召集有关大臣举行接璧仪式。蔺相如上前施礼道："秦国自穆公以来，先后二十几个君王没一个讲信义的，就在前不久，张仪又骗了楚国。我也怕受到欺骗，所以把璧玉送回赵国了。"

秦王一听勃然大怒："你让我斋戒五天，举行接璧仪式，我一切听你的，你却把璧送回赵国，这分明是戏弄于我！"

蔺相如从容地回答："众所周知，秦强赵弱。只有秦国欺负赵国，而赵国绝不敢欺负秦国。倘若秦国真有诚意以城换玉，那么请先交出十五座城池。我立即回国取回和氏璧，绝不敢背信弃义！"

秦王见蔺相如义正辞严，悻悻地说："无非是一块璧，不要伤了两国的和气。"

秦王放回蔺相如。他不是真心以城换璧，只不过想借此试探一下赵国的态度与力量。

蔺相如完璧归赵，赵惠文王很高兴，拜他为上卿，处理国事。

秦国对赵国始终虎视眈眈，但一直没有找到机会。在公元前279年，秦昭襄王派人送信给赵惠文王，约请他到渑池（今河南省渑池县境）会面，签署修好条约。

赵王有些犹豫，就召集众臣商议，有人说秦国向来不讲信用，此行恐怕有诈，不去为好。

蔺相如、廉颇主张去，不然会叫秦国看不起，还给他找到进攻的理由。赵王只好硬着头皮去冒险。为了以防万一，廉颇辅助太子留守本国，大将李牧率五千人马与赵王同行，平原君带五千精兵在渑池三十里外接应，蔺相如随驾前往赴会。

会上，秦王一副盛气凌人的样子，他命人取来一张琴递到赵王面前，说："听说赵王通晓音律，请弹奏一曲为大会助兴。"赵王感到很难堪，但慑于秦王的威严，只得勉强弹奏一曲。曲罢，秦王命御史记录：

"秦昭襄王二十八年，赵王为秦王鼓琴。"

赵王面红耳赤，大臣们面面相觑。

蔺相如不慌不忙地站起来，将一个瓦盆递给秦王说："听说秦王擅长秦国的乐器，请大王击缶与大家同乐。"秦王面露愠色，不去理他。蔺相如很气愤，他大义凛然地说："秦国未免太欺负人了，你们国家虽然强大，但在五步之内，我可以把自己的血溅到大王身上。"

秦王见蔺相如怒发冲冠，咄咄逼人，只好随便地敲了一下瓦盆。蔺相如命赵国御史记录：

"赵惠文王二十年，秦王为赵王击缶。"

秦国的大臣见没有占到什么便宜，高声说："请赵国割十五座城池为秦王祝寿！"蔺相如不甘示弱，朗声道："请秦国把咸阳献给赵王祝寿！"

秦王早就领教过蔺相如的厉害，知道再斗下去也不会有什么结果，想翻脸，赵国又有强大的军事力量做后盾。百般无奈，只好与赵国签订了友好协定。

完璧归赵与渑池之会，蔺相如为赵王争足了面子，赵王认为他是难得的人才，便拜他为相国。

廉颇见蔺相如仅凭一张嘴，眨眼间职位就爬到他的头上，而自己戎马一生，战功赫赫，职位却居他之下，心里很不服气，决定找机会羞辱他一番。

蔺相如知道后，处处躲着廉颇，有时还称病不肯上朝。

有一天，蔺相如带门客出去，看见廉颇的车迎面而来，忙将自己的车退进小巷里，让廉颇的车过去。蔺相如的门客觉得憋气，埋怨蔺相如不该这么胆小怕事。

蔺相如笑笑说："你们说廉将军跟秦王比，谁的势力大？"

门客答："当然秦王势力大。"

蔺相如接着说："天下诸侯都惧怕秦王，而我却敢当面责备他，秦国之所以不侵犯赵国，就是因为有廉将军和我在，倘若我与廉将军不和，秦国定会趁机来犯，所以我情愿忍让廉将军。"

后来，蔺相如的话传到廉颇的耳朵里，廉颇感到无地自容。

一天，蔺相如正在书房读书，一门客急匆匆地跑来说："廉将军找上门来了。"蔺相如愣住了，不知廉将军此来何意，忙出门迎接。

廉颇裸着上身，背上绑了一根荆条，见到蔺相如便双膝跪倒，说道："我心胸狭隘，请相国责罚我吧！"蔺相如慌忙扶起他，二人的手紧紧地握在一起。

从此，二人齐心协力，共同保卫国家，秦国十几年不敢侵犯赵国。

4. 王导　大义灭亲存英名

公元 318 年，王导联合南北士族拥立司马睿为帝，是为晋元帝，建立东晋政权，于是王氏一族位居高官，总揽国事。当时流传着"王与马，共天下"的谚语。

当时，王导堂兄王敦，娶西晋司马炎的女儿为妻，所以是皇亲。王敦在西晋时代，任扬州刺史。东晋建国时任荆州刺史，握有重兵并驻扎在武昌。

王导和王敦辅佐元帝平定江东，效忠晋国。元帝也推心置腹，重用这两个人。

东晋建国后，王导掌管政事，王敦统领大军，掌握兵权。

东晋处于王氏一族掌握国家政权的状态是非常危险的，皇帝本身及其他的大臣都深感恐惧，于是开始思考对抗之策。

大凡人有了权力之后，难免作风独断，容易引起别人的反感。于是，对王氏恶意中伤及对其不利的谣言便产生了。这方面的消息一旦传入皇帝的耳中，便更加引起怀疑。

于是，元帝开始寻求王氏以外的心腹，在智囊团中增加了刘槐、刁协等人，并且把王敦视为第一号危险人物。王敦也因恃功傲慢无礼的行为引起人们注目，到处盛传着对他不利的风声。传言也到了王敦耳中。

王敦愤慨地说："这些家伙胡乱散布谣言，我一定得揪出这些人才行。"

王敦认为国政日趋危险，都是由于刘槐、刁协二人的弄权，所以不杀这两个人，正义难以得到伸张。

公元322年，王敦率领大军攻人建康。有传言说他要谋反。

晋元帝听到消息后准备起兵迎击。身为骠骑将军的王导担心连累王氏一族，于是，每天早上都前往宫中，等候元帝裁决自己的罪。

有一天早上，周觊进宫晋见皇上，当他走近王导时，王导便叫住周觊，说："周大人，我愿负起王氏家族的责任，烦大人鼎力相助。"

周觊却好像无视王导的存在，头也不回地往前走。

但周觊谒见皇帝后，竭力地为王导辩解，并说他是一个忠义之士。

虽然晋元帝已接受刘槐等人进言："王导理当为王氏一族的所作所为负责，所以应该加以诛杀。"

但是，皇帝一听周觊的说明，便同意帮助王导一族。

酒后，周觊出宫，王导再次叫住周觊，周觊非但未回复王导的消息，反而故意环顾左右而言他："啊，今年讨贼立功者即授黄金一斗。"说完就匆匆离去。周觊返家之后，又上书皇上称王导无罪。

然而这些事情王导全然不知，且以为自己的诚意未被接受而怀恨周觊。

后来，元帝召见王导。王导低头伏在地上说："背叛国君的乱臣，背叛亲族的贼子，任何朝代都有，但是眼前却仅有臣一族中出现不忠者，真是意料之外，因此臣愿接受任何惩罚。"

元帝听了，来不及穿鞋子便赤着脚走到王导面前，握着王导的手说："王导啊！寡人委卿百里之命啊！"

百里即诸侯国，也就是将百姓的性命交付于他，将国政委托于他，并且当场封王导为前锋大都督。

王敦攻入百头城后驻守该地，并向部下说："我等枉得贼名，所以，不可能像王导所希望的那样施行仁政，一定要把魔头杀掉才行。"

朝廷派遣刘槐、刁协等迎击，结果大败。

元帝只好派遣高官向王敦讲和，却未被王敦接受。

王敦开始肃清反对党，杀了不少人。王敦逮到周颛，什么话都不说便要杀他。此事传到王导耳中，王导却故意不去救他。

后来王导执行中官尚书的调查时，惊奇地发现周颛曾为自己极力辩解的上奏文。

王导握着这份奏文泣不成声地说："周大人，我的性命是从您手中救下的，而我却没有救您，以致让您冤死。唉！我已背离良友。"

那年，元帝也因王敦的暴虐，忧愤过度而病故。

元帝死后，皇太子司马绍即位，是为肃帝明宗。

王导受明帝之命，成为讨伐王敦的总指挥官。

明帝亲自出征，率领诸军屯营于南皇堂，夜袭王敦之兄王含的阵地，一举成功。

王敦听到王含战败的消息，感叹道："我兄如同老太婆一样，成事不足，败事有余。家门业已衰败，看来今生无望了。"不久便病倒死去了。他的余党也全部被平定，而王敦的尸骨亦被处斩。

朝廷高官，包括王导在内，一致上奏处罚王氏全族，而明帝却下诏："王导大义灭亲，乃是大忠臣，十代之内罪可免。"

王导就是这样的一个人，经常心怀大义，心系国家。

王导从不经营私利，也不无端的排斥反对自己的人。自己有任何不道德的事情，也能诚恳地接受处罚。

王导从下层升到最高职位，从不谄媚权贵，趋炎附势，实在令人敬佩。

有一次，王导的同辈——庾亮，考虑要扳倒王导。这件事传到王导耳中，王导说："我和庾亮共同为国家出力，为国事分忧。如果他说我是不忠不义的人，我将为保名节而辞官退隐，没有什么好害怕的。"

王导为官，经历了三个皇帝，他一向以国家安危为重，秉公理事，不徇私情，因此赢得了长久的声誉。

5. 魏征 无私勇谏名留青史

皇帝是封建社会的最高统治者，拥有至高无上的权力，生杀予夺，随心所欲。就君臣关系而言，必须恪守"君为臣纲"的信条。大臣对皇帝要言听计从，事事遵旨；皇帝想杀大臣可以随意罗织罪名，譬如"犯颜""欺君""君前失礼"，等等。一杯鸩酒、一把御剑便可以"赐死"，大臣临死前还要跪地"谢恩"。因而，自古留下一句俗话，叫作"伴君如伴虎"。

当然，历史上也有畏惧大臣的皇帝。像秦二世胡亥慑服于丞相赵高的淫威，那是因为赵高专擅朝政，而皇帝昏庸无能。唐太宗李世民也曾畏惧大臣魏征，不过唐太宗绝非秦二世，而是励精图治的一代明君。那么，唐太宗"怕"从何来呢？我们从两件事说起。

贞观二年（628）的一天，魏征回家乡扫墓，唐太宗想趁魏征不在朝之机出去游玩，可一切都准备停当了，却又决定不去了。魏征回朝后知道了这件事，便问唐太宗："人们都说陛下准备巡幸南山，车驾都准备好了，为什么突然不去了？"唐太宗笑道："怕你嗔怪我游玩荒废朝政，所以停止了。"

唐太宗很喜欢鹞子。有一次，他得到一只佳鹞，放在臂上逗着玩，不料，魏征忽然来了。唐太宗急忙把鹞子藏在怀中，倾听魏征奏事。由于时间太长，那只心爱的鹞子竟闷死在唐太宗的怀里了。

不难看出，唐太宗真的有点怕魏征。

唐太宗即位以后，当时大唐的国运并不令人乐观。当时，统一战争刚结束不久，社会矛盾还没有完全缓和，民心还不十分安定。而且全国各地的自然灾害也不断发生，社会经济仍然凋敝不堪。如何治理国家，成为唐太宗面临的重要问题。经历了隋朝盛世、隋末动乱和灭亡，给他印象最深的是隋朝灭亡的教训。唐太宗决定以大治天下作为自己的施政方针。但是，大乱以后能否大治，他还缺乏信心。为此，他召集群臣进行讨论，从而坚定了信心。最终，确立大治天下的治国决策，其中任贤和纳谏是两条主要措施。

唐太宗说："君主不能一人独断，一个人的能力是有限的，即使是一国之君也不能遍及天下事，要想治理好国家，就必须虚怀纳谏，听取各方面的不同意见。"他曾经问魏征："皇帝怎样做才能明智？怎样做就会昏庸？"魏征回答说："兼听则明，偏信则暗。"并且列举了历史上的一些例子作了论证，指出皇帝能够倾听各方面的不同意见，使奸邪的人无法匿迹，下情能够上达，这样做就能成为贤明的君主。魏征"兼听则明，偏信则暗"的告诫成为唐太宗虚怀纳谏的重要指导思想。

魏征原来是太子李建成的重要谋士。玄武门之变，秦王李世民诛杀了李建成，夺得太子之位，却还能重用魏征。这也说明唐太宗用人不计恩怨，唯才是举。魏征先后被任命为谏议大夫、给事中、尚书右丞、秘书监等职，位列宰相。他先后共向唐太宗进谏了二百多条意见，大多数都被唐太宗采纳，这对贞观前期的政治昌明起了重要作用。最为著名的一篇是在贞观十三年（639）魏征给唐太宗所上的《十渐不克终疏》，列举了十个方面的事实，对唐太宗提出了尖锐的批评。唐太宗看后心服口服，并将它贴在屏障上，朝夕观读，铭记于心。

魏征为人正直，敢于直言。凡是正确的意见，不但要说，而且要坚持到底。即使唐太宗大发雷霆，魏征也神色不改，毫不退缩。因此，唐太宗既喜欢他又害怕他。有时做了一些不该做的事，遇上魏征，不等他开口就马上停下来，或者连忙承认不该做。"中辍游历南山""鹞死怀中"就是两个例证。

唐太宗深知魏征知无不言，言无不尽，敢于"犯颜"直谏，言辞辛辣，毫不顾及"天子"威严的品格。也深知魏征的良苦用心在于："向我提出忠正的意见，纠正我的过错，为国家的长远利益打算。"为避免亡国之患，一国之君就必须兼听广纳，从谏如流。能保住天下，就是失掉"天子"的尊严也是小事一桩了。他曾对大臣说："别人都说魏征言谈粗率傲慢，我觉得他异常可爱！"

魏征是忠臣，这是毋庸置疑的。可是魏征曾经向唐太宗表示过：不愿做忠臣。贞观元年（627），唐太宗的左右亲信说魏征包庇亲戚做坏事。唐太宗派御史大夫温彦博去查办。调查结果是诬告。温彦博对唐太宗说："魏征作为大臣，不能检点自己的行为，远避嫌疑，以致受到这种没有根据的诽谤，就凭这点，也应该受到责备。"唐太宗觉得有道理，责备了魏征。可是魏征根本不理会，严肃地说："我听说君主和臣子一条心，叫做一体。哪有抛开大公无私的精神，专门在检点行为上用功夫的！倘若上上下下都这么做，国家的兴亡就不能预料了。"唐太宗一听，顿时醒悟了，夸赞他是忠臣。魏征叩头道："希望陛下不要让我做忠臣，我要做良臣。"唐太宗很吃惊，忙问忠、良有什么区别。

魏征说："古代尧、舜的臣子稷、契和皋陶敢于进谏，是良臣；

夏桀王和商纣王不肯纳谏，杀掉了谏臣龙逄和比干，龙逄、比干是忠臣。良臣本身享有盛名，君主也获得好声誉，子子孙孙传下去，国运无穷。忠臣遭难被杀，君主得到昏庸的恶名，国破家亡，只不过取得空名而已。这就是良臣和忠臣的区别。"唐太宗连连称是。

魏征不愿做忠臣的意思，并不是怕皇帝砍他的头，而是想使唐太宗成为兼听广纳、从谏如流的明君。

良臣，实际上就是诤臣。唐太宗把魏征看作是最好的诤臣，魏征也确实起到了重要的监督作用。魏征死后，唐太宗十分痛心，无限感慨地说："以铜为镜，可以正衣冠；以史为镜，可以知道国家兴衰的道理；以人为镜，可以看到自己的过失。现在魏征死了，我失去了一面镜子啊！"

由于唐太宗善于纳谏用人，在他执政的年代，出现了历史上有名的"贞观之治"。唐太宗也总结出"民可载舟，亦可覆舟""天子者，有道则人推而为主，无道则人弃而不用"的名言。他之所以悟出这个道理，同魏征的敢于直言进谏不无关系。

6. 狄仁杰　大唐名相神机断案

公元 690 年 9 月，武则天终于实现了她多年的夙愿，自称为帝，改国号为周，成了中国历史上唯一的女皇。

武则天为了巩固她的统治地位，一面加紧对唐宗室人员的杀戮，对反对她的人进行镇压；一面重视任用忠诚于她、又很有才能的人。她派人到各地去物色人才，只要发现谁对她忠诚而又有才能，就不计较门第出身、有无名望，大胆提拔，加以重用。由于她不遗余力地苦心经营，过了几年，在她身边涌现了一批有才能的文武大臣。

狄仁杰就是这些人中的佼佼者。

狄仁杰出身贫寒，小时候就有大志，勤奋读书，终于考取功名。他做过县令、刺史等地方官。他不像有些官员那样，大把大把地搜刮钱财，而是为当地百姓干了一些好事，特别是善于断案，使他的名声渐渐传扬开来。

武则天的宰相娄师德也是个很重视人才的人，他把狄仁杰举荐给武则天，武则天提拔他做了冬官侍郎。不久，就任他做了宰相，让他与娄师德共同辅佐她治理朝政。狄仁杰起初自以为了不起，有些瞧不起办事谨慎的娄师德，多次在武则天面前说娄师德的不是。武则天听了只是笑笑，也不说什么。

后来，狄仁杰又在武则天面前说娄师德如何如何无能。

武则天听了，就问狄仁杰："我这么重用你，把你从一个地方小官提拔起来做了宰相，你知道是怎么回事吗？"

狄仁杰不解其意，说："我是靠文章做得好中了进士，也是靠自己的政绩一步步升上来的，从来没有求助过什么人。"

武则天听了，好半天没说话，想了想说："我并不怎么了解你的过去，你之所以引起我的注意，受到我的重用，实在是娄师德的力量。"

狄仁杰不相信。武则天就叫近侍从文件柜中翻出几份举荐表拿给狄仁杰看。狄仁杰看了，才知道实情，十分惭愧，请求武则天处罚。但武则天并没有那样做。

从那以后，狄仁杰改变了对娄师德的看法，同他团结合作，共同为武则天尽心尽力做事，再也不像从前那样骄傲自大了。

后来，酷吏周兴、来俊臣得势，他们一向对狄仁杰不满，趁机利用手中的权力整治他。来俊臣向武则天告密说："狄仁杰对大周朝不满，想要谋反。"武则天最担心也最恨有人造她的反，自然就相信了。来俊臣派人把狄仁杰抓了起来，投入监牢。来俊臣对狄仁杰软硬兼施，一面动刑逼供，一面诱骗他说："只要你招供画押，说出同党，就可以减轻你的处罚。"

狄仁杰知道来俊臣心黑手狠，便假意答应，说："如今太后建立周朝，万事都要从头开始。像我这种唐朝旧臣，理当被杀，我招认就是了。"

有人私下对狄仁杰说："只要供出同党，还可以从宽。"

狄仁杰见来俊臣一伙得寸进尺，生了气，说："上有天，下有地，叫我狄仁杰干这种缺德的事，我可干不出来！"他一边大声喊，一边用头猛撞牢里的柱子，直撞得满脸是血。看牢的官员害怕起来，连忙叫来人劝止了他。

来俊臣根据逼供的材料，随便定了狄仁杰的案，单等秋后问斩了。这样一来，狱卒对他的防范也就不那么严了。狄仁杰趁狱卒一时疏忽，偷偷地撕下棉衣里子，沾着血写了一封申诉状，把写好的状子缝进棉衣里。

当时，正值春暖花开，牢里空气又闷又污浊。狄仁杰对牢里的官员说："天热了，我身上这套棉衣用不上了，请通知我家里人把它拿回去吧。"

牢里看守也没怀疑，就让前来探监的狄家人把棉衣带回家去。狄仁杰的儿子很聪明，心想父亲让人把这肮脏不堪的棉衣拿回来一定有缘故。夜深人静时，把棉衣拆开仔细检查，发现了父亲写的那份申诉状。狄仁杰的儿子读过诉状，心里十分悲恸，但又不敢大声哭。第二天一早，就去找娄师德宰相，娄师德把这个状子转呈给了武则天。

武则天看后，觉得狄仁杰很冤枉，就下令把他从牢里放了出来。武则天召见狄仁杰，问他："你既然申诉冤枉，为什么还要招供呢？"

狄仁杰哭着说："来俊臣心毒手狠，要是我不胡乱招供，早就被他们折磨死了。"

武则天虽然免了狄仁杰死罪，但还是把他的宰相撤了，放任到外地做了一个县令。恶人自有恶报。后来，来俊臣等人犯了死罪，被处死了，武则天又记起了狄仁杰，才又把他召回来做了宰相。

狄仁杰通过这次遭遇，对严刑峻法深恶痛绝，在他的多次劝谏下，酷刑大大减少了。他多次出外督察各地官员，一段时间，大周朝出现了比较安定的局面。

狄仁杰也像娄师德那样，奖掖后进，举荐贤能之士。由于他对武则天忠心耿耿，勤勤恳恳地工作，武则天对他很是器重，有什么重大事情都找他来商量决定。

有一天，武则天问狄仁杰："我想物色一个人才，你看谁行？"狄仁杰说："不知道陛下需要怎样的人才？"武则天说："我想要名能当宰相的。"

狄仁杰平时十分注意各地官员的政绩，心中早已有数。他便对武则天说："荆州刺史张柬之虽然年纪已老，但办事极为干练，又有多年从政经验，他是宰相的首选人才。"后来，武则天就把张柬之提拔做了洛州司马。

过了几天，武则天又问起谁能当宰相的事。狄仁杰说："上次我推荐的那个张柬之，陛下还没有任用呢！"武则天说："我已经把他任用了。"狄仁杰说："我向陛下推荐的，是一个宰相的人选，可不是让他当司马呀！"

武则天这才把张柬之提拔做了侍郎，不久，又任用他做了宰相。张柬之不负狄仁杰所望，自从做了宰相以后，做了一些大事，很受武则天的赏识。

狄仁杰一直活到九十三岁，还一直在朝廷做官。武则天对他很敬重，称他为"国老"。

狄仁杰前前后后一共推荐了几十个人，这些人都成为当时有名的大臣。有人这样称赞狄仁杰："天下桃李，都出在狄公的门下。"

7. 李隆基 披荆斩棘逆境崛起

唐玄宗李隆基（685—762）是高宗李治的孙子，睿宗李旦的儿子。唐玄宗又称唐明皇，他从太极元年即位至天宝十五年共在位45年。

李隆基二十岁以前是在武则天执政的时代度过的，也可以说是在逆境中求生存。

人处逆境，不外采取两种截然相反的态度：弱者悲观消极，一蹶不振；强者自强不息，伺机奋起。同处逆境的李隆基七伯父中宗李显、父亲李旦和哥哥们都是弱者，而李隆基却是强者。他胸怀大志，性格英武。他的青少年时代，正处于李唐宗室与武氏集团进行殊死斗争之时。李唐宗室不满武周统治，图谋恢复李唐社稷。面对这极其严酷的社会现实——长辈、同辈们的大量被杀，国号被改为周，父亲被改姓武，从皇帝降为皇嗣，李隆基痛心疾首，立志恢复李唐江山，一雪这奇耻大辱。于是，他在非常恶劣的政治环境中，为了保护自己，决心自勉自强，等待时机。同时，努力学好本领。他在父亲李旦的严格教育下，刻苦读书练武，读经史，博览群书，钻研天文、历法、音律、书法，学习骑马、射箭，使自己在文武两方面都得到了长足的进步。

神龙元年（705）正月，发生了一起重大的政治事件，即张柬之、桓彦范、敬晖、崔玄玮、袁恕己联合诛杀了武则天的宠臣张易之、张昌宗，逼迫武则天让位给中宗。中宗上台后，采取了一系列的复兴措施。如：恢复国号为唐；下令各州只设寺、观一所，以减轻百姓负担；各州百姓免一年租税，房州（今湖北房县）百姓免三年劳役；释放宫女三千人；赏赐张柬之等功臣；惩办"二张"党羽；昭雪冤案，惩罚酷吏；鼓励直言、荐贤，等等。但是好景不长，风云突变。以中宗的妻子韦后为首的韦氏集团，与武氏集团余党武三思、上官婉儿、武懿宗、宗晋卿等人，互相勾结，组成了韦武集团。他们采用各种阴谋手段，把张柬之、桓彦范等大臣杀害，掌握了朝廷大权。

景龙四年（710）六月，韦后梦想像武则天一样自己做女皇，与散骑常侍马秦客、光禄少卿杨均密谋毒死了中宗。

中宗死后，韦后搬出幼稚无知的李重茂上台当傀儡皇帝，即为殇帝，自己临朝摄政。她还想爬上皇帝的宝座，准备对李旦下毒手。

正在这个关键时候，有胆有识的李隆基毅然决定发动宫廷政变。

唐隆元年（710）六月，李隆基和刘幽求、钟绍京、薛崇简（太平公主子）等人率领上万人的皇帝卫队和皇宫仆人，突入长安玄武门，冲到了太极殿。韦后被这突如其来的事变吓得惊惶失措，仓皇逃进皇宫卫队营，结果，她和安乐公主及其丈夫武延秀都被乱兵杀死。李隆基分派万骑把韦武集团成员消灭干净，终于报了仇，雪了耻。至此，李唐宗室又开始掌握政权。

韦武集团被铲除后，李隆基、太平公主和众大臣商议，由太平公主出面，叫殇帝让位给李旦（即睿宗）。李隆基被立为皇太子。

睿宗上台后，在李唐宗室内部，又出现了李隆基与太平公主各为一方的宫廷斗争。

太平公主是高宗和武则天的亲女儿，她聪明过人，在关系到唐朝兴亡治乱的关键时刻立了大功。她具有尊贵的地位和崇高的威望，也有权力欲，总想像她母亲那样当女皇帝。因而她把李隆基看作自己称帝的最大障碍，争夺皇位的斗争便越来越激烈。

睿宗在李隆基和太平公主之间搞政治平衡。他即位的第一年，主要听李隆基的话，以姚崇、宋璟等人为相，做了一些好事，如重用忠良，贬斥奸臣，大裁冗官，昭雪冤案，政治比较清明，颇有新兴气象。因此当时人说："姚、宋为相，邪不如正。"然而，太平公主却经常叫人散布流言蜚语，在李隆基周围布置密探，不断向睿宗打小报告，还组织宗派小集团等，这使她在睿宗面前逐步占了上风。所以睿宗即位的第二、三年，大多听太平公主的话，并以窦怀贞、肖至忠、岑羲、崔湜为相，做了不少坏事，政治日益腐败。因此当时人说："太平用事，正不如邪。"

先天元年（712）八月，睿宗让位给李隆基，自称太上皇。李隆基（玄宗）虽然当了皇帝，但实权仍然掌握在睿宗手里，而睿宗又多听太平公主的话，七个宰相中有四个是太平公主的党羽，文武百官大多数依附太平公主，所以斗争仍然十分激烈。

太平公主对李隆基占据皇位很不满，就和宰相窦怀贞、萧至忠等密谋策划，另立新君。

王琚对唐玄宗进言道："形势已十分紧迫，陛下不可不迅速行动了。"尚书左丞张说从东都洛阳派人给唐玄宗送来一把佩刀，意思是请玄宗及早决断，铲除太平公主的势力。

荆州长史崔日用入朝奏事，对唐玄宗说："太平公主图谋叛逆，是由来已久的事情。当初，陛下做太子时，想铲除她，还需要谋划。现在陛下已登临大宝，但下一制书，谁敢不从？如果犹豫不决，万一奸邪之徒的阴谋得逞，那时候后悔就来不及了！"唐玄宗担心会惊动太上皇。崔日用又说道："天子的大孝在于安定国家。倘若奸党得志，则社稷宗庙将化为废墟，还谈什么孝道啊！请陛下首先控制住左右羽林军，然后再将太平公主及其党羽一网打尽，这样就不会惊动太上皇了。"唐玄宗认为有道理，便任命他为吏部侍郎。

七月，魏知古告发太平公主计划在本月四日发动叛乱。唐玄宗于是决定率先下手诛除太平公主集团。

开元元年（713）七月三日，唐玄宗调用禁兵三百余人，从武德殿进入虔化门，召见常元楷和李慈二人先将他们斩首，在内客省逮捕了贾膺福和李猷并将他们带出，又在朝堂上逮捕了萧至忠和岑羲，下令将上述四人一起斩首。窦怀贞逃入城壕之中自缢而死，唐玄宗下令斩戮他的尸体，并将他的姓改为毒氏。

太上皇唐睿宗听到事变发生的消息后，登上了承天门的门楼。郭元振上奏唐睿宗道："皇帝只是奉太上皇诰命诛杀窦怀贞等奸臣逆党，没有别的事。"玄宗皇帝也随后来到门楼之上，唐睿宗于是颁发诰命列举窦怀贞等人的罪状，并大赦天下，太平公主的亲属党羽不在赦免之列。薛稷被赐死在万年县狱中。

太平公主逃入山寺，三日后才出来，被赐死于家，公主的儿子及党羽数十人被处死。薛崇简因为数次谏阻其母被挞，皇帝特命免死，赐姓李，官爵如故。

太平公主家的财产被籍没，财物堆积如山，田园利息数都数不清。

太上皇又发布诰命，从此以后，国家大事全部交付皇上处置，自己颐养天年。李隆基从此真正掌权。

后来，李隆基开创了中国历史上少有的盛世局面。那就是开元盛世。

8. 冯道 官场中的"不倒翁"

五代十国是唐朝后的一个分裂时代。北方后梁、后唐、后晋、后汉、后周五个王朝，史称五代；南方有吴、南唐、吴越、闽、荆南、楚、南汉、前蜀、后蜀及河东的北汉十个割据政权，史称十国。这个时期，政治风云变幻，小朝廷更迭频繁，割据政权犬牙交错。官僚臣宦"事君犹佣"，臣子视皇帝，就像雇工看待雇主，雇主换了，就另外受雇。许多人朝秦暮楚，不言节气，精于做官之术，以拥有高官厚禄为荣，冯道可以说是其中的典型。

冯道，河北瀛州景城（今河北河间地区）人，唐末为幽州刘守光的幕僚，后转到河东得张承业赏识，任掌书记，又以文墨受李存勖重用。后唐建立，以尚书省郎官充翰林学士。后又做了宰相，契丹灭后晋，冯道又事契丹，任太傅。后汉高祖立，乃归汉，以太师奉事。后周灭汉，又事周拜任太师兼中书令。他一生历后唐、后晋、后汉、后周，前后事十位君主，都是高官厚禄，可谓官场中的"不倒翁"。

冯道未成名时，众人曾在一起畅谈为人处世，志向抱负。问到冯道，他笑而不语，大家一再请他说，冯道便即席赋诗一首：

莫为危时便怆神，前程往往有期因。

终闻海岳归明主，未省乾坤陷吉人。

道德几时曾去世，舟车何处不道津。

但教方寸无诸恶，虎狼丛中而立身。

言罢，众人佩服称叹，冯兄言之甚妙。任它世事变幻，我自泰然处之，冯兄自信，吉人自有天相嘛。

冯道做官有一套秘术，就是临难不赴，遇事依违两可，唯以圆滑应付为能事。契丹灭了后晋，位居高宫的冯道，投降契丹，他到京城朝见契丹首领耶律德光，耶律德光指责他事晋主无能，冯道无以应对，耶律德光问他为什么要来朝拜，冯道回答说："无城无兵，怎么敢不来呢？"

耶律德光讥诮他说："你是何等老子（指无为而治）？"冯道说："我是个无才无德的痴顽老子。"

耶律德光曾问："天下百姓如何救得？"冯道立即应对："此时佛出救不得，唯皇帝救得。"冯道低声下气、装疯卖傻的样子和奉迎阿谀的本领博得了耶律德光的欢心，耶律德光任命冯道为太傅，带他北归。

冯道对自己朝秦暮楚"久叨禄位"的一生，非常心安理得，常津津乐道于自己一生所得的勋阶宫爵，以"长乐老"自诩，他自述自己为人"孝于家，忠于国，为子、为弟、为人臣、为师长、为夫、为父，有子、有孙。时开一卷，时饮一杯，食味、别声、被色、老安于当代，老而自乐，何乐如之？"但实际上对于丧君亡国，冯道"亦未尝以屑意"。

冯道事奉前九位君主，从未曾直言劝谏。后周太祖去世，世宗即位，年纪很轻，刘曼进攻上党，世宗准备带兵亲征，冯道极力劝阻，世宗说："我见唐太宗平定天下，无论敌手大小都是亲征。"冯道说："陛下不能与唐太宗相比。"世宗听了很生气，起身离去。最后还是亲自率军，在高平大败刘曼。世宗既对冯道反对亲征不满，又鄙视冯道没有随军出行，终于罢免了他中书令之职，让他去做后周太祖陵墓的监使，可是太祖葬礼刚结束，冯道就死了。

历史上对冯道毁多誉少。毁者骂他是无耻之徒。《新五代史》的作者欧阳修的态度最是鲜明。他在《杂传第四十二》冯道等传的第一段就说："传曰：'礼义廉耻，国之四维；四维不张，国乃灭亡。'善乎，管生之能言也！……予读冯道《长乐老叙》，见其自述以为荣，其可谓无廉耻者矣，则天下国家可从而知也。"欧阳修的看法，总括起来就是说：冯道是无耻之徒。

欧阳修的看法是有根据的。冯道是个不倒翁式的老官僚。他开头做幽州军阀刘守光的参军。不久，到河东做李存勖的掌书记。以后在五代中的四个朝代（唐、晋、汉、周）做了二十多年宰相。四代加契丹，他实际上是历仕五朝。他自称"长乐老"，晚年在后汉乾祐三年（950）写了一篇自传《长乐老叙》，历叙生平，不以历仕各朝为耻，自称"久叨禄位，备历艰危，上显祖宗，下光亲戚……老而自乐，何乐如之！"这看起来毫无骨气，真是无耻之尤了。

然而欧阳修的评论又是偏激的，至少是不全面的。我们应当知道，五代各朝，国祚都极短促，一朝之中，又常有弑君夺位的变故，当时的文武百官在这朝为官，换了个朝代依然为官，是司空见惯的事情。冯道历仕四朝，是因为他年寿较长。《新五代史》与冯道同在一卷的李棋、郑珏、李愚、卢导等，有的因生年较早，如卢导；有的如二李，享寿较短，所以历仕朝数都少于冯道。这还是仅就《新五代史》一卷所收人物而言，其实五代人物大抵如此，他们都不以为耻。这种现象，无以名之，就叫它"冯道现象"，因为冯道是这类人物的典型。我国历代人士多以"不事二姓"为忠。其实忠于一姓不见得是高尚的节操，何况五代时的王朝和君主变换得那么快，一般又都是以暴易暴，所以当时的士大夫对改朝易主视为常事。这不是冯道一个人的问题，而是由时代特点决定的。

司马光的看法比欧阳修来得通达。他在《资治通鉴》第二九一卷后周显德元年记冯道之死后，先引欧阳修的议论，表示同意欧阳修对冯道的谴责；然后进一步发挥，说这不仅是冯道的过失，当时的君主也有责任，"彼相前朝，语其忠则反君事仇，语其智则社稷为墟；后来之君，不诛不弃，乃复用以为相，彼又安肯尽忠于我而能获其用乎！"

欧阳修和司马光都在宋朝由忠奸的角度来评价冯道。但是，我们应当注意：与冯道同时代的人却并不这样看问题。欧阳修在《冯道传》的结尾引后周人的看法云："道既卒，时人皆共称叹，以谓与孔子同寿，其喜为之称誉盖如此。"由此可见同时代人对冯道有褒无贬。周世宗虽对他不满，但在他死后，追封瀛王，评价很高，后周以前的君主，如后唐明宗称赞他是一个好宰相；石敬瑭在位时，他上表辞官，石敬瑭派人通知他："卿来日不出，朕将亲自登门相请。"郭威对他也很尊重。一般人更都认为他是元老。这个称呼毫无讽刺的意味。后世以"三朝元老"为无耻之尤。五代时即使遍历五代，人们也不以为非，不以为怪。这是时代决定的。在一个比较稳定的时期，不可能出现冯道式的人物。退一步而言，在一个比较长时间内存在几个政权的时期，如三国，也不可能出现这样的人物。就是在五代，这样的人物也只见于中原，南方各国没有这样的人物，更没有出现过忽而在南、忽而在北的冯道式人物。正是特定的时代造成了这样一个类型的人物。

"冯道现象"这个词，还有一层意思。冯道和有些冯道式的人物并不是一无可取的。冯道为人俭约，梁晋夹河交战时，他做河东节度使的掌书记，在军中搭间草屋居住。有的将官抢得美女，送给冯道。他并不推却，让她另室住宿，访得本家就送回去。在兵荒马乱的岁月中，他总算做了点力所能及的好事。

他不能犯颜直谏，但有时能够提出对人民有利的意见。后唐明宗问他："收成很好，百姓能否丰衣足食？"他答道："谷贵饿农，谷贱伤农，天下总是这样。唐朝文士聂夷中有首《伤田家诗》说得好：二月卖新丝，五月粜新谷，医得眼下疮，剜却心头肉。我愿君王心，化作光明烛，不照绮罗筵，偏照逃亡屋。"

明宗听了，说："此诗甚好。"就命侍臣录下，常常念诵。明宗得了一只玉杯，认为是宝物。冯道就说这是前代有形之宝，帝王应有无形之宝，便是"仁义"。后汉时，牛皮的禁令极严。潞州有一件牛皮案，涉及二十余人都得处死，节度判官张璨不肯执行，请旨宽免。刘知远大发雷霆，不仅要杀这二十余人，连节度判官也要杀。冯道求见，说："禁令不妥善，以致害人性命，我不能早奏，我罪当死；张璨小官，不惜生命，敢于执奏，可赏不可杀。"刘知远听了他的话，怒气稍减，张璨免官了事，二十余人的生命都得保全。从这些事情来看，冯道对人民还做了些有益的事。其他冯道式的人物，对人民作恶的事迹也不多。

冯道受后人指责，主要问题在于自称长乐老。别人历仕几个朝代，恶名不著，原因在于没有"长乐老"之类的称号。其实，细读《长乐老叙》，他对历仕四朝，只是平平说过，没有说以此为乐，而且还说"不能为人君致一统，定八方，诚有愧于历职历官"。那么，他乐在何处呢？"时开一卷，时饮一杯，食味别声被色，老安于当代耶！老而自乐，何乐如之！"然则历来对冯道的谴责未免过当吧！

当然，历来四朝十君，并不足训，与高尚避世之士相较，冯道当然逊色多了。在另一方面，对于冯道的对人民有利的言行，不予肯定，也不见得公允。

第五章　奇策妙计篇

1. 晏婴　二桃杀三士

　　自古以来，伴君如伴虎，有多少忠臣义士死在了对君王的苦苦进谏上。晏婴并没有"犯颜直谏"，甚至冒死进谏，他只是因势利导，在适当的场合，适当的时间，用适当的语言将国君说服，展示了他敏锐的思维和高超的智慧。

　　齐景公和他的父亲齐平公一样，也有点崇尚武功，对有武功的人既敬又畏。那时候，齐国有三个大将军，名古冶子、公孙接、田开疆。当时齐国的田氏，势力越来越大，曾联合国内几家大贵族，打败了掌握实权的栾氏和高氏。田氏家族势力的提高，直接威胁着国君的统治。而田开疆正属于田氏一族，晏婴很担心"三杰"为田氏效力，危害国家，屡谏景公除掉"三杰"。然而，景公执迷不悟，没有理睬。晏婴为此忧心如焚。

　　晏婴曾多次登门拜访，劝导他们改恶从善，他们却蛮不讲理，丝毫不为所动。为了除去这个国家大患，晏婴隐忍不发，等待时机。

　　一次，鲁昭公访问齐国。鲁昭公由鲁大夫叔孙诺陪同，齐景公由晏婴陪同，坐于殿上，宴饮会礼。群臣立于殿下，"三杰"也在其中。晏婴看他们蛮横无礼、傲气十足的样子，内心十分焦急。终于，他想到一条妙计，今天就要除掉这三个灾星。

齐、鲁二君酒至半酣，晏婴起身对景公说："园中金桃已经成熟，我想摘上几个为二位国君祝寿。"景公准奏，下令管理御园的官吏前去摘取。晏婴说："金桃为世之稀物，十分宝贵，臣当亲往监摘。"晏婴走后，景公对鲁昭公说："这棵桃树是先君在位时，海外人献的种子，已经长了三十年，往年却只开花不结果，今年是第一次结果，也只有几个。今昭侯降临，寡人不敢独享，特取来与贤君一同品尝。"鲁昭公连连称谢。

过了一会儿，晏婴领着管理御园的官吏进来了，将精致的雕花盘子献上。盘子里放着六个鲜桃，个头硕大，桃红似火，香气袭人。景公问道："就这么几个吗？"晏婴说："还有三四个没熟的，只有这六个是熟透了的。"景公命晏婴侍酒，晏婴手捧酒杯，恭敬地走到鲁昭公面前，左右献上金桃。晏婴致词说："桃大如斗，天下罕有，两君食之，千秋同寿。"鲁昭公喝了一杯酒，取了一个桃吃了，赞不绝口。景公如是，吃了鲜桃之后说："此桃是难得之物，叔孙大夫贤名播于四方，应该吃一个桃子。"叔孙诸施礼说："我哪里赶得上相国呢？晏相国内修国政，外服诸侯，功劳最大，这个桃应该他吃。"景公说："既然二位谦让，那就每人饮酒一杯，食桃一个。"二人谢赏，把桃子吃了。晏婴说："盘中还有两个桃子，君王可传令群臣，谁的功劳大，谁就可以得到一个桃子。"

齐景公同意，立即传令下去，让每个大臣都说说自己的功劳，相国评功赐桃。

公孙接首先站出来，拍着胸膛说："有一次，我陪大王打猎，突然窜出一只猛虎，是我冲上去，将猛虎打死，救了国君，这个功劳大不大？"晏婴说："保驾功大，可赐酒一杯，桃一个。"公孙接饮酒食桃，意气高昂，站到一旁。

接着，古冶子跳了出来，声音都快把房子炸开了："打死一只虎何足为奇！有一次我护送国君过黄河，一只大鼋兴风作浪，要伤害国君，我跳到水里，舍身杀死大鼋，救了国君，这个功劳大不大？"晏婴赶忙赐酒赏桃，古冶子心满意足，站立一旁。

"齐邦三杰"中的第三个勇士田开疆一看桃子吃光了，急着跳上来，大叫大嚷："那年我受命讨伐徐国，刀斩他们的首将，俘敌五千余人，徐国投降了，把附近的小国吓得归附了我国，这么大的功劳难道不该吃桃吗？"晏婴说："田将军之功当然高出公孙接和古冶子二位，但桃子已经没有了，只好等到明年了。"景公也说："你的功劳确实最大，可惜说迟了。"田开疆手按剑柄，怒气冲天地说："杀鼋打虎算什么？我南征北战，血战沙场，反而吃不到桃，在两位国君面前受辱，遭世人耻笑，我还有什么面目站在朝廷之上？"说罢，拔剑自刎身亡。

公孙接大惊，也拔出剑来说："我有小功而吃桃，田将军有大功反而吃不到桃。我吃桃时没有谦让，是无礼；看见结拜兄弟死了而不能跟从，是不勇啊！"说罢，也自刎而死。

古冶子一看，立即站出来说："我们三人誓同生死，亲如骨肉，他们二人已死，我还有何面目苟活？"说完，也举剑自杀了。

这就是历史上著名的"二桃杀三士"的典故，是晏婴一手导演的借刀杀人、兵不血刃的经典之作。晏婴二桃杀三士，为齐景公除去了潜在的威胁。

晏婴曾经预言，齐国将为田氏代替。于是，他设计杀了这三个祸害。但他还是没能阻止"田氏代齐"的命运。当然，那是公元前386年的事，晏婴已死了一百多年了。

2. 冯谖　狡兔三窟，高枕无忧

战国时期，有著名的四大公子，他们是齐国的孟尝君、赵国的平原君、魏国的信陵君和楚国的春申君。他们都以养士而闻名天下。

齐国的孟尝君喜欢延揽诸侯宾客，甚至不吝惜家产厚待宾客，一时之间，天下贤士都慕名而来，门下聚集了几千食客，他们都住在孟尝君的家中，经常讨论国家大事。冯谖就是其中的一个。这个冯谖常常在孟尝君家一住就是很长一段时间，却什么事都不做，什么话也不说。孟尝君虽然觉得很奇怪，但是好客的他还是热情招待冯谖。

不仅如此，孟尝君还对冯谖尊敬有加，命令给他准备车马，比照着可以乘车门客的待遇。

冯谖就坐着孟尝君为他配备的马车，高举着长剑，去拜访他的朋友，说："孟尝君以宾客之礼待我。"

后来，孟尝君听说冯谖家里还有老母亲，就派人供给冯谖的老母亲充足的家用，不让老人有任何的生活缺撼。

几千人的食客开销，对孟尝君是一个沉重的经济负担，他把自己封邑上的全部收入都用在门客的生活费用和相关的开销上，仍然还是捉襟见肘。于是，他就在自己的封地薛向百姓放贷。不料，正赶上年成不好，贷款的本息都不好收，他就想在手下这些门客中间选一人去办这事。

几千个门客平时口若悬河，可一旦用到他们了，却谁都不敢出头了。这时，冯谖站出来说："我能。"

于是，冯谖坐上了孟尝君为他特意安排的车，把债券也都安顿到了车上。临行前，冯谖忽然问孟尝君："收完债务，用债款买些什么回来？"

孟尝君以一贯的贵族口吻说："看看我家缺什么，先生您就看着办吧！"

冯谖到了薛地，就让地方官把应当还债的人都叫来，核验债券借据，所有的借据都验完了以后，冯谖以主人的口吻高声宣布："孟尝君把所有的债款都赐给老百姓了。"说完，冯谖亲自点了一把火，把债券全烧了。百姓正因为无力还债而愁眉不展，见此情景，都连声称赞孟尝君，，心里充满感激。

冯谖连夜赶回齐都，向孟尝君汇报。孟尝君看他这么快就回来了，高兴地问："债务全都办理完了吗？"

冯谖说："全办好了。"

孟尝君问："买了什么带回来了？"

冯谖说："我看您家里也不缺什么，只是缺少一个'义'字，所以，我私自做主给您买了'义'。"

冯谖还为孟尝君讲了一大套道理，孟尝君正想用这笔钱解决目前的困难呢，如今，让冯谖全给办砸了，憋了一肚子的火，又不好发作，只淡淡地说："算了，先生您回去歇着吧。"

不久，孟尝君被齐王解除了相位，不得不前往薛地定居。孟尝君的车驾离薛地还有一百多里地，闻讯而来的老百姓就远道而来欢迎他了，孟尝君这才知道冯谖的才能，对冯谖说："先生为我买'义'，我今天终于见到了。"刚刚还非常失意的孟尝君满面春风地朝着欢迎他的人群致意。

在薛地安顿下来以后，孟尝君对现状很满意，冯谖又对孟尝君说："通常聪明的兔子都有三个洞穴，才能在紧急的时候逃过猎人的追捕，而免除一死。但是您现在却只有一个藏身之处，所以您还不

能把枕头垫得高高地睡觉，我愿意再为您安排另外两个可以安心的
藏身之处。"

于是，冯谖去见梁惠王，他告诉梁惠王说："如果大王您能请到
孟尝君帮您治理国家，那么，梁国就一定能够变得更强盛。"于是，
梁惠王派人带着一千斤黄金、一百辆马车去请孟尝君到梁国做相国。
可是，梁国的使者一连来了三次，冯谖都叫孟尝君不要答应。

梁国派人请孟尝君去治理梁国的消息传到齐王那里，齐王一急，
就赶紧派人请孟尝君回齐国当相国。冯谖要孟尝君向齐王提出希望
能够拥有齐国祖传祭器的要求，并且将它们放在薛地，同时兴建一
座祠庙，以确保薛地的安全。齐王答应了孟尝君的要求。祠庙建好
后，冯谖对孟尝君说："现在属于你的三个安身之地都建造好了，从
此以后你就可以垫高枕头，安心地睡大觉了。"

孟尝君在齐国做了几十年的相，没有一点灾祸上身，实在是得
益于冯谖舍小求大抛砖引玉的良策呀。

后来，人们就用"高枕无忧"来形容做任何事情准备周全，感
觉很安心、不用害怕的意思。

3. 张良 圯上受书，画箸阻封

张良出身于贵族世家，祖父开地，连任战国时韩国三朝的宰相。
父亲张平，也继任韩国二朝的宰相。至张良时代，韩国已逐渐衰落，
终于秦灭韩国，张良失去了继承父亲事业的机会，丧失了显赫荣耀
的地位。韩国灭亡后，张良家有奴仆三百人，弟弟死了他不厚葬，
用全部财产寻求勇士谋刺秦王，为韩国报仇。

张良曾经在淮阳学习礼法，到东方拜见了仓海君。他找得一个

大力士，造了一个一百二十斤重的铁锤。秦始皇到东方巡游，张良与大力士在博浪沙这个地方袭击秦始皇，失败后，秦朝悬榜通缉，张良只好隐姓埋名，逃到下邳躲藏起来。

有一次，张良在下邳桥上徘徊，一个穿着粗布衣裳的老人走到张良跟前，故意把自己的鞋甩到桥下，然后傲慢地差使张良道："小子，下去把鞋给我拣上来！"张良有些惊讶，想打他，因为见他年老，勉强忍了下来，下去帮他把鞋拣了起来。老人说："给我把鞋穿上！"张良既然已经替他把鞋拣了上来，就跪着替他穿上。老人非但不谢，反而仰面长笑而去。张良呆视良久，老人离开了约有一里路，又返回来，说："你这个孩子可以教导教导。五天以后天刚亮时，跟我在这里相会。"张良觉得这件事很奇怪，但还是跪下来说："嗯。"

五天后的拂晓，张良来到那里。老人已先在那里，生气地说："与老人约，为何误时？"老人离去，并说："五天以后早早来会面。"

五天后，鸡一叫，张良就去了。老人又先在那里，又生气地说："又来晚了，这是为什么？"老人离开时说："五天后再早点儿来。"

五天后，张良不到半夜就去了。过了一会儿，老人也来了，高兴地说："像这样才好。"老人拿出一部书，说："读了这部书就可以做王者师了。十年以后你会发迹。十三年后小伙子你到济北见我，谷城山下的黄石就是我。"老人说完便走了，没有别的话留下，张良从此再也没有见到这位老人。

天亮时分，张良打开老人送的书，原来是《太公兵法》。张良觉得这部书非同寻常，就经常学习、诵读它。从此，张良俯仰天下大事，终于成为一个深明韬略、文武兼备、足智多谋的"智囊"。

十年后，即秦二世二年（前208）六月，陈胜吴广起义爆发，张良也聚集了一百多个青年。当时，景驹自立为代理楚王，驻在留县。张良打算前去跟随他，半路上遇见了刘邦。刘邦率领几千人，夺取下邳以西的地方，张良便归附了他。张良多次根据《太公兵法》给刘邦献计，刘邦很赏识他，经常采用他的计谋。张良给别人讲这些，别人都不能领悟。张良说："沛公大概是上天授予人间的。"从此，张良就一直跟随刘邦。

等刘邦到了薛地，会见项梁。项梁拥立了楚怀王。张良就劝说项梁："君既已立楚王为后人，而韩王诸公子中的横阳君成最贤，可立为王，借以多树党羽。"项梁便派张良寻找到韩成，把他立为韩王。任命张良为韩国司徒，随韩王率领一千多人向西攻取韩国原来的领地，夺得几座城邑，秦军随即又夺了回去，韩军只在颍川一带往来游击作战。

刘邦从洛阳向南穿过轩辕山时，张良率兵与刘邦汇合。刘邦想用两万人的兵力攻打秦朝峣关的军队，张良认为不可，劝说道："秦军还很强大，不可轻视。我听说峣关的守将是屠户的儿子，市侩容易以利相诱。希望沛公暂且留守军营，派人先去，预备五万人吃的东西，在各个山头上多增挂旗帜，作为疑兵，然后再派郦食其多带珍宝财物去劝诱秦将，事情就可能成功了。"刘邦依计而行，秦军的将领果然背叛秦朝，打算跟刘邦联合一起向西袭击咸阳，刘邦想听从秦将的计划。张良说："这只是峣关的守将想反叛罢了，恐怕部下的士兵们不听从。士兵不从必定带来危害，不如趁着他们懈怠慢时攻打他们。"刘邦于是率兵攻打秦军，大败敌兵。然后追击败军到蓝田，第二次交战，秦军完全崩溃。刘邦进入咸阳，秦王子婴投降了刘邦。

刘邦进入咸阳，看到宫室、帷帐、狗马、重宝、妇女数以千计，就想留下来享福。樊哙劝谏刘邦出去居住，刘邦不听。张良说："正因为秦朝暴虐无道，所以沛公才能够来到这里，替天下铲除凶残的暴政，应该以清廉朴素为本。现在刚刚攻人秦都，就要安享其乐，这正是人们所说的'助桀为虐'。况且'忠言逆耳利于行，良药苦口利于病'，希望沛公能够听取樊哙的意见。"刘邦这才回军驻在霸上。

公元前206年二月，项羽率诸侯兵抵达函谷关。刘邦命令守军紧闭关门，阻止诸侯兵进关。项羽得知刘邦已攻下咸阳，十分恼怒，正赶上刘邦部下曹无伤密告项羽，说："沛公要在关中称王。"项羽立即命令英布督军强攻。同年十二月，项羽大军攻破函谷关，进驻新丰、鸿门（今陕西临潼东北），要与刘邦决一死战。张良又为刘邦献策，使刘邦在鸿门宴上巧妙脱身。

汉三年（前204）冬，项羽率兵把刘邦围困在荥阳，双方久战不决。楚军竭力截断汉军的粮食补给和军援通道。汉军粮草匮乏，渐渐难以支撑。刘邦非常惊慌，召集群臣询问良策。谋士郦食其献计："昔日商汤伐夏桀，封其后于杞；武王伐纣，封其后于宋。秦王失德弃义，侵伐诸侯，灭其社稷，使他们没有立锥之地。如果陛下能够复立六国之后，六国君臣、百姓一定对陛下感恩戴德，归顺服从，仰慕陛下道义，甘愿做陛下的臣民。随着恩德道义的施行，陛下就可以面南称霸，楚王一定整好衣冠恭恭敬敬地前来朝拜。"刘邦认为这是个好主意，即刻命人刻制印玺，使郦食其巡行各地分封。

郦食其还没有动身，张良从外面回来谒见刘邦。刘邦正在吃饭，就把郦食其的谋划对张良讲了一遍，然后问道："你看这事怎么样？"

张良听罢，大吃一惊，忙问："这是谁给陛下出的计策？陛下的大事要完了。"

刘邦说："为什么呢？"

张良回答说："我请求您允许我借用您面前的筷子为大王筹划一下形势。"接着说："昔日商汤讨伐夏桀而封夏朝的后代于杞国，那是估计到能置桀于死命。当前陛下能置项籍于死命吗?"

刘邦说:"不能。"

张良说:"这是不能那样做的第一个原因。周武王讨伐商纣而封商朝的后代于宋国,那是估计到能得到纣王的脑袋。现在陛下能得到项籍的脑袋吗?"

刘邦说:"不能。"

张良说:"这是不能那样做的第二个原因。武王攻入殷商的都城后,在商容所居里巷的大门上表彰他,释放被囚禁的箕子,重新修筑比干的坟墓。如今陛下能重新修筑圣人的坟墓,在贤人里巷的大门表彰他,在有才智的人们面前向他致敬吗?"

刘邦说:"不能。"

张良说:"这是不能那样做的第三个原因。周武王曾发放巨桥粮仓的存粮,散发鹿台府库的钱财,以此赏赐贫苦的民众。目前陛下能散发仓库的财物赏赐给穷人吗?"

刘邦说:"不能。"

张良说:"这是不能那样做的第四个原因。周武王灭亡商朝以后,废止兵车,改为乘车,把兵器倒置存放,盖上虎皮,用以向天下表明不再动用武力。现在陛下能停止战事,推行文治,不再打仗了吗?"

汉王说:"不能。"

张良说:"这是不能那样做的第五个原因。周武王将战马放牧在华山的南面,以此表明没有用它们的地方了。眼下陛下能让战马休息不再使用它们吗?"

刘邦说:"不能。"

张良说:"这是不能那样做的第六个原因。周武王把牛放牧在桃林的北面,以此表明不再运输和积聚作战用的粮草。而今陛下能放牧牛群不再运输、积聚粮草了吗?"

刘邦说:"不能。"

张良说:"这是不能那样做的第七个原因。再说天下从事游说活动的人离开他们的亲人,舍弃了祖坟,告别了老友,跟随陛下各处奔走,日夜盼望着能得到一块小小的封地。假如恢复六国,拥立韩、魏、燕、赵、齐、楚的后代,天下从事游说活动的人各自回去侍奉他们的主上,将士谋臣各归其主,谁还会跟随陛下争夺天下呢?这是不能那样做的第八个原因。当前只有使楚国不再强大,否则六国被封立的后代重新跟随楚国,楚军强大,六国软弱,必然屈服,那还能向陛下称臣吗?如果真的要采用这位客人的计策,陛下的大事就完了。"

刘邦饭也不吃了,吐出嘴里的食物,骂道:"这个笨儒,差点坏了老子的大事!"火速下令销毁那些印信。

汉四年(前203),韩信攻下齐国而想自立为齐王,刘邦大怒。张良劝刘邦不如就封韩信为齐王,刘邦采纳他的意见,韩信果然受封以后就出兵了,楚汉战争的形势因此发生了重大的转折。这年秋天,刘邦追击楚军到阳夏南面,战事失利,不得不坚守固陵营垒,诸侯原已约好前来援助,但没有到。张良向刘邦献计,诸侯才都来到。最后,楚霸王项羽乌江自刎。

汉六年(前201)正月,刘邦在洛阳南宫举行庆功大典,大宴群臣。席间,觥筹交错,君臣共饮。刘邦显得特别高兴,当论及楚所以失天下,汉所以得天下时,刘邦道出其中的关键在于并用"三杰"(即萧何、张良、韩信)。他盛赞张良:"运筹帷幄之中,决胜于千里之外,吾不如子房(张良的字)。"于是封赏功臣,张良不曾有战功,刘邦却让张良自己从齐国选择三万户作为封邑。张良说:"当初我在下邳起事,与主上会合在留县,这是上天把我交给陛下。

陛下采用我的计谋，幸而经常生效，我只愿受封留县就足够了，不敢承受三万户。"刘邦便封张良为留侯，同萧何等人一起受封。

以后，张良很少参与朝廷大事，学辟谷术。当刘邦驾崩时，吕后感激张良为保住太子地位作出的努力，就竭力让他进食，说："人生一世间，如白驹过隙，何必这么苦自己呢！"张良不得已，勉强听命进食。

过后八年，张良去世，谥号文成侯。

4. "商山四皓" 乱世高人巧助吕后

刘邦最宠爱的女人是戚夫人。戚夫人身材修长，气质高雅，在定陶与刘邦相遇后，两人情投意合，从此，戚夫人就和刘邦没分开过。他们还有一个儿子，叫如意。如意言谈举止都有刘邦的风范，刘邦对他十分钟爱。如意虽然被封为赵王，但还是常留在长安。刘邦出行，戚夫人总是随从在侧，在刘邦面前日夜啼哭，想把自己的儿子立为太子。吕后长期不在刘邦身边，刘邦对她感情也就淡漠了。时间长了，也有更立太子的念头。但更换太子不是刘邦一家的事，大臣们死活不同意，刘邦也没什么办法。

御史大夫周昌力挺太子刘盈，刘邦就问他为什么反对立如意。周昌有个毛病，就是口吃，越急越没法说话，容易发怒，就断断续续地说："臣口不能言，但臣知道这事万万不可，陛下您一定要更立太子，臣怎么也不奉诏！"

这时，吕后在东厢偷听到了这些话，后来见到周昌，跪在地上谢周昌，说："要不是您，太子就被废了！"那时，赵王如意只有十岁，刘邦就很担心自己死后，这个儿子的命运，符玺御史赵尧请求为赵王安排一个强有力的相，而且是吕后、太子、群臣一向既敬重又害怕的人。刘邦问："那谁能胜任呢？"赵尧说："御史大夫周昌是最合适的人选啊！"刘邦于是以周昌相赵，而以赵尧代周昌为御史大夫。

刘邦宠爱戚夫人，一直想废掉太子刘盈，立戚夫人生的儿子赵王如意。朝野大臣，群起谏争，但丝毫不能更改刘邦的初衷。吕后更是惊恐不安，有人对吕后说："留侯善于出谋划策，皇上信任他。"

吕后就派建成侯吕泽胁迫留侯张良，说："您一直是皇上的谋臣，现在皇上打算更换太子，您怎么能垫高枕头睡大觉呢？"

张良说："当初皇上多次处在危急之中，采用了我的计谋。如今天下安定，皇上偏爱赵王，想更换太子，这些至亲骨肉之间的事，有多少人进谏又有什么益处。"

吕泽竭力要挟说："您一定得给我出个主意。"

张良说："口舌难保太子，'商山四皓'都已经八十多岁了，节义清高，不就汉朝爵位，隐居在山林中，皇上屡聘不至。如果太子卑辞固请'四皓'出山，出入宫廷以'四皓'相随，皇上知道了，则太子的地位就可保住了。"

吕后按照张良的计策，让吕泽派人携带太子的书信，用谦恭的言辞和丰厚的礼品，迎请这四个人。四个白发苍苍的老人果然来了，就住在建成侯吕泽的府第中为客。

汉十一年（前196），黥布反叛，刘邦当时患重病，打算派太子刘盈率兵前往讨伐叛军。"商山四皓"商议说："我们来这里，就是为了保全太子。如果太子真的去率兵平叛，那可就危险了。""四皓"于是劝告建成侯吕泽，说："太子率兵出战，如立了功，那么权位也不会高过太子；如无功而返，以后的日子就不好过了。现在戚夫人日夜侍奉皇上，赵王如意常被抱在皇上面前，皇上更立太子的决心已定。皇后和您何不赶紧请皇后找机会向皇上哭诉,就说:'黥布是天下的猛将,很会用兵,现今的各位将领都是陛下过去的同辈,您却让太子统率这些人,这和让羊指挥狼有什么两样,那些人哪里肯为太子效力,如果让黥布知道这个情况,就会大张旗鼓地向西进犯。皇上虽然患病,还可以勉强地乘坐辎车,躺着统辖军队,众将不敢不尽力。皇上虽然受些辛苦,为了妻儿还是要自己奋发一下。'"

吕泽立即在当夜晋见吕后,吕后找机会向刘邦哭诉,说了四个人授意的那番话。皇上说:"我就知道这小子不成器,还是老子自己去吧。"

于是,刘邦亲自带兵东征,群臣都送到灞上。张良正生病,勉强支撑起来,送到曲邮,对刘邦说:"我本应跟从前往,但病势沉重。楚国人马迅猛敏捷,希望皇上不要跟楚国人一决高低。"

张良又趁机规劝刘邦说:"让太子做将军,监守关中的军队吧。"刘邦说:"子房虽然患病,也要勉强在卧床养病时辅佐太子。"这时,叔孙通做太傅,张良任少傅之职。

汉十二年(前195),刘邦随着击败黥布的军队回来,病势更加沉重,更想更换太子了。张良劝谏,刘邦就是不听。叔孙太傅援引古今事例进行劝说,拼死保太子。刘邦假装答应了他,但还是想更换太子。

有一次,刘邦设置酒席,太子在旁侍候。"商山四皓"跟着太子,四位老人皓首须眉,衣冠壮美。刘邦没见过他们,就奇怪地问:"他们是干什么的?"

四个人向前对答,各自说出姓名,叫东园公、角里先生、绮里季、夏黄公。刘邦大惊,说:"我访求各位好几年了,各位都逃避着我,现在你们为何自愿跟随我儿交游呢?"

四人都说:"陛下轻慢士人,喜欢骂人,我们讲求义理,不愿受辱，所以惶恐地逃躲。我们听说太子为人仁义孝顺，谦恭有礼，喜爱士人，天下人都争着为太子拼死效力。我们这才来了。"刘邦说："烦劳诸位始终如一地好好调理保护太子吧！"

"商山四皓"敬酒祝福已毕，起身离去。刘邦目送他们，召戚夫人过来，指着他们给她看，说道："我想更换太子，他们四个人辅佐他，太子的羽翼已经形成，难以更动了。吕后真是你的主人了。"刘邦最终没能更换太子。张良在其中起了很大的作用。

5. 陈平 六献奇计成就功名

陈平是秦末阳武（今河南原阳东南）户牖乡人。他年轻的时候，家里非常穷，可是他却酷爱读书，尤其喜欢研习黄帝、老子的学说，探求治世之术，好学不辍。他的哥哥陈伯很宠他，自己辛勤耕种着三十亩薄田，攒下点钱都给陈平，让他到各地游学，增长见识。他的嫂子心里气，但又不敢违背丈夫。

虽说家里穷，陈平却长得身材高大，风度翩翩，可以说是个美男子。有人就戏弄陈平："你家里那么穷，而你却长得这么肥美，吃的是什么啊？"他的嫂子听了，本来就不高兴陈平的不事生产，就说："他不过也吃些糠麸而已。有这样的小叔子，还不如没有呢！"哥哥听了，就把他的嫂子赶走了。

到了陈平该成婚的时候，又成了一大难题，高不成，低不就。有钱人家的女儿不肯嫁给他，而贫穷人家的女儿陈平又看不上，就这么耽搁着。当时户牖地方有个富贵人家，叫作张负的。他有个孙女，丰衣足食、姿色美艳，曾经出嫁了五次，不知为什么，刚嫁过去，丈夫就莫名其妙地死了，谁都不敢再娶她了。现在的说法，大概是命中克夫吧。陈平却偏偏想要娶她。

偏偏张负也看上了陈平，跟儿子说："我想把孙女嫁给陈平。"他儿子一听，生气地说："陈平家里那么穷，他又不事生产，满县城的人都笑话他寒酸，亏您还想把我的女儿嫁给他，简直就是败我们张家的名声！"张负说："陈平是个内外兼美的人，他怎么会一直贫贱下去呢？"

张负就做主把孙女嫁给陈平。张氏嫁给陈平之后，以礼待其兄嫂亲友，治家井井有条，竟是一位十分难得的贤内助。而陈平娶了一个有钱人的女儿是决定他未来的一件大事，因为有钱了，乡里人也对他另眼相看了，人们推举他做社宰。陈平对这个工作很认真，分肉时特别均匀，老百姓交口称赞，说："当社宰就应该像陈平这样！"陈平很感慨地说："哎，当个社宰算什么！倘若让我主宰天下，也会像这割肉一样公正！"

陈平肯定不甘心就这么当个社宰，他是有大志向的。时事给了他实现自己远大抱负的机会。

秦二世元年，即公元前209年，陈胜在大泽乡揭开了大起义的序幕，诸侯纷纷起兵。陈平一看机会来了，就告别了家乡，先后投奔了魏王魏咎和楚霸王项羽，都没有得到施展自己抱负的机会，后来，他投奔了刘邦。

陈平一见到刘邦就对他说："我是抱着建功立业的心来投奔您的，我今天就想把心中的抱负说给您听。"

刘邦见他口气不小，倒也像个人物，就跟他谈起来。不想，竟然越谈越投机，于是把他留了下来。

陈平不像韩信指挥千军万马独当一面、平国展土，也不如萧何那样留守后方、转运委输、补充兵源。他和张良几乎一直跟随刘邦左右征战南北，得到刘邦的信任，靠的就是他的计谋，而这又当首推他的"六出奇计"。

第一计：重贿对方将领，实施反间计。

高祖三年，即公元前204年，楚霸王项羽截断了汉军的粮道，把刘邦围困在荥阳，刘邦既无粮草，又无救兵，处境极为困难。刘邦危在旦夕，向陈平问计。陈平说："项羽为人太过猜忌，手下的正直之人，也就范增、钟离昧几个人。如果大王您肯拿出重金来施行反间计，使楚国君臣不和，自相杀戮，我们再趁乱攻打，楚国必败。"刘邦对陈平的计谋深为赞许，拨出四万金交给陈平，由他支配。

陈平即刻派人到楚营，以重金贿赂将士，散布流言。一时间，楚营内部，流言四起。都说钟离昧、范增等人辅佐项羽，立下汗马功劳，却得不到厚报，他们正拟投奔汉王，加封晋爵。项羽本来就对谁都不信任，听到谣言，信以为真，把钟离昧等人当作贰臣，无形中削弱了自己的力量。

第二计：故意招待不周，离间项羽和范增。

与其说陈平的计策高明，不如说项羽"配合"得好，这个楚霸王实在是太小家子气了，听到一点谣言就沉不住气，赶紧派使者到汉营去打探虚实，这就落进了陈平的圈套。

陈平听说楚国使者来了，命人备下了丰盛的酒宴。楚使者一到，陈平立刻迎接，一看是楚使者，假装一惊，说："我以为是亚父的使者，原来是项王的使者！"说完，命人撤去盛宴，换上了粗劣的食物招待楚使。

楚使回到项王营，把一切向项羽禀报，项羽果然怀疑范增，范增极力主张急攻荥阳，项羽就是不肯听。亚父范增愤怒地离开项王，还没走到彭城，一股急火攻心，背部恶疮发作而死。项羽这才发现中计了，悔之晚矣！

第三计：派女子出城，解荥阳之围。

范增被气死了，项羽的攻势不减，韩信的援军不能及时到达，刘邦的处境依旧危险，陈平继续施展他的奇谋。某一个夜晚，陈平组织了两千多个女子，趁着月色从荥阳的东门出城，项羽的大军以为是刘邦突围，赶紧从四面包围过来，陈平趁机保护着刘邦从西门跑了。

在这场著名的楚汉战争中，陈平用反间之计成功地离间了楚国君臣关系，致项羽骨鲠之臣范增遭谗忧愤而死，钟离昧不得重用，去掉了项羽的左膀右臂，为消灭楚国，建立汉朝立下汗马功劳。不久，刘邦就战胜项羽，取得了楚汉战争的胜利。

第四计：脚踢刘邦，封韩信为齐王。

高祖四年，即公元前203年，楚汉战争胜负未定，刘邦处境困难，大将韩信却攻城略地，势如破竹，先占领了临淄，接着，击破项羽的援军，攻占了齐全境。韩信自恃功劳大，自立为假王，还派人通知刘邦。刘邦当时正被围困，一见使者，当即破口大骂："我困在这里，日夜等待着你来援救我，你却要挟我！"

陈平对当时的形势非常清楚，韩信倒在哪面，哪面就是最后的赢家。于是，张良、陈平都踩刘邦的脚，陈平俯首对刘邦说："大王您正处逆境当中，哪能挡得住韩信自立为王呢？况且就算他当了王又能怎样呢？不如顺水推舟，让他在那里牵制楚王。否则，后果不堪设想。"刘邦不愧帝王之才，马上骂道："大丈夫平定诸侯，要当就当个真王，当个假干有屁用！"当即命令张良赴齐，封韩信为齐王，让他攻打楚军。于是，刘邦成了最后的赢家。

第五计：假游云梦擒韩信。

楚汉战争终于以刘邦的胜利而告终。刘邦称帝，大封功臣，韩信由齐王转封为楚王。可是楚王韩信自恃功高，做了一些不该做的事，如收留了钟离昧，用很高的规格为母亲迁葬，这都让刘邦很不满，就想治治韩信，可又找不到好办法。陈平就为刘邦分析形势，他说："现在陛下的兵不如韩信的兵精，将也不如韩信的将强；贸然发兵，我很为陛下担心啊！"陈平乃为刘邦策划"伪游云梦"之计："古时候，天子常常巡行天下，会合诸侯。南方有个叫云梦的地方，陛下可以装作去游云梦，然后通知各诸侯到陈州会合。陈州在楚国境内，韩信不会怀疑，他肯定会出来迎接陛下，您可趁机拘捕他。这只要一个力士就够了。"

刘邦依计而行，出其不意地将韩信生擒。韩信大叫："天下平定，我没用了，就该杀我吗？"刘邦说："你别喊了，你反象已明，喊也没用！"不过，刘邦并没杀韩信，而是把他降为淮阴侯。陈平则被封为户牖侯，后加封曲逆侯。

第六计：解白登之围。

最能体现陈平智慧的当属解"白登之围"。高祖七年（前200）冬十月，韩王信在马邑投降匈奴兵，将与匈奴兵共击太原。消息传到长安，刘邦率三十万大军浩浩荡荡开赴北边迎敌，在白登山遭冒顿单于四十万骑兵的围困，七天七夜没有粮食吃，处境十分险恶。陈平献计，竟解了白登之围。

据《史记》记载，此次陈平献计十分神秘，没有几个人听说过。后来史书说：陈平设法派遣密使细作，溜进敌营，偷偷会见冒顿的阏氏，献上一大笔贿赂，另外还有一张美女图，对阏氏说："汉朝有这么个美女，就像这张画一样美，我们皇帝被困，想把她献给单于，以求解围。"冒顿阏氏怕汉帝真的献美女，自己会失宠，便向冒顿单于吹起十二级枕头风，说："两主不相困，今得汉地，而单于也非能长久居住此地。何况汉王也有神保佑，单于察之！"单于宠爱阏氏，就传令解围一角，刘邦趁机脱险了。

刘邦在中国历史上可以说是个杰出的皇帝，他对陈平很器重，陈平智慧有余，却难以单独担当重任。然而就是这个陈平，后来成为拯救刘家天下的主要人物。

曹参去世后，王陵担任了右丞相，陈平担任了左丞相。不过，吕后始终对足智多谋、屡画奇策的陈平放心不下，吕后的妹妹吕媭几次三番地反映陈平"为丞相不治事，日饮醇酒，戏妇人"，说陈平沉溺酒色之中，吕后这才放心。

当时，吕后当政，诸吕专权，皇族转弱，文武官员及百姓大都不满诸吕的统治。陈平看到吕氏专权所潜伏的巨大危机，虚与委蛇曲附，他既不得罪吕后，也绝不依附于诸吕，因而称病不理朝政，把心思都用在辅助教导惠帝刘盈上。

惠帝死后，吕后想立诸吕为王，先试探右丞相王陵的意见，王陵坚决反对，重申高祖刘邦刑白马之盟："非刘氏而王者，天下共击之。"吕后十分恼怒，又转而问陈平、周勃，二人表示："高帝定天下，让自己的子弟称王；今太后称制，让诸吕称王没什么不可以。"吕后高兴了，王陵愤怒地叱责陈、周二人阿谀奉承，背叛白马之盟的行径。陈平从容道来："面折廷争，我不如你；全社稷，定刘氏后，你却不如我。"这一表态，充分显示了陈平对保全刘氏江山斗争的严峻性、复杂性已有清醒的认识，也表现出陈平政治上的成熟稳重，以及对除吕安刘的信心。

公元前180年，吕后死，陈平与周勃等大臣谋诛诸吕而立文帝，重新巩固西汉刘氏政权，并再度出任丞相。两年后，陈平病死，得善终。

6. 王允 美人计妙杀董卓

王允（137—192）字子师，太原祁县（今属山西）人。初为狱吏。灵帝时任御州刺史，镇压黄巾起义。献帝即位，为司徒，与吕布密谋诛杀董卓。不久，为董卓部将李催、郭汜所杀。他以封建士大夫的忠勇，完成了他认为应该尽忠朝廷的义举。

王允出身于名门望族。但他生活的时代已是东汉末年，统治集团极端腐败，豪强势力极度扩张，外戚宦官轮流执政，竞相压榨农民，天灾不断，社会动荡不安。少年时代的王允看到国家日益危机的现状，非常焦急。他不止一次地对人说："大丈夫就应该在国家需要的时候，挺身而出，哪怕牺牲性命。"他练文习武，立志报国，被时人誉为"一日千里，王佐之才"。

十九岁时，王允在家乡当郡吏。有个叫赵津的人，仗着他的兄弟在朝廷当宦官，有势力，横行霸道，为患一方。王允痛恨宦官专权，主持正义杀掉了赵津。赵津的兄弟在汉桓帝面前诬陷王允和太守，桓帝大怒，竟杀了太守。王允被关进监狱，三年后才被释放回家。王允敢于伸张正义，也由此树立了自己的名望。

公元184年，震惊朝廷的黄巾大起义爆发。四十七岁的王允被招为豫州刺史，他参与了镇压黄巾军，并且收降了几十万人。汉灵帝对他的功业很满意。可是就在镇压黄巾起义的过程中，王允发现宦官张让与黄巾军有书信联系，便上报了汉灵帝。灵帝很生气，就斥责张让。张让赶紧叩头谢罪，对王允怀恨在心。第二年，王允就被诬陷下狱，备受迫害，几乎丧命。王允在狱中，司徒杨赐、大将军何进、太尉袁隗一再上书，请求皇帝赦免王允。王允才被免去死罪。当年冬天，皇帝大赦，只有王允不在其中。三公只好再次上书，王允才被释放。可是宦官当权，哪有王允的生存之地，他只好隐名埋姓，躲避于河内、陈留之间。

公元189年，汉灵帝死，何太后临朝。外戚大将军何进执掌朝政，召王允参与策划诛灭宦官的计划。王允这才重蹈官场，先为从事中郎，继任河南尹。

当时，宦官独霸朝政，为所欲为，无恶不作，人们恨透了宦官。王允更是受到宦官的几经迫害，恨不能把宦官斩尽杀绝，可是，不曾想到何进不慎泄密，被宦官杀掉。接着，袁绍又率兵一举歼灭宦官。久怀不测之心的凉州刺史董卓，则乘机移重兵于洛阳，废皇子，杀太后，立汉献帝刘协为傀儡皇帝，自己把持朝政，把都城迁到了长安。

汉献帝继位后，王允官运亨通，在初平元年，官至司徒，又兼守尚书令，朝政大事均由王允处理，短短几年间就成了朝廷重臣。董卓则愈加专横跋扈，甚至图谋篡夺帝位，王允便决心铲除这个奸贼。王允在当时的作用，史书是这样记载的："允矫情屈意，每相承附，卓亦推心，不生乖疑，故得扶持王室于危乱之中，臣主内外，莫不倚恃焉。"

王允知道董卓"挟天子以令诸侯"，手中又握有重兵，无法以强取胜，便矫情曲意，一味逢承，佯装忠诚。董卓被王允假象蒙蔽，对他推心置腹，以密友相待。

王允在暗中则连施几计，要除掉董卓，不料都告夭折。

王允对朝政更加担忧。一日，他独自一人在后花园闷坐，府中歌妓貂蝉悄悄来到身边，问："丞相因何叹气？"王允答曰："如今，董贼专权，朝廷危险，我却无计可施。"貂蝉也黯然神伤，王允忙问原由。貂蝉告诉王允："奴本是吕布之妻，自在临洮府失散后，至今不曾见到丈夫。"说罢，双泪长流。王允听了，遂心生一计，欲通过貂蝉来离间吕布与董卓之间的关系，借吕布之手来除掉董卓。这时，吕布已成为董卓的义子，吕布武艺高强，董卓对他很器重。于是，在一个良辰吉日，王允把貂蝉送给了董卓。在王允的导演下，一场吕布戏貂蝉的好戏上演了。

初平三年（192）四月，阴雨连绵六十多天，王允与士孙瑞、杨瓒一起再次谋划诛杀董卓。士孙瑞认为时机已经成熟，应当立即动手除奸。王允也同意士孙瑞的看法，但董卓有勇将吕布常在身侧，是执行谋杀董卓的障碍。于是，王允便暗中以厚礼馈赠吕布，与吕布相互往来，结为密友。

那吕布原是并州刺史丁原的部下，任主簿，极受丁原信任。丁原带兵到洛阳本是与何进共诛宦官的，后何进谋败被杀，董卓入京，诱使吕布斩杀丁原，并其兵众为己有，擢升吕布为骑都尉，誓为父子，让吕布为心腹侍卫。可是董卓气量狭小，性情暴戾。有一次竟为一件小事动怒，拔出手戟要刺杀吕布。幸亏吕布艺高急躲，才未被击中，从此心中对董卓就有了怨恨。

这时，吕布已发现自己的爱妻貂蝉已为董卓的宠妾，更加痛恨董卓了。他与貂蝉常常暗中相会，每次貂蝉都是啼哭不已，嘱咐吕布早点迎自己回家，吕布难免儿女情长，但又担心董卓发觉，很是不安。

一切都在王允的安排下进行。在一次酒席之际，王允告诉吕布，他们准备刺杀董卓，要吕布作为内应。吕布虽已动心，可又觉为难。他说："我与董卓如同父子，这怎么能行呢？"王允遂动之情理，说："太师姓董，将军姓吕，本非骨肉。再说，他向你投手戟的时候，父子感情到哪里去了？何况将军的爱妻还在董贼的手上？"吕布经王允这么一激，幡然醒悟，便应允作为内应。

一个极好的时机来了。一日，汉献帝久病新愈，要在皇宫召见群臣。吕布率先布置同乡人骑都尉李肃带领亲兵十余人，扮作卫士守在未央宫掖门内。等到董卓下马进门，李肃等人突然一齐动手，持戈直刺董卓。董卓惊呼："我儿吕布何在？"此时吕布从后面走出来，厉声喝道："有诏讨贼！"一戟刺入董卓咽喉，结束了他的性命。

王允为诛杀董卓，韬光养晦，积蓄力量，利用矛盾，终于把董卓送上断头台，完成了他一生最具声色的壮举。

王允计诛董卓之后，与吕布共执朝政。董卓的部将李傕、郭汜、樊稠、李蒙等担心被杀，索性带兵攻打长安。吕布等寡不敌众，便派人叫王允与他一起出逃。王允见汉朝大势已去，已作殉死准备，他叹息道："让社稷安宁，国家稳定，这是我的愿望。万一不成，则只有奉身以死。今陛下年幼，唯一能依靠的就是我了。如果我临难逃走，我心不忍啊。请替我向关东诸公传个话，如能使国家转危为安，我死也瞑目了！"

李傕、郭汜等攻破长安，将王允杀害，尸弃于市，王允时年五十六岁。

7. 司马懿　装疯卖傻积蓄力量

司马懿（179—51）字仲达，温县（今河南禹县）人，世家大族出身。为魏武帝曹操所猜忌，魏文帝曹丕所信任，魏明帝时任大将军，多次率军对抗诸葛亮，为魏国重臣。曹芳继位，他和曹爽受遗诏辅政。后杀曹爽，专国政。死后，其子司马师、司马昭相继专权，魏终为司马氏所代替。西晋建立后追尊为宣帝。他多谋略，善权变。审时度势，外宽内忌，又残忍多变。他有非凡的军事才能，远大的政治抱负，为曹魏政权的建立和巩固立下了汗马功劳，也为后来司马氏代魏奠定了基础。

唐太宗李世民评价司马懿说："观其雄略内断，英猷外决，殄公孙于百日，擒孟达于盈旬，自以兵动若神，谋无再计矣。"

在东汉，司马氏绝对是个大族，这个家族累世二千石（郡太守），是不折不扣的地方豪族。司马懿的祖父和父亲都是东汉的大官。他少年时聪明好学，博闻强记，志向远大，生于乱世之中，常有忧天下之心。

南阳太守杨俊素以善于识人闻名。一日，见了司马懿后，对人说："此人定为非常之器。"尚书崔琰对他的哥哥司马朗说："您的弟弟聪亮明允，刚断英特，您是绝对比不上他的。"

东汉建安六年（201），司马懿被郡中举为上计掾。曹操任司空，听说司马懿的名声，就想将其延揽到自己手下。司马懿早已看出汉朝已国运式微，朝廷大权实际上已落入曹操之手。可他是大士族的后代，曹操不过是宦官之后，当然不肯屈尊了。于是，就说自己患了风瘫病，身体不能动，拒绝曹操征召。

曹操本来就多疑，现在更怀疑这个年轻人是在借故推辞。他很恼火，竟然不听从自己的，真是大不敬。于是，曹操派了一个刺客深夜闯进司马懿的卧室去察看，果然看到司马懿直挺挺地躺在床上。

刺客还不相信，手挥寒光闪闪的利剑，猛地刺向司马懿。司马懿立即悟到这是曹操派来验察他的病情的。于是将计就计，毅然放弃了一切逃避求生、自卫和反抗的努力，装着风瘫病重的样子，直挺挺地躺在那里，瞪着眼望着刺客，身体纹丝儿不动。刺客这才信以为真，收起利剑，回去禀报曹操去了。

司马懿知道曹操不肯放过他。过了一段时期，让人传出消息，说风瘫病已经好了。等曹操再一次召他的时候，他就不拒绝了。

建安十三年（208）六月，曹操自任汉室丞相。他要召司马懿为丞相府文学掾。他严厉地对使者说："司马懿如果再推三阻四，就把他抓起来！"其实司马懿早就看清了形势，再拒绝，定遭杀身之祸。于是，他欣然就职。

司马懿毕竟是个人才，曹操也是爱才的，就有意让他和自己的儿子曹丕相处，很快就升为丞相府主簿。

可是，曹操对他依旧是不放心，聪明的司马懿，早就洞察到了这一点，于是装作对权势地位无所用心，表现出满足现状的样子，曹操见此，这才安下心来。

从此，司马懿为曹操出谋划策，提出了不少有建设性的意见，为曹魏政权的建立立了大功。

曹操实行的军屯制就是司马懿提出并具体领导的。他对曹操说："过去箕子为军谋略，以谷为首。现在天下大约有二十多万人不事耕种，这对国家可不是好事啊。军士戍边，应该且耕且守。"曹操欣然采纳。以后，司马懿又奏请开发水利，灌溉农田。使淮河以北的广大地区，仓庾相望，自寿阳至京都洛阳，百姓屯田与军队屯田连成一片，阡陌交通，鸡犬相闻。东南边防丰衣足食。这不能不说是司马懿的功劳。而通过这些，司马懿也为自己捞到了最初的政治资本。

在以后的一系列的军事和政治活动中，司马懿都提出了很多有益的建议。曹操对司马懿真是又爱惜又担心。他早就听说司马懿有"狼顾相"，又观察到他的"雄豪志"，有一次他还梦见三马同食一槽，醒来后很不高兴，忧心忡忡地对儿子说："司马懿定不甘久居人下，将来必然干预我曹家权柄。"可是，曹丕不仅听不进父亲的警告，还多方面保护司马懿，司马懿才免于曹操加害。

公元220年，曹操死了，曹丕继位。这一年，曹丕代汉称帝，国号魏。

曹丕登上帝位，便封司马懿为尚书。司马懿成为曹丕的股肱大臣。

黄初五年（224），曹丕南巡。他要视察吴国的边疆情况，行前，他让司马懿留镇许昌，封他为向乡侯，并许以一系列高官显职。想到曹操一直对自己猜忌有加，甚至多次想加害自己，司马懿心有疑虑，便辞让。曹丕说："我忙于各种各样的事务，夜以继日，没有片刻安宁。希望您为我分忧。"

第二年，曹丕大兴水师攻吴，仍命司马懿镇守许昌，内镇百姓，外供军需，还下诏给司马懿说："我非常关心后方之事，所以把这重任托付给您。曹参虽立有战功，但萧何功劳最大。您使我没有西顾之忧，不是更好吗！"曹丕从广陵回到洛阳后，又对司马懿说："我在东方，您就在西方主持事务；我在西方，您就在东方主持事务。"

魏文帝曹丕对司马懿的信任是无以复加的。黄初七年，曹丕病重。临终将后事托付给司马懿、曹真、陈群三人，他对太子说："以后要是有人说这三人的坏话，你千万不要听。"

曹丕死后，魏明帝继位，封司马懿为舞阳侯、骠骑大将军，驻扎宛城，领荆、豫二州诸军事。

延康元年（220），蜀将孟达率兵投降曹魏，得到曹丕的器重，封侯许宫。然而，孟达并不满足，总在图谋自成大业。曹丕死后，孟达总觉得司马懿在监视他，诸葛亮乘机写信劝孟达起兵反魏，回归蜀汉，孟达同意了。

但是，诸葛亮对孟达还不放心，故意将孟达要举兵反魏的消息透露出去了。司马懿得报，就给孟达去了一封信，意思是说："诸葛亮早就想算计将军了，只是没有机会。如果将军真与蜀军相通，诸葛亮怎么会把这么重要的消息泄露出来呢？显而易见，这完全是诸葛亮的离间之计，目的是想借魏军之手杀害将军。"

　　孟达没有看出这是司马懿的缓兵之计，于是，观望犹豫。恰在这时，司马懿调兵遣将，日夜兼程，仅用了八天就赶到了孟达的所在地上庸（今湖北竹山西南）。

　　孟达一看这形势，写信给诸葛亮说："我起事才八天，司马懿就已兵临城下了，何其神速也！"

　　接着，司马懿用了十六天的时间就攻进了上庸，魏军杀死了孟达，俘虏了一万余人。诸葛亮蓄谋已久的重大计划就这样被扼杀于摇篮之中。

　　然后，司马懿班师归宛城。他鼓励当地人民从事农业生产，禁止浪费。南方人民对他非常感激。司马懿再次为自己的政治形象加了分。

　　魏明帝太和五年（231），诸葛亮率大军北伐。魏明帝急调司马懿西屯长安，抵御诸葛亮。

　　司马懿断定蜀军孤军深入，必因军粮供应困难而急于求战。于是，他命令全军在险要之地筑好营垒，据险固守，拒不出战。蜀军终因粮草不济而被迫撤兵。

　　青龙二年（234），诸葛亮倾全国人力物力，亲率十万大军再次北伐，扎营于渭水南原。司马懿率军渡过渭水，背水为垒。逼得诸葛亮退守五丈原。司马懿清楚，诸葛亮虽经三年准备，但"蜀道之难难于上青天"，十万大军的军需补给仍十分困难。蜀国是经不起旷日持久的消耗的。于是，司马懿坚持以逸待劳，无论蜀军怎样挑衅，就是不出战。

　　诸葛亮无可奈何，派人给司马懿送去一套妇女的衣饰，想羞辱司马懿，从而激怒他，使其出战。魏军将士知主帅受辱，义愤填膺，纷纷要求出战。司马懿冷冷一笑，故作震怒说："待我奏请圣上，不日与蜀军决战！"魏军将士摩拳擦掌，跃跃欲试。

　　魏明帝看完司马懿的奏章，心领神会，断然拒绝出战。还派辛毗前来压制。此后，蜀军一叫阵，司马懿便假意要出战，辛毗便手持符节立于军门加以阻止。蜀将姜维忧心忡忡地对诸葛亮说："辛毗持符节立于军门，魏军看来是不会出战了。"诸葛亮叹道："司马懿本来就无心应战，之所以一再请战，不过是向其属下显示军威而已。将在军中，君命有所不受。假如他真心出战，又何必要千里迢迢向魏明帝请战呢？"

　　一日，诸葛亮派使者去魏营挑战，司马懿非常客气地接待了使者。席间，司马懿与使者闲聊，漫不经心地问道："诸葛公近来起居如何？一天能吃多少饭？"使者不知何意，如实答道："仅吃三四升米。"司马懿又问起诸葛亮日常处理政事的情况，使者怀着崇敬的心情答道："诸葛公日夜处理政事，凡二十板以上的处罚，他都要亲自审阅。"使者走后，司马懿叹息道："吃的那么少，事务又多，人怎么能受得了呢？诸葛亮将不久于人世了。"

　　果然，诸葛亮不久就病死五丈原。蜀军北伐中原失败。

　　由于阻击蜀军有功，青龙三年（235），司马懿被提升为太尉，成为主管曹魏全国军事的统帅。

　　景初元年（237），辽东太守公孙渊背叛魏国，自立为燕王。魏明帝曹睿请司马懿率军出战。行前，他问司马懿平叛需多长时间，司马懿答："去时一百天，作战一百天，回来一百天，休整一百天。有一年的时间足够了。"

　　景初二年（238）三月，司马懿率领步骑四万，从洛阳出发，魏明帝亲自送出西明门。这一年，司马懿已经五十九岁了，比当年曹操远征乌桓时还大七岁。他老当益壮，满怀胜利的信心，领兵远征。一年以后，司马懿胜利班师回朝。他消灭了盘踞辽东的割据势力，解除了曹魏政权多年的隐患。

南擒孟达、西拒诸葛、东平公孙等战例，显示了司马懿杰出的军事指挥才能，也使他成为曹魏政权中声望最显赫的人物。

司马懿讨平辽东不久，**魏明帝曹睿**就病重了。司马懿接到诏书，火速回京，他一到**魏明帝**的御床前，明帝就拉着他的手，目视着年仅八岁的太子曹芳，说：“我以后事相托，死是可以忍住的，我忍着死等你回来，今得相见，死而无憾了！”司马懿流着泪答应了，他和大将军曹爽共辅幼主。

太子曹芳继帝位后，司马懿升为侍中，录尚书事。与曹爽各统三千兵马，共同执掌朝政。

曹爽是曹操的侄孙，没有什么政治才能，但权势很大。他依仗自己是皇帝的宗族，就想大权独揽。他重用自己的亲党，如玄学家何晏、李胜、毕轨、丁谧等人。丁谧还给曹爽出主意说：“太尉有大志而又深得人心，不可推诚信任。”曹爽便开始排挤司马懿。在丁谧的谋划下，曹爽于景初三年（239）二月使魏少帝下诏，提升司马懿为太傅，也就是做皇帝的老师。表面上提升了司马懿，实际上是削夺了司马懿的兵权。

同时，曹爽还让自己的弟弟曹羲任中领军，掌握中央禁卫军；曹训任武卫将军；曹彦为散骑常侍，控制一部分军队。

面对曹爽集团气势汹汹的进逼，司马懿认为自己反击的条件还不成熟，于是采取以退为守的策略，以图后发制人。

正始八年（247），司马懿上书少帝曹芳，说自己年近七十，年老多病，请求退职闲居。曹爽求之不得，马上授意曹芳批准了司马懿的请求。

于是，司马懿表面上告老还乡，颐养天年，暗中则联络力量，策划与曹爽展开一场生死大搏斗。

当然，曹爽对司马懿并不放心。一天，曹爽借心腹李胜调往荆州之机，让他以向司马懿辞行为由，前去观察司马懿的动向。

李胜来到司马懿的卧室，只见司马懿躺在床上，在两个侍女的服侍下喝粥，粥竟洒满了前胸。李胜说："听说太傅旧病复发，没想到竟病得这么厉害。我此次蒙皇上恩典，将赴本州任刺史，今特来向太傅辞行。"

司马懿故作气喘吁吁状，说："您去并州，并州靠近胡人，可要好好防范。我年老病重，死在旦夕，恐怕我们今后不能相见了。我的儿子司马师、司马昭，请您日后多加关照。"

李胜纠正道："我是回本州，我是荆州人，不是去并州。"

司马懿问："您不是去并州吗？"

李胜又重复一遍："我是回本州，回荆州。"

司马懿装作才明白的样子，说："我年老糊涂，没有听懂您的话。您回本州，盛德壮烈，好建功勋。"

李胜回去对曹爽说："司马公就剩一口气了，形神已离，不足为虑了。"还说："太傅不能再有所作为了，真是令人怆然而悲呀！"

曹爽一伙更加肆无忌惮了。

嘉平元年（249）正月，曹爽兄弟，陪同小皇帝曹芳拜谒高平陵，离开了京城。曹爽的亲信大臣全跟了去。司马懿既然病得厉害，当然也没有人请他去。

曹爽一帮子人一出皇城。太傅司马懿的病全好了。他披戴起盔甲，抖擞精神，带着他的两个儿子——司马师、司马昭，率领兵马占领了城门和兵库，并且假传皇太后的诏令，把曹爽的大将军职务撤了。

曹爽兄弟在城外得知消息，急得乱成一团。有人给他献计，要他挟持少帝退到许都，收集人马，对抗司马懿。但是曹爽和他的兄弟都是只知道吃喝玩乐的人，哪儿有这个胆量。司马懿派人去劝他投降，说是只要交出兵权，决不为难他们。愚不可及、贪生怕死的曹爽此时早没了主意，索性把刀往地下一扔，说："司马懿不过想夺我的权力罢了，我能以侯爵归府，照样当富家翁。"曹爽投降了。

哪知，曹爽等人回到京都不久，司马懿便以"背弃顾命，败乱国典，内则僭拟，外专威权"的罪名，将曹爽兄弟及其党羽全部处死，并夷灭三族。

曹爽死了，司马懿的权力盛极一时。皇帝任命他为丞相，诏命加九锡之礼朝会可以不拜。可惜这时，司马懿已是古稀之年，重病加身。

嘉平三年（251）八月，司马懿病死于洛阳，终年七十二岁。

8. 鲁肃 榻上之策到三足鼎立

鲁肃（172—217）字子敬，临淮东城（今安徽定远县）人。孙权时，任奋武校尉，封横江将军。他是吴蜀联盟的制订者和坚定的执行者，因此，在东吴历史上占有非常重要的地位。

蔡东藩在《后汉演义》中说："鲁肃以联刘为本旨，始终不变。鲁肃一死，孙刘联盟就破了；孙刘失好，曹操篡汉的局面就形成了。所以，鲁肃的死，不只是关系着吴、蜀两国的命运啊！"

鲁肃生于东汉末年，祖辈没人出仕为官，他的家庭资财极其丰足，珠宝珍奇，应有尽有，但并不属于士族阶层，只是那种在地方上有些势力的豪族。

鲁肃从小丧父，和母亲、祖母共同生活。他少有大志，不治家事，不问田产，他不断地施舍钱财，出卖土地，周济困穷，结交贤者。

生当乱世，为英雄的出现提供了土壤。鲁肃在这样的乱世中，当然想有所作为。于是，他开始学习击剑，他召集一些年轻人，供给他们一切生活用度，把他们带到南山集中训练。他的乡亲都说："鲁家世世代代皆弱，没想到会出来这么个狂妄的小子！"

因为轻财好施，喜欢习武骑射，鲁肃在当地颇有名气。周瑜任居巢（今安徽桐城）长时，曾拜访鲁肃，请他资助军粮。鲁肃毫不犹豫，他家里有两个圆形的大粮仓，每个装有三万斛粮食，他慷慨地指着其中的一个，说："这个仓子里的粮食你都取走吧！"周瑜感激不已，在接触中了解到他是个与众不同的人物，遂与他结成挚友。后来，他们这种亲密的关系从未间断过。

袁术在寿春（今安徽寿县）称帝，特任命他为东城长。鲁肃知道袁术根本成不了大器，坚决拒绝了。

公元200年，在周瑜的引荐下，鲁肃归附孙权。孙权非常器重鲁肃，与他"合榻对饮"，就是共坐一席，欢谈畅饮。

孙权说："汉家天下，倾危不安，各路英雄纷纷攘攘。我继承父兄的遗业，真想向齐桓公、晋文公那样建立一番基业。您既已屈尊光临，有什么高见呢？"

鲁肃马上胸有成竹地说："当年汉高祖诚恳地要尊奉义帝，却因为项羽的缘故没能如愿。曹操就像当年的项羽，有他在，您怎么能成就齐桓、晋文之业呢？依我看来，曹操已取得控制汉帝的有利地位，汉室已不可能恢复，曹操的力量也不能根本铲除。"

孙权立即问道："您有何良策呢？"

鲁肃答："您应该鼎足江东，以观天下之变，您已经拥有了这样的规模，千万不要小看自己的实力。曹操在北方的麻烦事很多，一时无暇东顾，您正好趁这个机会剿灭黄祖，进攻刘表，把全部长江流域据为己有，然后建号称帝，逐步夺取天下。"孙权听了，正是自己心中所想，因此，对他十分佩服。

鲁肃的榻上策和诸葛亮的隆中对，在许多观点上是一致的。两者同样比较准确地把握了当时的客观形势，并提出了远大的政治目标。具有如此深刻的洞察力和政治眼光的政治家，在三国时期除这两人外还是不多见的。而鲁肃"榻上策"的提出比隆中对早了整整七年。从这一点来看，说鲁肃是三国时期一位杰出的政治家毫不为过。事实上，孙权后来的政策，基本上是按鲁肃"榻上策"实行的，而鲁肃自己还是这个政策不遗余力的实践者。

鲁肃一生的最大功绩是倡导、促成并终身不移地竭力维护孙刘联盟，使三足鼎立之势能够形成。

建安十三年（208），基本削平北方的曹操，企图乘胜南进，一鼓作气完成统一中国的事业。这年七月，曹操带领着号称八十万的大军星夜兼程进攻刘表。八月，曹军尚未到达荆州，刘表突然病死。消息传到江东，鲁肃立即向孙权要求以吊丧的名义出使荆州，目的是联络寄寓在荆州的刘备，合力破曹。鲁肃对孙权说："荆楚之地与我国相邻，江水顺流北下，外有长江、汉水之险，内有崇山峻岭阻隔，城池坚固，沃野千里，士民殷富。如果占据此地，可以作为争霸天下的资本。现在刘表刚死，他的两个儿子一向不和睦，手下将领也各怀心态。刘备乃天下枭雄，和曹操有矛盾。刘备依附刘表，刘表嫉妒他的才能，不重用他。要是刘备与荆州之主同心协力，上下一心，我们就应该和他们结盟，共抗曹操；要是他们离心离德，我们就趁机占有荆州，以图大业。请让我代表您去荆州吊唁刘表，安抚刘表的两个儿子，慰劳刘表军中人士。劝说刘备笼络刘表的部下，同心一意，共抗曹操。刘备必然欣然答应。如果这样，则天下可定了。现在如果不赶快去，恐怕被曹操占先了。"

孙权批准了鲁肃的请求。

　　鲁肃立即动身赶赴荆州，哪知他刚到夏口（今湖北武汉），就听说曹操已向荆州进兵；他赶到江陵，听说刘表的儿子刘琮已经把荆州献给了曹操，刘备已经向南跑了。按说，刘备此时已是无兵无地，惶惶如丧家之犬了，可是鲁肃认定刘备是有大志之人，必欲与其携手不可。可能这就是政治家的过人之处吧。鲁肃当机立断，追赶刘备。

　　鲁肃追到当阳长阪，才与刘备相遇，鲁肃把自己的想法一说，刘备当时就同意了。

　　正在这时，曹操给江东送去了恐吓信，声言要与孙权决战。孙权手下的将领们都吓坏了，纷纷劝孙权投降。只有鲁肃一言不发。孙权知道鲁肃有话要单独陈述，便起身入厕，鲁肃随后就跟了进去。他对孙权说："您千万不要听信投降派的论调。这些人要断送您的事业，贻害国家的。说实话，我鲁肃可以迎降曹操，您却万万不可！我鲁肃要是投降曹操的话，曹操一定会按照我在家乡评定的品级，分派我担任州官或者郡官。我还能乘坐牛车，携带随从，游山玩水，日积月储，慢慢升官。您要是投降曹操，曹操能容忍您吗？"

　　鲁肃一针见血的劝告，终于使孙权转变了态度。孙权拔刀砍去奏案的一角，警告群臣说："谁再敢说迎降曹操的话，就和这个案桌一样。"鲁肃向孙权建议把周瑜召回来，担任抗曹主帅。当时周瑜奉命出使鄱阳，他回来后，立即与鲁肃一起作抗曹的军事准备。终于在赤壁之战中，孙、刘联合，大破曹操。

　　赤壁之战，影响了中国历史，鲁肃为此作出了重要贡献。

　　赤壁战后，曹操的实力仍然比刘备、孙权强大。作为一个高瞻远瞩的政治家，鲁肃对此非常清楚。他认为，无论是东吴孙权还是占据荆州的刘备，都不足以与曹操抗衡。摆在两家面前的有三条路：一是联合抗曹；二是各自为战；三是不战而降，归附曹操。只有走联合抗曹的道路，才是正确的选择。所以，他终生不渝地坚持这一战略方针，并为之竭尽全力。

赤壁之战后，刘备谒见孙权，表示要借荆州。东吴将领们都主张扣留刘备，只有鲁肃劝孙权同意刘备的请求。鲁肃说："把荆州借给刘备，让他去安抚百姓，实是上策。这样曹操就多了一个敌人，我们就多了一个朋友。"孙权同意了。

据说，曹操听到孙权借荆州给刘备的消息时，正在写信。他十分震惊，笔都掉到地上了。

后来，周瑜病危，他写信给孙权，推荐鲁肃接替自己。他说："如今天下未定，政局纷乱。您应该寻求良将镇守安抚才是。鲁肃素怀忠烈，临事不苟，指挥才略，足当大任，请您让他接替我的职务吧！"孙权接受了周瑜的建议。周瑜死后，鲁肃成为孙权的首席幕僚。

第六章 阴谋诡计篇

1. 赵高 指鹿为马，玩火自焚

赵高原籍赵国，是赵国王族的远支族属。秦灭赵国，赵高因为与赵王室的关系，被判处宫刑，赵高的母亲成为秦王宫的奴婢，赵高弟兄数人也一律处以宫刑，在秦国王宫做了奴隶。

作为宦官，赵高的心理是变态的。正常的天性得不到满足，连做人的最起码的尊严也被剥夺。他身心遭受践踏，以卑贱的身份生活在最显贵的人群中，精神上极度压抑。他幻想有朝一日自己也能出人头地，成为一个权倾四野的太监。为了实现这种野心，他施展察言观色、见机行事、阳奉阴违的本领，以骗取主子的信任。秦始皇十分重视法制，赵高为了投其所好，便开始钻研秦帝国的律令。秦始皇听说赵高能力强，精通刑狱法令，便提拔他担任了中车府令，兼行符玺令，这样，赵高便从太监群中脱颖而出，成了掌管皇家车马和能自由出宫的官吏。

秦始皇非常宠爱小儿子胡亥，赵高便挖空心思、千方百计地去接近、讨好胡亥，很快便取得了胡亥的欢心。

秦始皇一统天下之后，曾经数次亲巡天下，游览四方。在出巡的过程中，需要带大批的卫士，赵高作为宫廷总管，自然在随行之列。

公元前 210 年，秦始皇抱病出游，随从的有丞相李斯、中车府令赵高。始皇有二十多个儿子，大儿子扶苏为人忠厚、性情耿直，几次直言劝谏皇帝，皇帝不高兴，把他被派到长城脚下监工去了。小儿子胡亥声色犬马，善于迎合父亲，处事谨慎而不冒犯，始皇非常宠爱他。他要求跟着皇帝走，始皇就答应了他，其他的儿子都没有跟随出游。出游的队伍到沙丘（今河北平乡）的时候，始皇突然病情加重。他自知可能不久于人世，便命令赵高写诏书给公子扶苏："把军队交给蒙恬，立即回咸阳，准备丧事。"诏书封好后还没来得及交给使者，始皇就去世了。

始皇死时，只有李斯、赵高、胡亥和始皇身边的几个亲信宦官知道。老谋深算的李斯担心始皇驾崩外地，引起天下大乱，便封锁了死讯。心怀叵测的赵高认为时机已到，就进一步施展自己的伎俩。赵高深知，扶苏是个有本事的人，又依靠蒙氏兄弟，一向厌恶他贪暴卑劣的人品，一旦扶苏即位，他又将陷入贫困卑微的生活中去。人生在世，卑贱是最大的耻辱，贫困是莫大的悲哀，现在正到了改变自己命运的关键时刻。于是，赵高暗自定下一个阴谋：扣下秦始皇给扶苏的遗诏，篡改诏书的内容，乘机拥立胡亥为太子，借以获取更高的权势、地位和财富。

赵高的阴谋顺利得逞。胡亥当然愿意当皇帝，李斯怕失去荣华富贵，赵高一通威逼利诱，就屈服了。

于是，赵高、胡亥、李斯三人合谋篡改了始皇的诏命，害死了扶苏，拥立胡亥，是为秦二世。

赵高因为扶立有功，一跃而为郎中令，全面掌管宫中警卫，成了胡亥身边最亲近的决策者。他大权在握，颐指气使，俨然一个真正的皇帝。

二世是个贪图玩乐、胸无大志的皇帝，可是做皇帝每天要几次视朝，听取大臣们的奏事，还要审阅许多奏章，作批示，他可没有他父亲那种勤奋劲儿，没过多久便受不了这个重压了。

一次，二世把赵高找来，感慨地说："人生在世，如同白驹过隙，转眼就是百年。我现在已经君临天下，只想享受人间的一切美色，想干什么就干什么。但我又想让我的老百姓们过得好，安居乐业，国家安定，这样我就可以安享天下，直到生命终止了。可是，我能做到这样吗？"

赵高说："贤明的君主能做到，昏聩的君主做不到。"他说："为今之计，臣请求您实行严酷的刑罚，这样就能达到您的心愿了。"

对于为什么要实行严苛的刑罚，赵高又作了一番解释。他说："当年沙丘政变，知道内情的人虽说就我们几个人，但秦国的诸位公子和大臣都对此怀疑了。公子们都是您的兄长，大臣都是始皇的旧臣。您现在高居君位，他们都不服气。我担心他们谋反，危害国家。我每天胆战心惊，只怕出什么事，您要想享受君王的好生活，就必须实行严刑峻法。"

为了达到独揽朝政的目的，赵高趁机向胡亥提出"灭大臣而远骨肉"的办法，消除异己。首当其冲的便是与他素不相合的蒙氏兄弟——蒙恬、蒙毅。然后，又把谋杀的锋芒转向在朝的大臣和诸公子。死于赵高阴谋毒计之下的无辜者究竟有多少，史书没有详细记载，其中有十二个公子在咸阳被杀，陈尸示众。十个公主在杜县被车裂，"相连坐被杀者不计其数"。

大屠杀延续了数日，血腥蔽日，怨声载道。

赵高以小人之心，把对自己不利的人都铲除了。可是他还是不满足，想进一步把二世当作傀儡，并篡夺皇位，就劝二世说："皇帝天子的尊贵在于使大臣只能听其声音，而不能睹其容貌。您现在还年轻，未必什么都懂，倘若每天坐在朝堂上裁决各种事务，难免有失当的时候，不如您坐在深宫之中，让大臣们把公事呈上来，再由我和您共同裁决。这样，那些大臣们就不敢扰乱视听，颠倒黑白了。天下人就会夸您是圣明的天子了。"

二世言听计从，从此深居禁门之中，与赵高密决各种大事。丞相李斯也被赵高害死。

李斯死后，赵高受着二世的专宠，还被封为中丞相。宦官当上了丞相，自古以来，赵高是第一人。秦朝政治几乎都在赵高的把持下，朝廷上大事小情，常由赵高一人决定。他的威权一日盛于一日，吹牛拍马的人蜂拥而来。赵高家中，从早到晚，车水马龙，冠盖如云，来来往往的富翁大贾，大小官吏，不绝于路。他利用手中的职权，使自己成了财富难以计数的富翁，而国家的危机更加迫近了。

因为是玩弄阴谋诡计，才得到了今天这样的高位。赵高对大臣们就格外的不放心，于是，在秦宫中，赵高亲自导演了历史上著名的"指鹿为马"的闹剧，以试探群臣是不是真的归附自己。

二世三年的一天，赵高命人把一头鹿牵入宫中献给二世，阴阳怪气地说："我把这匹好马献给陛下。"二世一看，便大声笑道："丞相弄错了，这分明是一头鹿，怎么说是马呢？"

赵高说："是马！"

二世不信，就问左右的人。有的附和赵高说是马，有的默不作声，也有几个人据实说是鹿。秦二世闻言，大吃一惊，以为自己精神错乱，竟分辨不出鹿和马，于是就召来太卜，让他为自己占一卦。太卜已经赵高授意，便按照赵高的意思说："陛下在春秋季节祭祀天地、尊奉宗庙鬼神时，未能严格遵守斋戒禁忌，所以神灵惑乱，以致今天鹿、马不分，现在您必须严格认真地执行斋戒之礼。"

二世听信了太卜的这套鬼话，便躲进上林苑斋戒去了。二世一走，赵高就把那些指鹿为鹿的人统统杀掉。从此宫中内外，再也没有人反对赵高了。

此时，关东各地已纷纷举兵，沛公刘邦率数万人杀入武关，他派人私下和赵高取得联系，赵高想将计就计，派人去同义军讲和，向刘邦提出"灭秦宗室，分王关中"的要求。刘邦怕其中有诈，没有答应。赵高担心事情泄漏，便决定先行动手，发动政变。

赵高找来他的弟弟郎中令赵成、女婿咸阳令阎乐等人密谋，当二世正在泾水岸边的望夷宫祭水神时，阎乐领着一千多士卒，闯入宫中，逼二世自杀。二世死时，年二十四岁，仅做了三年的皇帝。

二世死后，赵高抱着皇袍上殿，想做皇帝，然而大臣却无一人前来祝贺。赵高无奈之下，不得不立秦二世的侄子、扶苏的长子子婴为秦王。他要子婴斋戒五日后正式即王位。

五天之后，子婴和他的两个儿子说："赵高杀死了二世，害怕被群臣所杀，才假意立我为王，这不过是他的缓兵之计。我听说，赵高和楚人约定，要除掉秦国宗室，在关中称王。如今他让我斋戒并到宗庙去祭拜，就是想在宗庙里置我于死地。"于是，父子商议铲除赵高的计划。

这天，赵高派人来请子婴接受王印，正式登基。可是，子婴推说有病，不肯前往。赵高无奈，只好自己亲自去请。赵高一到，子婴就命令埋伏在斋戒宫殿里的卫士，刺杀了赵高，并诛杀赵高家三族。臣民听说赵高死了，都奔走相告，以示庆贺。

2. 田蚡　皇室新宠大施小人之术

田蚡是西汉景帝、武帝时人，武帝母王太后同母弟，受封武安侯。武帝建元六年，任丞相。他相貌丑陋，性情却异常尊贵，爱作威作福，仗势欺人，心胸狭窄，骄横残暴，是个势利小人。他是汉武帝初期，完成由"黄老之治"向儒治转变的关键人物。但他以新贵身份和旧戚窦婴相斗争，手段残忍，太过小人之心，最后落了个同归于尽的下场，实在让汉武帝捡了个大便宜。

田蚡是西汉内史长陵（今陕西咸阳市东北）人。虽说田蚡生得面貌丑陋，但他天资聪明，口才很好。当然，这不能成为他日后显贵的必要条件。田蚡一生幸运之处是他有个显贵的同母异父的姐姐叫王姑。这个王姑和田蚡感情很好。王姑嫁给了汉景帝刘启，并生下了太子刘彻，所以他的飞黄腾达也在情理之中。建元二年（前140），刘彻登基，为汉武帝。同年，田蚡就被封为武安侯；五年后，又当了丞相。而这一切，无不得力于姐姐的精心栽培。

不过，在景帝时期，田蚡还只是个小小的郎官，窦太后的侄子窦婴就已经是大将军了，他因在平定七国之乱中战功卓著，受封为魏其侯；又因廉洁自律、爱兵如子而誉满朝野。天下才俊之士纷纷投到窦婴的门下。

田蚡算得上是非常识时务的角色，为了奉承窦婴：大将军以及他身后的窦太后，他频频奔走于大将军府，对窦婴恭敬得无以复加，如儿孙一样。有时，他陪侍窦婴饮酒，常常跪在地上，以示敬重。

随着时间的推移，姐姐由"王夫人"变成了"王皇后"，田蚡的身份渐渐显贵起来。景帝晚年，他当上了太中大夫。景帝驾崩，太子刘彻继位，"王皇后"变成了"王太后"，田蚡也因姐而贵，成了堂堂侯爷，封武安侯。

这时，田蚡的权力欲望空前膨胀了，想当丞相，为此，他广招门客，培植自己的势力。想和窦婴抗衡，他的姐姐支持他，认为自己这个弟弟很有才能。最主要的是刘彻登基时年仅十六岁，窦太皇太后、王太后摄政，田蚡就不停地向姐姐王太后呈报奏章以及各种建议，几乎都被采纳，与窦太后限制窦婴恰成鲜明对比。渐渐地，天下官吏名士，都离开窦婴转而投奔田蚡。

有了声势，田蚡自然就想要位极人臣。可是，此时窦太后还在，这个老太婆从他的丈夫文帝、儿子景帝时起就对朝廷大事有着独一无二的发言权，这时的王太后还得听她的，田蚡自知羽翼未丰，便以退为进，转而让姐姐王太后建议外甥汉武帝，让窦婴做丞相，自己则做太尉。当然，这个主意是他的门客给他出的。以前，太尉一职时设时弃，田蚡得到了这个职务，可见皇帝对他很照顾。

这样，窦婴任丞相，田蚡做太尉，两人地位不相上下，共同把持朝政。窦婴、田蚡两人都好儒术，而窦太后雅好黄老，在治国理念上就发生了矛盾。一年后，窦太后脾气大发，把敢于和自己唱反调的侄儿、丞相窦婴给撤了，甚至不肯见他的面。

王太后王姑虽然被迫同意解除弟弟田蚡的太尉职务，却一直在暗地里支持他，凡是田蚡推荐的人都能得到重用，凡是他出的主意都能得到采纳。时间一天天过去，窦婴渐渐地消沉，而田蚡的实力却越来越可观了。他性情乖巧，口才敏捷，加上门客辅助策划，连武帝都认为他才能出众。终于，建元六年，窦太后驾鹤西去。武安侯田蚡当上了丞相，位极人臣。

田蚡一当上丞相，立即协助武帝把官府里不治儒学五经的太常博士一律罢免，黄老、刑名等诸子百家之言均被排斥在宫府之外，并且优礼延揽儒生在官办的太学和郡县的学校里任职，只教授《诗》《书》《礼》《易》《春秋》五种经典，这就是著名的"罢黜百家，独尊儒术"。田蚡成为完成由"黄老之治"向儒治转变的关键人物。

可是，田蚡这人很阴险，早在景帝卧病期间，他便开始利用某些王侯的特殊心理，向他们索贿受贿。当他发现淮南王刘安野心勃勃时，便私下对他说："皇上无太子，而您是高祖之孙，又最有才干。一旦皇上驾崩，继承皇位的一定是您。我要在皇上、皇太后那儿尽力为您美言。"直说得淮南王心花怒放，当即送他许多钱物，后来又将他引为自己谋反的内线。

担任宰相后，田蚡利用自己手中的权力，营私舞弊，侵吞公款，还竟然卖官纳贿，大饱私囊。

田蚡摇身一变，成了新一任的大汉朝丞相，立即露出暴发户的嘴脸，派头疯长。

皇帝还年轻，他就摆出一副国之股肱、家之舅爷的阵势。他常常入内奏事，在皇帝的身边一坐就是半天。他提的意见，皇帝一概接受，他所荐举的人，皇帝全部任用。他的权力几乎超过了皇帝，由他推荐的人可以从闲居者一下子升到食禄二千石的大臣。时间长了，武帝就反感了。有一次，武帝讥讽他："你要任命的人完了没有？该我任命几个了吧？"

田蚡也是很会讲排场的人，他觉得自己的府邸不够大，要选地扩建，选来选去，他看中了国家考工官署。想要把政府部门大楼拆了盖自己家的院子。武帝大怒道："你不如干脆把我的武器库拆了搬走更好！"田蚡发现外甥皇帝是当真动了气，以后才稍稍收敛了点。

这时的田蚡真是得意极了：拥有一人之下，万人之上的权力，拥有超过所有贵族府邸的华丽住宅，拥有肥沃无比的良田，拥有数不胜数的珍宝古玩，拥有数不清的美女优伶。今生更复何求！

可是，人的欲望总是没有尽头，田蚡蔑视皇帝以外的一切人，他要抬着自己高贵的头，戏弄戏弄那些曾经轻视过他的人。首先就是**魏其侯窦婴**。

窦婴此时已经失势无权，从前的马屁精们也都离他远去，只有将军灌夫一人对他一如既往。窦婴发现灌夫的耿直和好处，于是与他倾心交结，情同手足。灌夫对窦婴的处境十分不满，处处维护窦婴。

有一次，灌夫因事前去拜访田蚡。田蚡明知灌夫的姐姐死了，他正在服丧，就故意卖人情，说："我本想和你一起去看望魏其侯，可是你现在服丧，没法前去，真是遗憾。"灌夫连忙答道："丞相您肯屈驾看望魏其侯，我怎么敢因为服丧就推辞您的美意。我这就去转告魏其侯，让他设置与您身份相称的仪仗，准备丰盛的酒席，等待您明日光临。"

田蚡随口便答应了。

灌夫十分欢喜，立即就转告了窦婴。窦婴家好久没有贵客临门了，听说丞相要光顾，很高兴，赶紧嘱咐厨夫多买牛羊，连夜宰烹；又命仆役洒扫庭院，备办席面，足足忙活了一整夜。

天刚亮，窦婴就令门下人在宅前伺候等待。可是，等来等去，一直等到中午，仍不见田蚡的踪影。窦婴夫妇打算就此忍气吞声，灌夫却忿忿不平，驾车前去相府迎接田蚡。出乎意料的是，当灌夫赶到丞相府，田蚡还在高卧未起。灌夫人见田蚡，忍着怒气，说："您昨日应许去魏其侯家，魏其侯亲自安排下酒席，已恭候多时了。"田蚡却装模作样地说："我昨天喝多了酒，竟忘了这件事，我现在就和您一起去。"

随后，田蚡吩咐左右架车，自己又拖延了一会，磨磨蹭蹭，好不容易到了窦婴家，已经很晚了。宴会开始了，灌夫喝了几口闷酒，便离座起舞，还邀请丞相一起舞，田蚡拿着丞相的架子，不肯起身，灌夫实在忍不住，终于说出了一些冒犯他的话。窦婴见情势不对，连忙拉开灌夫，亲自向田蚡致歉。田蚡表现得非常有城府，他不动声色，言谈自若，尽欢而散。

接着，田蚡又想出一个办法欺负窦婴。一次，他得知窦婴在长安城南有一片良田，便派心腹籍福去游说，劝窦婴将田让给他。窦婴很恼火，当面对籍福说："我虽然年老体衰，不为朝廷所用，丞相尽管显贵，在朝中有权有势，那他也不该夺我的田地呀！"

正巧灌夫进门，得知事情原委，对籍福破口大骂。籍福倒是个好人，他与窦婴从前有交情，不忍心让窦、田两家交恶，便忍下了灌夫那一顿臭骂，另编了一套谎话为窦婴打圆场，对田蚡说："魏其侯年老将死，请丞相再宽心等一段时间，死后再将田地送给您。"

谁知道世上没有不漏风的墙，偏偏有人向田蚡说了事情的真相，田蚡顿时勃然大怒，算起了总账："窦婴这个家伙，他的儿子当年犯了杀人罪，是我救了他的命；想当年我服侍窦婴，对他恭敬无比，事事服从，他欠我的还多着呢，现在才问他要几顷田他就舍不得了？还有灌夫，我要的又不是他家的地，管他什么闲事？"田蚡从此对窦婴和灌夫怀恨在心。

田蚡本来心胸狭窄，最后，灌夫一家和窦婴本人，都惨死在他的手中。

元光四年（前131）夏天，田蚡娶妻，新夫人身份高贵，乃是燕王刘泽的孙女、康王刘嘉的女儿。不用说，这桩婚事是王太后安排的，目的是要让弟弟的身份地位更锦上添花。因此她也特别下了懿旨，要求所有的列侯和皇亲国戚们都要前去道贺。

灌夫自知酒品不好，醉后控制不住情绪，只怕会惹出祸来，所以本来是不想去的。可是窦婴却非把他拉去不可。是非祸福就在一念之间，窦婴的这个想法，使灌夫一家和自己都陷入万劫不复的境地。

酒宴的第二天，田蚡上书皇帝，弹劾灌夫，说他在宴席上辱骂宾客，侮辱诏令，犯下了大不敬之罪；还说他早在颍川主政时，就犯了种种罪行。要求皇帝抄其家，灭其族。窦婴闻讯大惊，急忙上书皇帝，竭力为灌夫辩解。双方还展开了一场激烈的廷辩。汉武帝并没想真的杀灌夫和窦婴。可是田蚡必欲置之死地而后快，他说服自己的姐姐王太后出面干预，结果窦婴不但没有保住灌夫全家性命，自己也被绑至渭城大街上斩首示众！

田蚡就因为灌夫闹酒这么一件小事，就杀了灌夫一家和窦婴。他自己也得到了报应。就在这年春天，田蚡患了一种怪病，吃不下，睡不着，不断地大喊大叫，说自己有罪，对着门窗谢罪不止。许多名医都治不好他的病，不得不求巫师前来消灾。巫师经过一番观察、了解，说："丞相已经不能救了，有两个厉鬼守在他的床头，而且这两个鬼十分狠恶，不取走他的性命，他们是不甘心的。"向巫师询问两个鬼的面貌，巫师所形容宛然与灌夫窦婴一模一样，而这个巫师从未见过灌夫和窦婴。

听巫师这么一说，王太后遍体冰凉，无话可说。田蚡知道了，更是胆战心惊，很快就在胡言乱语中死掉了。田蚡只比被他害死的灌夫、窦婴多活了几个月而已。

不久，淮南王刘安谋反事败露。武帝诏令追究同党，田蚡收受刘安重金贿赂的事败露。武帝感慨万千，当众对人说："假若田蚡活到现在，他要受到灭族的惩处呢！"

田蚡之死，标志着在武帝时期，两个强悍的外戚集团同时归于寂灭。

3. 主父偃 工于心计终身败名裂

主父偃复姓主父，名偃，汉齐国临淄（今淄博市临淄区）人，汉武帝时任中大夫，主张进一步削弱诸侯势力，武帝采纳其建议，颁"推恩令"。后为齐相，因调查后宫阴事而致齐王自杀，主父偃引咎被诛，成为千古以诈术取事者之鉴。他满腹经纶，踌躇满志，直言不讳，报忧不报喜；工于心计，倒行逆施，贪得无厌，无情无意。奋斗了四十年才得发迹，但他太工于心计，竟以诈获齐相位，又因"倒行逆施"而入狱，落了个"族诛"的下场。太史公对此也感慨三分，说："主父偃得势的时候，诸公都争着称赞他，他名败身诛，都争着说他的恶，可怜啊！"

主父偃出身贫寒，但他很好学，早年学习长短纵横之术，后来又学《易》《春秋》及百家之言。主父偃曾游学于齐国，但他为人不怎么好，儒生们一齐排斥他，他在齐国不能容身，又到燕、赵、中山诸国。可是他的主张总是得不到诸侯的欣赏，所以游学四十年，竟落得游资困乏，借贷无门，穷困潦倒。

元光元年，主父偃向西进入函谷关会见卫青将军。卫青多次向皇上荐举主父偃，皇上就是不为所动。

时逢汉武帝下诏选贤良之士，诏书上说："请把你们的想法都写出来，朕将亲自阅览。"这使主父偃遇到了最好的进身机遇。他失意的遭遇，招来了同进长安的儒生们的鄙视，处境更加困难。然而窘境没有迫使他放弃进取的信心，他把自己对时政的见解，分为九个问题引古及今，分析透彻。主父偃这次上书朝廷的结果是，早朝时送上，下午就被武帝召见了。

主父偃上书所言九事中，有八件为律令方面的事，一件为谏伐匈奴。谏伐匈奴书说："过去秦皇帝要讨伐匈奴，李斯就说，匈奴既没有定居之地，又没什么财产可守，擅长游牧迁徙，是很难制服的，一旦用兵，很难取胜，就是胜利了，得到那块地方也没利可图。秦皇帝就是不听，派大将蒙恬率兵攻打，辟地千里。可那地方不生五谷，还得征发很多人守着，实在是没必要。等到高皇帝时，匈奴人骚扰汉地，他自己率兵亲征，结果遭到平城之围。高皇帝大概后悔了，才派刘敬前去缔结和亲之约，天下就没有干戈之苦了。"主父偃建议继续采用和亲政策。

内地与匈奴的边境关系，一直是汉朝的大患。在当时的条件下，和则两利，战则两伤。主父偃的建议，有一定的合理成分，但汉武帝并没有采纳。

汉武帝对另外八议非常赞赏，他召见主父偃时激动地说："先生在什么地方了？为什么相见那么晚呢！"就把他与徐乐、严安一起拜为郎中。郎中是皇帝的侍从官员。从此，主父偃侍从武帝左右，媚上邀宠，由郎中、谒者、中郎、中大夫，一年中升迁四次。

中大夫乃汉代掌论议的官员，主父偃就是利用这一条件，短时间内成了左右朝廷的人物之一。连侯爵级大员也顾忌他三分，同僚们更是惧怕他，害怕他那张嘴，给他起了个外号叫"偃太横"。他听此议后，回应道："我从小就游学有四十多年了，自己什么都不成功，父母认为我不是好孩子，弟子不接纳我，宾客们抛弃我，我处境艰难的日子过了很长时间。大丈夫活着不吃五种动物的肉，死了就甘心遭受酷刑！我白天晚上都故意倒行逆施。"

这是主父偃内心世界的自白，也是他为人的品行所在。

主父偃得宠成为汉武帝随员，侍君左右，曾对国家的大政方针，产生过一些影响，并收到了较好的效果，有的还影响及于后世。他向汉武帝献"推恩策"是使他名列政治家的一个重要条件。

汉朝自建立以来，分封的诸侯王一直是个大问题。汉朝刚刚建立，异姓王们纷纷造反，刘邦不得不南征北战，好不容易相继铲除了这些为患一方的诸侯。但刘邦不吸取教训，又立了自己家的子孙为各地诸侯王，以为这样就可以保住刘姓江山千秋万代了。可是，诸侯们各拥一地，势力越来越大，到景帝时期，吴、楚等七国竟发动叛乱，直接向中央政府示威，甚至想取代皇帝以自立。景帝吓坏了，把一直主张削弱诸侯势力的晁错给杀了。七国之乱是平息了，矛盾却没有最终解决。武帝对此也深为忧虑。

主父偃看清了这种形势。所以，他对皇上说："过去诸侯的封地不超过百里，强弱的形势容易辖制。如今诸侯有的连城数十，地方千里，形势缓和了就骄纵奢侈淫乱，形势紧急了就阻断别人的强大并合纵来抗拒京师。如果按照法令割让土地，那么就会触犯礼节萌发新问题，过去晁错就是这样。现在诸侯子弟有的数十个，长子代立王位，别的子孙就没有资格继承，他们虽然是亲人，但没有加封尺寸之地，仁孝之道就得不到发扬。"他建议武帝命令诸侯王能够推广恩德，就是除了嫡长子继承王位之外，其他所有子弟都在王国内分割封地，建立侯国，这样就把大的王国分成一个较小的王国与若干个小侯国。他说："人人都成为侯，人人都喜欢他所希望得到的东西，皇上以德施恩，实际上是分割诸侯国，一定会渐渐地把自己削弱了。"

武帝听从了他的计议，下诏令诸侯把封地不只传给嫡子，而是推恩分子弟，让他们各得一份，从而把连城数十，地方千里的诸侯国，分割成地不及百里的小地方。诸侯的领地狭小，再无力对抗中央了。

主父偃的另一个政治见解是：建议汉武帝"徙天下豪杰于茂陵"。当时的形势是，地方豪强已形成为一股新的割据势力，他们占地一方，危害乡里，力折公侯，中央政府的政令难以推行，汉武帝早就想对他们进行打击了。

于是，主父偃上书给武帝，说："那些天下豪杰并兼之家，实在是乱众之民，都把他们迁到茂陵（今陕西兴平东北），这样可以内实京师，外销奸猾，所谓不诛而害除也。"汉武帝听从其计，把郡国豪杰及食三百万以上者迁于茂陵，确实收到了外安地方，内实京师之功，对后世产生了较长远的影响。

此外，主父偃还建议汉武帝置朔方郡，以省内地转输戍漕，加强防御匈奴等，迎合了武帝要凭雄厚的国力灭匈奴以振帝威的心机，多被武帝接纳。

政治家大概因为智慧过人，既能贡献利国利民的好策略，也能想出害人害己的馊主意。主父偃就是这么个主儿。

董仲舒也是在举贤良方策中被武帝选中入宫的，他的才学、名气均高于主父偃，主父偃想在朝堂上势压群儒，独占鳌头，便陷害董仲舒，使董仲舒差点丢了性命。

有一年，辽东高祖庙和长陵高园殿先后发生火灾，董仲舒从其"天人感应"观点出发，释其为"天灾示警"，想要上书汉武帝，劝他警惕"天罚"而行仁道善政。这本是好意，劝诫统治者行仁政啊。可是，书没送上的时候，主父偃来访董仲舒，竟把书偷去私献给了汉武帝。主父偃趁机给武帝出主意，让儒生们对此当殿议论，董仲舒的弟子们不知此书是其师所写，一通批判，说其"讥讽当朝"。汉武帝就以这个罪名要治董仲舒死罪。众儒生、董仲舒的同僚们极力为他辩解，这才获诏赦免。董仲舒经此打击，终生再不言"灾异"。可见，主父偃是多么小人之心。

主父偃深知自己宦场争势，终有"日暮途穷"的时候，急于给自己找后路。他想把女儿嫁给皇家，跟皇家结了亲，自己就可以进入最高层了。于是，便托宦官徐甲同谋成全。当时齐国后宫出了点问题，正好给主父偃带来了机会。

齐王次昌年少即位，其母纪太后把侄女嫁给他做王后，次昌不爱她，拒不进她的宫门。纪太后没办法，只好安排女儿入王宫，劝说次昌转意，接近王后。没想到齐王次昌竟与姐姐好上了。偏偏在这个时候，徐甲来到了齐王宫中，向纪太后说主父偃愿把女儿嫁到她家。纪太后闻言大怒，说："主父偃是什么人，也想把女儿充后宫！"断然拒绝了。

徐甲无功而返，就把实情告诉了主父偃，主父偃心生嫉恨，想报复齐国。他对武帝说："临淄是个非常富庶的地方，不是天子的嫡亲哪能在那个地方做王呢！齐王和亲戚们越来越疏远了，听说他还和姐姐乱伦。"他建议汉武帝派近臣去监督齐王。汉武帝不知主父偃此举乃是以诈谋权，就拜他为齐相，让他入齐以正其事。这是元朔二年（前127）的事。

主父偃奉命入齐任相后，就开始发威了，他把亲朋故交齐集相府，先每人赠予百金，接着就指责说："我小的时候穷，兄弟不给我吃的，宾客们不接纳我；如今我做了齐相，你们到千里之外迎接我。我现在跟你们断绝关系，以后不要进我的门！"

主父偃一到齐国，就想挟制齐王，他调查后宫宦官，要他们检举、证实齐王和自己姐姐通奸的事。齐王年少识浅，知道自己对付不了主父偃这样的特宠老臣，十分害怕，竟服药自杀了。

齐王自杀后，有司迅速上报了汉武帝。赵王听说主父偃离开朝廷去了齐国任相，也上书举报主父偃接受诸侯贿赂，所以诸侯子弟多以得封。又有人检举主父偃受贿累计千金。汉武帝闻奏大怒，即拿主父偃下了天牢。主父偃供出收受诸侯重金之事，不承认挟齐王令他自杀。武帝想不杀他，御史大夫公孙弘上奏武帝说："齐王自杀无后，国除为郡，入汉，主父偃本首恶，陛下不诛主父偃，无以谢天下。"汉武帝于是下诏诛杀主父偃。

4. 张汤 创"腹诽"罪于天下

张汤在历史上一直以酷吏著称。他是西汉杜陵（今陕西西安东南）人。武帝时历任御史、太中、大夫、廷尉、御史大夫等职。与赵禹共定律令，治狱严峻。他建议盐铁由国家专卖，以限制富商大贾。后为朱买臣等所谗，自杀。此人刚强暴烈，残酷狠辣，以罗织罪名冤狱陷害人而著称。他是汉武帝扫除守旧势力、铲除异己的刽子手，曾发明"腹诽"（内心不满）之罪名以杀人。

张汤出身于官宦之家，他的父亲是有名的长安丞相。他从小很聪明，就是贪玩成性，就为这，没少挨父亲的训斥，可是，他就是改不了。一天，他的父亲外出办事，嘱咐他看家。小张汤忍不住孤单，带领一群小孩子，跑到郊外玩去了，把让他看家的事忘得一干二净。等他父亲带着朋友回到家中一看，厨房里的肉，差不多都被老鼠吃光了。父亲大怒，把小张汤找来大声责备，幸亏朋友劝说，否则，非挨一顿揍不可。

张汤因为老鼠盗食受到父亲的责骂，当然不甘心。他找到老鼠洞，使劲扒，老鼠从洞中跳了出来，张汤一把抓住，鼠洞中还有一点残肉，他一并取出。然后，他设一公堂，喊来小朋友，写了一篇讨鼠檄文，以肉作证，要审判老鼠。他自任判官，展开檄文，义正辞严地责鼠偷食，判处死刑，立毙堂下。张汤审鼠，有板有眼，手段残忍，似乎注定他将成为一个酷吏。

但是，张汤的父亲看到这一幕，却是心中大悦。心想这小子讨鼠毙鼠，竟与一个老狱吏相似，是块好材料，何不让他也练练刑名，抄写案牍，精读法律？于是父亲日夜勉励，教以律令。

张汤果然不负父望，成了一名判官，先为长安吏，后为茂陵尉。汉武帝听说他对律令非常有研究，就召他到朝廷任职。在审理陈皇后巫蛊狱和淮南王、衡山王、江都王谋反事件中，张汤穷治根本，受到武帝赏识，累迁太中大夫、廷尉、御史大夫。

汉武帝刘彻一辈子致力于强化专制主义中央集权，为此，在政治、经济上推行了一系列改革。张汤是制订和实施这些改革的重要人物之一。

张汤曾和赵禹共同编定法律，制订《越宫律》《朝律》等法。他还协助武帝改革币制，实施盐铁官营，算缗告缗，打击富商大贾，诛锄豪强兼并之家。当时，"天下事皆决汤"。

但张汤作为武帝时期首席执法大臣，因为为人太过奸诈，所以执法往往因人而异。他本来性情残暴，用法苛刻严峻，又善于揣摩武帝意愿，审理案件完全以皇帝意旨为准绳。凡是武帝所欲加罪的，他就交给执法严苛的属吏去办；武帝想开释的，则交给执法宽缓的属吏去审理；又把武帝对于疑难案件的批示制定为律令程式，作为以后办案的依据。他还发明了一种前所未闻的"腹诽"罪。

元狩六年（前117）秋天，汉武帝决定制造白鹿皮币。汉武帝很迷信，古人认为白鹿代表祥瑞，称它常常与仙人为伴。汉武帝想既然鹿是瑞物，以白鹿皮为币岂不更好？就征询各位大臣的意见。

有个叫颜异的人很能干又很廉洁，渐次被提拔到九卿的位置，官拜大农令。汉武帝问他对造白鹿皮币的意见，他明确表示反对，说："现在各王、侯朝贺用的礼物都是白色的玉璧，价值只几千钱，主次很不相称。"武帝接受不了反对意见，颜异这么说，他就很不高兴。

皇帝的反应是下边人揣摸的重点，有人就根据皇帝不高兴这一政治动向，给颜异找茬了，有人告发了他。武帝派张汤去查。

告的是什么呢？很怪，只是一个表情。

有人说：颜异和别人谈到缗钱等法令时，他的表情不对：别人说这些法令很不恰当，扰民，颜异没回答，只是微微地撅了撅嘴唇。张汤抓住这一微妙的动作，大做文章，上奏说：

"颜异见法令有不恰当的地方，不到朝廷陈述，反而在心里非议，应判死刑。"这个罪名叫"腹诽"。

张汤给人定罪的艺术已经炉火纯青，他定下的这个"腹诽罪"，是中国历史上的一个新的刑名，也就是，你不说话，只是心里不满也不行。周厉王时期实行暴政，老百姓还可以"道路以目"，用眼神表示不满，到武帝时期，因为张汤创立了这么个罪名，心理活动都会被治罪了。

这就是张汤这种给人定罪的艺术，来自于他在司法实践中的大量总结。他太精明了。皇帝想给哪个犯罪嫌疑人（一般是大臣）加罪，张汤就吩咐手下人多多搜罗证言、证物，甚至不惜造假，给那个人套上重罪；相反，皇上要想从轻处分的，张汤就采取另一种办法，让手下少用证据，甚至毁灭证据。

这确是张汤的绝学，使他从一个候补御史，一跃成为御史大夫，相当于监察部长兼最高法院院长。

张汤这种卑劣手段，受到丞相汲黯的激烈抨击。他们之间关系非常紧张。张汤是恨透了汲黯。汲黯时常和张汤争辩，张汤辩论起来，总爱故意深究条文，苛求细节。汲黯则出言刚直严肃，志气昂奋，不肯屈服，他怒不可遏地骂张汤，说："天下人都说绝不能让刀笔之吏身居公卿之位，果真如此。如果非依张汤之法行事不可，必令天下人恐惧得双足并拢站立而不敢迈步，眼睛也不敢正视了！"

后来，汲黯被贬，出为淮阳太守，出长安前，汲黯对李息说："御史大夫张汤，他的智巧足以阻挠他人的批评，奸诈足以文饰自己的过失，他专用机巧谄媚之语，强辩挑剔之词，不肯堂堂正正地替天下人说话，而一心去迎合主上的心思。皇上不想要的，他就顺其心意诋毁；皇上想要的，他就跟着夸赞。他喜欢无事生非，搬弄法令条文，在朝中他深怀奸诈以逢迎皇上的旨意，在朝外挟制为害社会的官吏来加强自己的威势。您位居九卿，若不及早向皇上进言，您和他都会被诛杀的。"李息害怕张汤，始终不敢向皇上进谏。后来的结果如其所料，张汤被迫自杀。

张汤卷入了一场政治丑闻。为了与替代造假证据害人的手下小官鲁谒居达成攻守同盟，他采取非常手段笼络鲁谒居："谒居病卧……汤自往视病，为谒居摩足。"这一行动在现在看来是爱护下级的表现，而在那时却成了丑闻；连皇室的人都告发他，指称他与谒居有不可告人的隐情。

元鼎二年（前115）由于御史中丞李文、丞相长史朱买臣以及赵王等人告发和诬陷张汤与属吏鲁谒居关系暧昧，疑有大奸，又与富商大贾互相勾结牟利等。

汉武帝派使臣带着簿籍以八项罪名指控张汤，张汤一一予以否认，不服。于是武帝又派赵禹责备张汤。赵禹见到张汤后，责劝张汤说："阁下怎么不懂分寸，您审讯处死了多少人，如今人们指控你的事情都有根据，圣上很重视你的案子，想让你自己妥善处置，为什么要多次对证呢？"张汤于是上疏谢罪说："张汤没有尺寸的功劳，从刀笔吏起家，因得到陛下的宠幸而官至三公，没有任何可开脱罪责之处。然而阴谋陷害张汤的，是丞相府的三位长史。"于是，自杀身死。

张汤死后，家里的财产不超过五百金，都是得自皇上的赏赐，没有其他产业。他兄弟的儿子要厚葬张汤，张汤的母亲说："张汤作为天子的大臣，被恶言污蔑致死，有什么可厚葬的！"于是，用牛车装载他的尸体下葬，只有棺木而没有外椁。这对位在三公的张汤来说，身后未免太薄了。

汉武帝知道后，说："没有这样的母亲，不能生下这样的儿子。"因此将朱买臣等三位长史处以死罪，丞相庄青翟引咎自杀。武帝很为张汤之死惋惜，晋升了他的儿子张安世的官职。张安世及几个孙子都位居显要，直至封侯。

5. 李林甫　口腹蜜剑，玩弄权术

李林甫是唐高祖李渊叔伯兄弟李叔良的曾孙。他从小就不务正业，斗鸡走狗，一副纨绔子弟的形象，没几个人看得上他，可他那个舅舅楚国公姜皎很喜欢他，让他当了个小官。

开元初，李林甫升为太子中允。他舅姑夫的叔叔侍中源乾曜是侍中，他就跟源乾曜说，他想当司门郎中。源乾曜本来就看不上他，说："做郎官要有才能和名望，你哪是做郎官的料？"但还是让他当了国子司业。

开元十四年（726），李林甫迁为御史中丞，历官刑部、吏部侍郎。至此，他已跻身李唐高层统治者行列。那时，武惠妃专宠，李林甫极尽逢迎谄媚之能事。惠妃之子寿王，极得玄宗钟爱，太子李瑛却渐见疏远。李林甫见有利可图，就向武惠妃献媚，表示"愿护寿王（李瑁）为万岁计"，就是说，他将拥护寿王登上皇帝宝座。武惠妃听了感激涕零，在玄宗面前经常称颂李林甫之"德政"。

开元二十二年（734），玄宗打算任韩休为侍中。高力士将此讯泄露给武惠妃，武惠妃速命李林甫将此讯透露给韩休本人。韩休受命之后，对李林甫感恩不尽，以为是李林甫暗中帮助他。韩休当宰相以后，就极力推荐李林甫为相，武惠妃又日夜在玄宗耳边颂龀之德，终于在开元二十三年擢升李林甫为礼部尚书、同中书门下三品，并加授银青光禄大夫之职。至此，李林甫终于爬上了相位。和他同朝为相的有侍中裴耀卿和中书令张九龄。

当初，就因为张九龄不同意李林甫任相，李林甫就对张九龄怀恨在心，必欲除之而后快。开元二十四年，玄宗想提前从东都洛阳回长安，裴耀卿、张九龄说："农民的秋收还没完呢，望陛下以农事为重，到隆冬再起驾西还。"玄宗很不高兴。李林甫就在背后对玄宗说："长安、洛阳是陛下的东、西二宫，想什么时候行幸还不行，何必选择时间。要是妨碍了农民秋收，就把路过的地方的税收减免不就行了。我请皇上诏示百官，即日动身西还。"玄宗一听太高兴了，第二天就浩浩荡荡地起驾西行。

太子李瑛因其母失宠而遭冷落，难免口出怨言，武惠妃哭着对玄宗说："太子暗结党羽，将害妾母子，还斥责陛下您。"玄宗大怒，欲废太子李瑛为庶人。宰相张九龄奏曰："太子乃国家之本。长在宫中，直接受陛下之教化，怎能一怒之下就予废黜。臣不敢与闻其事。"李林甫在朝议之时，面和气顺，不露声色。退朝之后，则密奏玄宗："废立太子，乃皇上家事，何必谋及外人，陛下决定就行了。"此种做法，既表明自己赞同废黜太子，又取悦了武惠妃和玄宗。玄宗更加疏远了张九龄。

但武惠妃机关算尽，太子李瑛刚被杀，她自己就暴病而亡。玄宗立了李亨为太子，李林甫的如意算盘也落空了。

同一年，玄宗要重用朔方节度使牛仙客，张九龄不赞成，李林甫当面与张九龄意见一致，背后却向玄宗奏道："仙客有宰相之才。张九龄乃是书生，只重文字，不识大礼，天子英明，用人还有不可以的。"玄宗认为李林甫才是识才之人。

　　这年年底，张九龄、裴耀卿二相被诬告为"朋党"，双双被贬，李林甫当上了中书令，封晋国公，独揽相权，处一人之下，万人之上。

　　李林甫明里一把火，暗里一把刀；为人阴险狡诈，残暴毒辣，但外表对人总是笑脸相迎，一味奉承，一团和气，因而人们称他为"口有蜜，腹有剑"。"口蜜腹剑"就成为中国历史上因他而诞生的一个成语。

　　天宝元年（742），玄宗有一次在勤政楼大宴群臣，宴会后，兵部侍郎卢绚骑马按辔绝尘而去，玄宗望其英武之姿，赞不绝口，流露出委以重任的意思。李林甫怕重用卢绚会危及自己的权势，第二天就以宰相的身份召见卢绚，说："你向来以威望著称，皇上想派你去交、广二地任职。你若嫌路远，就请告老还乡。"卢绚害怕被任命到广州这样的边远地区，急忙上书玄宗，说自己年老不堪重任，结果被贬为华州刺史，不久又以太子员外詹事的闲职夺去实权，卢绚从此沦为庶人。

　　张九龄被罢相后，李林甫坐上宰相的第一把交椅。他推举边吏牛仙客为工部尚书，又引荐谀己的谄佞之徒陈希烈同知政事。牛仙客与陈希烈惧李林甫之威，不敢过问政事，而他则从此独揽朝政大权。这也是唐朝由盛世转向衰败的起点。

　　从此，朝廷笼罩在李林甫等人操纵权力的阴霾当中，人人自危，政治变得浑浊，很大程度上是因为言路被封，弊政得不到及时纠正。李林甫公然召集谏官训话，说："现在皇帝这样英明，我们顺从他的意志就可以了，不要说废话。看看御园里仪仗队的马匹，吃的是上好的饲料，但是只要乱鸣一声就会被赶出去，后悔都来不及了，你们也学着闭嘴吧！"

　　原来他所需要的是这种一声不吭，听他所为的朝官。谁有反对意见，则必排斥于朝臣之列。自此以后，李林甫以首席宰相之权威，上蔽玄宗之视听，下塞臣民之言路，以国为家，玩天下于股掌之上。太宗留下来的谏官制度从此被李林甫所败坏，开元盛世的光辉日渐黯淡。

李林甫当政的时候，还做了一件事，后来被史学家认为是安史之乱爆发的间接原因。那就是，为了自己永远独掌大权，向玄宗建议用少数民族将领为节度使，结果安禄山就在他的引荐下一步步地得到了玄宗的信任。李林甫死三年后，果然爆发安史之乱。

玄宗对李林甫的恩宠达到了极点。李林甫在京城的府第建筑富丽堂皇，堪比皇宫。晚年，他沉溺声色，家中姬妾不知有多少，光女宠、男宠就有五十多人。可他内心却不快活。他自觉结怨太多，担心刺客害自己。每出入朝廷和自己府第，总有大队人马，前呼后拥，严加保护。他的住宅周围，岗哨林立。他每晚要换几个睡觉地方，胆小如鼠。他的儿子李岫，对父亲的所作所为担心害怕，又无可奈何。一次，李岫哭着对他说："大人身居高位，经事日久，树敌太多，一旦祸至，那时想当一个平民百姓都不可能哪！不如趁早急流勇退！"李林甫权势正盛，如烈日炎炎，怎么听得进儿子的忠告。他非常不高兴地回答说："已骑在虎背上，没法下来啊！"

天宝十一年（752）十月，玄宗幸骊山温泉宫，李林甫抱病随行，途中病死。

李林甫之死，使满朝文武松了一口气。杨国忠趁李林甫未葬之际，上奏玄宗，说他谋夺李唐天下。他的女婿杨齐宣怕株连灭族，立即出面揭发李林甫罪恶以自保。玄宗年迈昏庸，不辨真伪，立即下诏，剥夺所授李林甫一切官衔，用庶民之礼葬之。几个儿子都流放到岭南以外。

李林甫任宰相十九年，嫉贤妒能，玩弄权术，成为历史上有名的奸相。

6. 贾似道　欺上瞒下误国罪人

　　贾似道字师宪，台州（今浙江天台）人，是南宋末年理宗朝人，他本是个轻薄寡耻、游冶青楼的花花公子，靠了"恩荫"，到嘉兴（今浙江嘉兴）当了个管仓库的小官。

　　后来，他的同父异母的姐姐因姿色超群被选入皇宫，成了理宗宠爱的贵妃，从此一人得道鸡犬升天。嘉熙二年（1238），二十五岁的贾似道通过了一场徒有其名的考试，摇身变成了太常丞、军器监。他更加恃宠自傲、游荡无羁。白日纵游秦楼楚馆，夜间则泛游西湖，声色犬马，通宵达旦。

　　有一次，已是入夜时分，理宗阅罢奏折，漫步到御花园，拾级登阁，凭栏远望，只见西湖之上波光灯火两相辉映，人喧乐哗隐约可闻，他对左右说："这一定是贾似道在宴饮取乐。"次日询问，果然不错。

　　不过，理宗皇帝也是个喜欢笙歌宴饮的人，到了晚年尤其变本加厉。内侍董宋臣、卢永升等人为了讨他的欢喜，供其挥霍淫乱，不遗余力地聚财致富，公开贿赂。他们在宫中大兴土木，建芙蓉阁、香兰亭，买进大批倡优。贾似道对董、卢二人十分痛恨，因为这二人挡在前头，截断了自己的官财之源。于是他以"整顿朝纲"的名义驱逐了董宋臣和卢永升，贾似道自此权倾朝野，开始肆无忌惮地拉帮结派，扶植党羽，把朝政搞得一团糟。

　　贾似道取用先朝旧法，买公田代替低价官购，也就是将官户的超过规定部分的土地，由政府抽卖三分之一以充公田。官吏从中肆意贪侵，百姓流离失所，怨声载道。贾似道还派亲信官僚到各地督检，有奉行不到位的地方官即刻弹劾罢官。一些为取私利，不顾黎民的地方官争相迎合，以多买田为功。他们对百姓严加勒索，对上谎报数字田情，以六七斗报为一石，以荒芜贫瘠的土地冒充良田。

尽管淫亵放荡，巧取豪夺，祸乱朝政，但丝毫没有影响贾似道官运亨通。从淳祐元年（1241）到淳祐十年（1250），贾似道历任湖广总领、户部侍郎、宝文阁学士、京湖安抚制置大使，端明殿学士等要职。宝祐二年（1254），又加同知枢密院事，林海郡开国公。宝祐五年（1257），贾似道又当上知枢密院事，任两淮安抚大使。

十几年间，贾似道从一个为人不齿的街痞无赖，到将相之尊，真是威权无比。

端平元年（1234），南宋联合蒙古军攻灭金朝之后，蒙古军便将兵锋指向南宋。宝祐六年（1258）二月，蒙哥汗决定调动三路大军大举进攻南宋。开庆元年（1259）九月，忽必烈进围鄂州（今湖北武昌），准备进攻都城临安。这时，理宗万分慌张，急忙命令诸路出兵御敌，并派贾似道以右丞相兼枢密使的身份屯兵汉阳（今湖北汉阳），以援鄂州，十一月，蒙古军激烈进攻鄂州城，城中宋军伤亡达一万三千人。形势十分危机。

然而，就在守城将士浴血奋战的时候，身为统帅的贾似道却吓得要死，秘密派遣宋京去向蒙古人求和，条件是："南宋称臣，割江南为界，且岁奉银、绢各二十万。"蒙古军拒绝议和。正在这时，蒙哥在合州城下被守将王坚的炮石击中，重伤而死。王坚将这个好消息飞报鄂州，这本来是反击蒙古军的大好时机，可贾似道却再次派宋京前去求和，忽必烈急于回蒙古去争夺汗位，见贾似道求和心切，就乘机答应了议和条件，放心地率领主力军回北方去了。

第二年春天，蒙古军主力安然北撤后，贾似道采纳手下建议，出动大军拦杀了一百七十名殿后的蒙古兵，布置了一个"英勇抗战"的场面，隐瞒了向蒙古人求和答应纳币之事，大言不惭地向朝廷上表说："诸路大捷，鄂围始解，江汉肃清，宗社危而复安，实万世无疆之休！"

一场危机过去了，昏庸的理宗对贾似道感激不尽。景定元年（1260）三月，他下诏褒奖，命贾似道以少傅、右丞相入朝陛见，同时命百官去京郊迎接慰劳。四月，晋升贾似道为少师，封卫国公。

接着，贾似道将抗蒙将领曹世雄逼死，将蒙古国派来催征岁币的信使郝经秘密拘留在真州（今江苏仪征），继续蒙骗全国人民。

景定五年（1264），理宗去世，贾似道拥立度宗。度宗对贾似道感恩戴德，两人之间甚至不再有君臣之礼。每次上朝，度宗都要避让答拜，尊之为"师臣"，而不直呼其名。朝内的文武大臣都称贾似道为"周公"。

度宗不过是贾似道股掌的玩偶。他时常摆摆架子，吊吊度宗的胃口，满足自己的贪欲。理宗的葬礼刚刚结束，贾似道就又装模作样地要辞官还乡，暗地里却指使吕文德谎报蒙古兵正欲南下，满朝文武又是虚惊一场。度宗和太后亲自下诏要贾似道出征，贾似道便提出要晋封他为太师，而按旧典应拜节度使，度宗只授他为镇东军节度使。贾似道大怒："节度使都是粗人的职位！"度宗只好屈从。

过了三年，即咸淳三年（1267），贾似道又提出要退休回家，度宗和他父亲一样都是一身贱骨头，自然苦苦挽留。大臣、侍从每日都要传四五次圣旨挽留他，中使也要每天十几次为他送去皇帝的赏赐，还派人在贾宅的门口守着，以防他夜里离京。直到加拜太师、平章军国重事，贾似道才留下来。

如此这般折腾了几次，度宗是彻底服了。贾似道要什么就给什么，说什么是什么，再也没有什么人能和他抗衡了。朝中所有大事都他一个人说了算，其他宰执大臣都形同虚设，只是在文件后面签个字而已。时人有句话："朝中无宰相，湖上有平章。"

为了保证自己的权位，他还挖空心思地笼络一些无耻之徒，作为自己的爪牙，帮助他做坏事。朝中有谁使他稍不满意，轻则斥责，重则削去官职，终身不用，一时间许多正直人士全部被他打击了下去。一些企图向上爬的吏人，纷纷向他行贿，求做大官，再到地方上去大肆搜刮。这样一来，贾似道得了不少财宝，同时官场的腐败风气也更盛了。

在贾似道不断向度宗要官要权之时，蒙古军正大肆南侵。咸淳四年（1268），忽必烈率蒙古大军包围襄阳，次年又围樊城。南宋面临空前危机。

贾似道对襄阳和樊城被围的消息严加封锁。前方战事紧急，贾似道却还在大兴土木，亲自监督修建半闲堂，并与一群宫女、妓女甚至尼姑混在一起，日夜淫乐。如果有人提及边防之事，他即加贬斥。

襄阳和樊城被围攻多年之后，宋度宗恍恍惚惚知道了这件事，一天，他问贾似道："听说襄阳被围已经三年了，你看应该怎么办？"

贾似道回答说："蒙古兵早就被我们击退了，怎么会有这种谣言？陛下是怎么听说的？"

宋度宗说："是一个宫女讲的。"

贾似道不久就查出这个宫女的姓名，立即罗织罪名，把这个宫女逮捕，逼死在监狱里。从此，边境的军事虽然一天比一天危急，但却再也没有人敢报告给宋度宗。

贾似道则一如既往地过着骄奢淫逸的生活。据说，在一个寒食节，贾似道曾作诗一首：

寒时家家插柳枝，留春春亦不多时。

人生有酒须当醉，青琢儿孙几个悲。

人生就只为追逐享乐了，军国大事在他那里便成了儿戏。

咸淳九年（1273），樊城被元军攻破。襄阳被围五年，粮尽援绝，守将吕文焕被迫献襄阳城投降元朝。消息传来，贾似道对度宗说："如果早让我去前线，决不会造成今天这种局面。"

咸淳十年（1274），度宗死去，贾似道立年仅四岁的赵燕为帝。此时，元军日益迫近。贾似道只好硬着头皮率军亲征。德祐元年（1275），元军迫近安庆，守将范文虎率领全军开城投降。贾似道派遣密使晋见蒙古军统帅伯颜，说只要同意划江而治，愿意接受蒙古军的任何条件。伯颜根本不相信贾似道的任何许诺，大军继续挺进。贾似道弃军而逃，被谢太后免职，贬谪到循州。

朝廷安排与贾似道有仇的山阴县尉郑虎臣负责押送，一路上，郑虎臣让贾似道吃尽了苦头，路过漳州城南木棉庵时，郑虎臣再次劝贾似道自杀。贾似道就是不舍得死。郑虎臣说："我为天下杀你，就是获罪死了也不遗憾！"将贾似道处死。为这一大快人心事，后人立碑以纪，并在碑前立木棉亭。碑旁还有明王肇衡所刻诗碑：

当年误国岂堪论，窜逐遐方暴日奔。

谁道虎臣成劲节，木棉千古一碑存。

贾似道死后不久，元军攻陷都城临安。四年后，南宋灭亡。

贾似道本是个轻薄寡耻、游冶青楼的花花公子，具备传统意义上坏人的一切要素，一朝成为权臣，把这种坏要素发扬到整个国家，那就成了国家的灾难。对南宋的灭亡，他负有直接责任。

7. 王振 蛊惑皇帝终自取灭亡

明英宗朱祁镇即位的时候只有九岁，因为年龄太小，有人怀疑他不堪重任，宫中甚至传出谣言，将要宣德皇帝的弟弟襄王入继大统。

在这种情况下，太皇太后张氏出面主持局面。张太后召集诸大臣到乾清宫，指着太子哭着说："此新天子也。"群臣高呼万岁，谣言遂止。英宗即位改明年年号为正统元年（1436），历史上把英宗称正统皇帝。

皇帝实在是太小了，大臣们请求张太后垂帘听政。张太后坚决不允，说："不要破坏祖宗成法，只要废止一切不急的事务，勉励皇帝向前人学习，并委托得力大臣就行了。"

张太后依据祖法，虽然不实行垂帘听政，但宣德皇帝有遗诏，朝廷大事都要禀报她才行，所以，在正统初年，张太后的地位非常重要，她个人的人品、德行更是受到时人的赞颂。明朝没有太后专权外戚乱政的事，和张太后的垂范作用是分不开的。

也是这个贤德的张太后最先看到了王振的危害，可惜，却没有立即除掉这个大患。

当时，宣德皇帝遗命辅政大臣大多为三朝元老：英国公张辅、礼部尚书胡濙，内阁有著名的"三杨"——杨士奇、杨荣、杨溥，他们延续着仁、宣以来宽厚平稳的政策，朝廷内外波澜不惊。但是，很显然，老臣们日益趋于保守了。

这时，王振走上了历史的前台。

王振本来是一个失败的教书先生，读过不少圣贤书，曾经数次参加科考，盼望着以此走上仕途之路，光耀门庭，可惜功课很好的王振却总是与功名无缘。

当时的朝廷作了一个规定，为了振兴宫中的文化事业，招募一些有文化的人来做宦官。正愁前路的王振得了这个消息，立即自阉进宫，当了太监。王振当太监，还教宫女们读书，宫女们整日闲闷，正好识识字，读读书，对这个王太监就很尊敬，都叫他"王先生"。

到了宣德皇帝时，情况又不一样了，本来这个年轻皇帝就雅好文化，又在30岁的时候幸运得子，也就是太子朱祁镇，对儿子宠爱有加，对他的教育更是列为头等大事。于是，皇帝就挑选王振服侍太子读书，王振和太子朝夕相伴，自然感情很深。小太子对王振充满了感情，亲切地称他为"先生"而从不直呼其名。正德皇帝驾崩的前夕，王振还幸运地成为司礼太监，进入了大明王朝的决策层。

起初，王振对正统皇帝还有一些道德学业方面的劝诫。

有一次，小皇帝与小宦官在宫廷内击球玩耍，看见王振来了，就停了下来，王振向英宗跪奏说："先皇帝为了爱好这些玩乐之物，差点误了天下；如今陛下您复蹈其好，是想把国家社稷引到哪里去！"这副忠心耿耿、关心国家前途命运的样子让小皇帝"愧无所容"。

"三杨"知道此事后，深受感动，慨叹地说："宦官当中也有这样的人啊！"王振从此得到了"三杨"的欣赏。

以前，王振每次到内阁去传达皇帝的旨意，都很恭敬小心，总是站在门外，不入阁内。后来，王振再来传旨时，"三杨"打破惯例，特把王振请到屋内就座了。

于是，王振仗着皇帝的宠幸，老臣们的忍让，开始在宫中为非作歹。一天，张太后派王振到内阁传旨，让杨士奇票拟处理意见。杨士奇票拟未定，王振就在一边说三道四、指手画脚，气得杨士奇三天没到内阁办公。

王振身为司礼太监，总管宫中宦官事务，提督东厂等特务机构，替皇帝掌管内外一切章奏和文件，代传皇帝谕旨等，本来权力就非常大了，如今又把自己凌驾于阁臣之上，让张太后非常气愤而且担心。张太后还发现王振辅佐皇上多有不合规矩的地方，于是就想把他除掉。

一天，张太后让宫中女官穿上戎装，佩好刀剑，守卫在便殿旁边，肃穆凛然。接着，太后把正统皇帝和英国公张辅、大学士杨士奇、杨荣、杨溥以及尚书胡淡等召到便殿。皇帝和五大臣见状，不知道发生了什么事儿，英宗急忙按规定站立东边，五大臣站立西边。

太后看了看五大臣，又看了看英宗，然后指着五大臣对英宗说："这五位大臣是先朝元老，受先皇之命辅佐你治理国家，你有什么事情，必须与他们商量，如果他们不赞成，切不可去做。"

接着，张太后又把王振找来，喝令跪在地上，声色俱厉地说："太祖以来就立下了规矩，宦官不得干预政事，违犯者定斩不饶。现在，你侍奉皇帝不守规矩，按照我大明法律，应当赐你一死。"

太后的话刚一说完，事先安排好的几个女官应声而上，把刀架在王振的脖子上。王振顿时吓得面如土色，拼命磕头求饶。小皇帝也急忙跪下替王振求情。五大臣也跪下请求太后免王振一死。

张太后见状，怒气稍息，说："皇帝年幼，岂知此等宦官自古祸人家国，我看在你们的面上，饶了王振，但是此后不许他干预国政，如有违犯，定斩不饶。"

王振听后，一个劲儿地磕头谢恩。此后，张太后每隔几天就派人到内阁去查问王振办了什么事情。

王振不惜自阉入宫，本来就是想接近国家权力的最高峰并自己站在上面，他不惜低声下气、小心谨慎地侍奉宫中的皇亲国戚，好不容易当上了司礼太监，在一个时期内，他真有点不知道自己是谁了。很快，张太后对他的严厉管制，使他不得不收敛自己，当然，他改变了策略，把精力转移到了讨好皇室和大臣上面。

正统初年，张太后曾带着小皇帝到北京功德寺后宫拜访，还在那里住了三天。王振以为后妃游幸佛寺不太合适，就秘密造了座佛像。佛像造成了，他又请小皇帝向太皇太后进言，说已命人造佛一堂，以酬太皇太后抚育厚恩。张太后非常高兴，王振又安排人写金字藏经，置东西房。从此，太皇太后因为有佛像和佛经在，就再也不去北京功德寺了。这么委婉巧妙的劝谏无疑在张太后心里增加了一点好感。

尽管如此，张太后和"三杨"对王振的限制依然存在，王振只得依恃英宗的宠信，暗地拉帮结伙，他这一招儿还真灵，很快就取得了一些大臣的赞誉，也进一步得到了皇帝的宠信。

时过境迁，张太后和老臣们都相继辞世了。

正统五年（1440），杨荣病死；

正统七年（1442），张太后病逝；

正统九年（1444）杨士奇病死；

正统十一年（1446），杨荣病死。

特别是张太后病逝，失去了对王振最有控制能力的人，皇帝又倚重王振。王振专权的局面形成了。

对于王振和辅臣们的关系，后人这样评价："三杨辅政，仅阳敛阴施，掩入耳目，虽日保身，其实害国，以致阉宦弄权。"

老臣们的明哲保身，对王振专权的出现是负有责任的。

所有的障碍都已经被自然规律扫除了，王振当仁不让、轻而易举地就尽揽明王朝的政权。明太祖曾在宫门挂一块高三尺的铁牌，上面刻有"内臣即宦官不得干预政事干预者斩"几个大字，王振怎么看都不顺眼，干脆命人把这块牌子摘下来。随后又在京城内大兴土木，为自己修建府邸。他还修建智化寺，为自己求福。这等邪恶小人，佛能保佑他吗？

顺我者昌，逆我者亡，是一切弄权者遵循的铁律，王振当然不例外。顺从和巴结他，就会立即得到提拔和晋升；违背和反抗他，立即受到处罚和贬黜。又有小皇帝撑腰，连王侯公主都称王振为翁父，大臣们只能望风便拜，更有无耻者纷纷认王振做干爹。

英国公张辅是三朝元老，也要"俯仰其间"，节气在权势面前变得微不足道。

有位工部郎中，名叫王佑，最会阿谀逢迎。一天，王振问王佑："王侍郎你为什么没有胡子？"

王佑无耻地回答说："老爷你没有胡子，儿子辈的我怎么敢长。"一句话说得王振心花怒放，立即提拔他为工部侍郎。

对于那些稍有不服、甚至要和自己分庭抗礼的朝臣，王振的霹雳手段便立即使用上，绝不留情。正统八年（1443）的一天，炸雷击坏奉天殿一角，英宗因遭此天灾，特下诏求言，要求群臣极言得失。翰林侍讲刘球看到英宗不理朝政，王振擅权不法，引起朝政紊乱，上疏提出"皇帝应亲自处理政务，不可使权力下移"等项建议，王振大怒，立即下令逮捕刘球入狱，又编造罪名处死刘球，把刘球的尸体肢解。朝野大臣听说此事，都不敢上疏言事了。

朝臣的谄媚，王振的专横，正统皇帝不但视而不见，无动于衷，反倒认为王振忠心耿耿，对他宠眷日深。正统十一年，皇帝特赏赐王振白金、珠宝等，还满怀深情地为王振写了一篇敕文，《明史纪事本末·王振用事》里记录了这段敕文：

朕惟旌德报功，帝王大典。忠孝，度量弘深。昔皇曾祖时，忠臣报国，巨子至情。尔振性资特用内臣选拔，事我皇祖。教以诗书，玉成令器。眷爱既隆，勤诚弥笃。肆我皇考，以尔先帝所重。简朕左右。朕自在春宫，至登大位，几二十年；尔夙夜在侧，寝食弗违。保护赞辅，克尽乃心。正言忠告，裨益实至。特兹敕赏，擢尔后官。诗云："无德不报。"书曰："谨终如始。"朕朝夕念劳。尔其体至意焉。

皇帝为王振唱赞歌，这个邪恶之人就更加肆无忌惮了。他不但把朝廷上下搞得乌烟瘴气，对外也投机取巧，破坏边防，终于招致了瓦剌贵族的进犯。他自己也自取灭亡。

正统十四年（1449 年），王振怂恿皇帝亲征瓦剌，结果发生了历史上著名的"土木堡之变"，致使皇帝被瓦剌军俘获。英宗被俘，英宗的护卫将军樊忠万分愤怒，抡起铁锤对准王振的脑袋，狠狠地砸了下去。王振这个祸国殃民的恶宦，终于落得个罪有应得的可耻下场。

8. 刘瑾　无耻宦官竟称"立皇帝"

"一个坐皇帝、一个立皇帝，一个朱皇帝、一个刘皇帝。"这是明正德初年，在京城内外流传的一句口头语。这里说的坐皇帝、朱皇帝是指明武宗朱厚照；立皇帝、刘皇帝便是指宦官刘瑾。

刘瑾当得立皇帝，全是他善于投皇帝所好的结果。

武宗登基以后，倾向很明显，轻信、优宠宦官，苛责甚至廷杖大臣。当时，被他宠信的宦官号称"八虎"。他们是：刘瑾、马永成、谷大用、魏彬、张永、高风、罗祥、丘聚。

刘瑾，今陕西兴平县人，是虎中之王，本姓谈，后依靠刘姓太监进了宫，便改用刘姓。在武宗朱厚照做太子的时候，刘瑾就在身边侍奉。那时，他受到官场尔虞我诈的熏陶，从老宦官那里听到关于太监王振的许多传闻。他非常羡慕王振的权势，幻想有朝一日，自己也能出人头地，成为一个权倾朝野的太监。为了实现这种极端狂妄的政治野心，他仿效那些野心家、阴谋家的权术，施展察言观色、见机行事、阳奉阴违、挑拨离间等看家本领，以骗取主子的信任。他深知只要照顾好太子，自己就会成为新皇帝身边的功臣，权力、富贵就会接踵而至。这样的梦想果然在不久以后就实现了。

武宗即位后，刘瑾对"性聪颖，好骑射"的皇帝"日进鹰犬、歌舞、角角氐之戏，导帝微行"，假如皇帝仅仅是宴乐歌舞也就罢了，在刘瑾的怂恿下，竟走得越来越远了。刘瑾看到做了皇帝的朱厚照，一天到晚被纷繁的国事压得喘不过气来，便不顾宫中禁律，教唆、诱导武宗化装易服，到宫外寻欢作乐，这正符合武宗的心愿，因而进一步取得了武宗的宠信。很快，刘瑾就被提升为司礼监秉笔太监，而且掌握北京的精锐军队，权力很大。

司礼监秉笔太监可是个了不得的职务，他可以为皇帝代笔，向各部门传达皇帝的旨意。刘瑾刚坐上这个位置的时候，还不敢专擅。每有事请示，玩兴正浓的皇帝就会斥责："你怎么老是来烦朕？用你是干什么的啊？"以后，刘瑾就不再上奏皇帝了，事无大小，任意裁断，以皇帝的旨意发号施令。刘瑾得以代替皇帝的朱笔，索性把朝廷事务带回家处理了。

武宗在刘瑾等"八虎"的诱导下，整日沉湎于逸乐。他即位后仅几个月，侍奉游乐的宦官就增加几倍，光禄寺每天膳食供应也增加了数倍。武宗享乐无度，靡费日益增加，国库渐渐力不能支。刘瑾一伙一天到晚围在武宗身边，诱导年少的皇帝嬉游无度，厌恶政事，给正德初年的政治蒙上了一层阴影，继续发展下去，王振专权的悲剧可能再度重演，后果将不堪设想，这不能不引起朝臣们的忧虑。

监察御史蒋钦向皇帝揭发说："昨天，刘瑾向天下三司官员索贿，每人一千两银子，甚至有要到五千两的。不给则贬斥，给了则提拔。全国都感到寒心，唯独陛下把他放在身边使用。这是不知道左右有贼，把贼当成心腹了，请立刻杀刘瑾以谢天下，然后杀臣以谢刘瑾。"

正德元年（1506）十月，内阁辅臣刘健、谢迁、李东阳等元老重臣，连续上疏，弹劾"八虎"，历数他们的罪行，请求将他们正法。武宗仍置若罔闻。正在这时，出现了一连串星变和灾害：京师淫雨三个月，南京及江南一带地震，陕西地震，天鼓鸣，白天见星斗，暴风雨，雷震孝陵白土冈树，彗星亘空等。根据儒家"天人感应"的学说，自然界的灾异现象是上天用来警告人间统治者的。五宫监侯杨源以星变陈言，声称天象示警。刘健、谢迁等抓住这一时机，再次上疏请诛刘瑾等人。接着，户部尚书韩文不顾个人安危，又联合吏部、礼部、兵部、刑部、工部的尚书和都察院御史、通政史司、大理寺卿等朝中九卿大臣，让当时的著名才子李梦阳执笔草拟奏疏。韩文边删改文辞边说："这份奏章不可写得太深奥，深奥了恐怕皇上不理解；也不可太长，长了皇上没耐心看完。"于是，一份理正义直，慷慨纵横，辞意恳切的疏文送到皇帝手上。疏文首先列举了刘瑾一伙近来"置造伪巧，淫荡上心"的种种事实，又追述了历史上"阉宦误国"的史例，强烈要求惩治"八虎"。

这样的局势，把十六岁的小皇帝吓坏了。他召来宦官中地位最高的司礼监太监王岳等人，让他们和阁臣们商量，把刘瑾等人发到南京闲住。

十月十二日这一天，王岳、陈宽、李荣等人代表小皇帝往返三次，与大臣们讨价还价，皇帝希望缓和处理，大臣非要杀人不可。大臣中有人劝刘健也让一步，以免过激生变，但刘健寸步不让。刘健大声痛泣说："先帝驾崩之前，拉着老臣的手，嘱咐我们要好好辅佐皇上。而今陵土未干，刘瑾等贼子就如此弄权，败坏朝纲，臣死后有何脸面去见先帝啊！"韩文也慷慨陈词："刘瑾等人祸乱朝纲，不杀怎么能平民愤！"

据说太监王岳比较正直，又有些嫉妒刘瑾。刘瑾是皇帝的亲信，而他这位地位更高的太监却常常被晾在一边，对"八虎"专权用事，胡作非为，他也早已看在眼里，只是没有机会说出，听了阁臣们感人肺腑的诉说，也慨然地说："阁议很对！"刘健一听胆气更壮，与众大臣约定次日早朝"伏阙面争"，诛杀刘瑾，以王岳为内应。

这边儿，王岳向武宗汇报说："群臣的态度非常坚决，没有商量的余地！"在这逼人的形势下，小皇帝哭着答应处死刘瑾等人。

但大臣们显然低估了"八虎"的实力。刘瑾的死党焦芳得知群臣的态度，立即派人急告刘瑾，并告知王岳将要作为内应，将刘瑾一伙除掉。

刘瑾本来就胆战心惊，惶惶不可终日，听到焦芳传来的消息，知道自己的生命危在旦夕，急忙带着七人深夜闯入武宗的寝宫，跪地放声大哭，企求皇上饶命。

刘瑾哭着说："如果皇上不开恩，我等奴才就要被杀扔到犬场喂狗了。"还说："群臣指责我们进献鹰犬，这鹰犬和朝政有什么关系啊？"

武宗也惺惺相惜，不停地安慰说："朕并没有降旨拿你们问斩，你们哭什么？"

刘瑾见武宗态度和蔼，乘机谗言说："他们胆敢这样肆无忌惮，就是因为司礼监太监与他们勾结企图挟制皇上，怕奴才等人从中阻拦，所以先发制人，欲置我等于死地。刘健、谢迁、韩文这些大臣，以为圣上年幼可欺，肆意横行，也唯恐我等把他们的真实情况告诉皇上。假如司礼监与皇上一心，阁臣怎么敢如此逼迫皇上？"

小皇帝一下想通了，这些人内外勾结是要管住他，不让他玩，顿时大怒，马上改变主意，倒向刘瑾一边，即刻命令刘瑾为司礼监掌印太监兼提督团营，丘聚提督东厂，谷大用提督西厂，张永等人都分别掌管要害部门。刘瑾当夜就到司礼监上任，即传令逮捕王岳等三位帮助文官的太监，连夜发配南京充军。同时，根据刘瑾的提议，升任焦芳兼文渊阁大学士，掌管内阁事务。

一夜之间，乾坤颠倒。

第二天一早，宣读圣旨，刘瑾不但不被处死，他及爪牙们甚至控制了所有的要害部门。武宗还派太监李荣传旨："诸位先生说得都很对，但是这些奴才服侍皇上已很久，不忍一下子置之国法，请各位稍微宽放一下，皇上当会自己处置。"

其实，在与皇帝讨价还价时，除了说两句"皇上，这样对陛下不好，那样对陛下更好"之外，大臣手里并无王牌，皇上决心一下，他们除了干瞪眼，只剩下辞职一途了。刘健等三位阁臣立即辞职求去。按照常规，辞职报告连上三次皇帝再予批准才算不失礼貌，但刘健等的报告刚送上去就批下来了，刘健、谢迁、李东阳等大臣看到这种情形，失望至极，纷纷含泪表请致仕。武宗也不挽留，"钦准"刘健、谢迁致仕离休，留下李东阳。

刘瑾初战告捷。

武宗贬斥顾命大臣，遭到了言官和群臣的激烈反对，不少人冒着生命危险进谏，请留刘健、谢迁，以肃朝纲，以保朝政。武宗大怒，认为这是对自己皇威的蔑视和冒犯，下令杖责言官，其中包括上疏请留刘健的六位给事中和十三位御史；再次把上疏为给事中鸣不平的王阳明等四人廷杖。他们被打得皮开肉绽，死去活来，然后被贬出朝廷，降职使用。那些天，宫廷内哭号震天，出京的路上，阵阵黄土飞扬，载着被贬官员和家眷的马车匆匆驶过。

这其中不得不一再次提到那名叫蒋钦的御史。此人第一次遭到廷杖，已经皮肉开花，仍然向皇帝请命，结果又遭到第二次廷杖，打完后关入监狱。第二天，蒋钦又在狱中动笔写上疏，大意如下：

"昨天臣因为上疏受杖，血肉淋漓，伏在狱中的枕头上，终于还是难以沉默不语，请陛下将臣与刘瑾比较一下，是臣忠呢，还是刘瑾忠呢？忠不忠，天下人都看得明白，陛下也很清楚，为什么如此仇恨臣，而信任那个逆贼呢？臣的骨肉都打烂了，涕泗交流，七十二岁的老父亲也顾不上赡养了。但我死了并不足惜，陛下随时可能遭到亡国丧家之祸，那才是最大的可惜！希望陛下杀掉刘瑾，悬首于午门，使天下都知道臣蒋钦直言敢谏，知道陛下英明诛贼。如果陛下不杀此贼，就请先杀了臣，使臣能够与龙逢、比干同游于地下。臣不愿与此贼同时生活在这个世界上！"

据《明史》和《明通鉴》共同记载，蒋钦在狱中起草上疏时，灯下微闻鬼声。蒋钦猜测这是祖先之灵在警告自己，怕他上疏之后遭遇奇祸，于是整顿衣冠道："如果是我的先人，何不大声告诉我。"果然，墙壁中传出更加凄怆的声音。蒋钦叹道："我已经献身国家了，按照忠义的要求不得再顾私利。如果从此沉默不语，对不起国家，那才是对先人的羞辱，是更大的不孝！"说完继续奋笔上疏，说，死就死，这份稿子不可更改！于是鬼声停息。

大臣们如此赤胆忠心，依然没能打动圣上的心。

　　于是，刘瑾更加肆无忌惮，先把顾命大臣刘健、谢迁、尚书韩文等几十人定为奸党，又把包括阁臣在内的大批官员撤换掉，换上自己的亲信。这样，朝臣势力全部被清除。现在，武宗身边全是刘瑾的人了。

　　朝廷上下鸦雀无声，刘瑾大获全胜。

　　《明史》说，刘瑾用事后，每当向皇帝请示汇报时，必定先侦察一番，专挑小皇帝玩得上瘾的时候。皇帝烦他打扰，心急火燎地挥手赶他走，说："我用你是干什么的？一件一件的老来麻烦我！"从此，刘瑾便奉旨独断专决，不用向皇上汇报了。

　　刘瑾气焰熏天，就有些无耻之徒竞相追捧。

　　大约在正德元年岁末，右都御史刘宇通过大学士焦芳的介绍拜见了刘瑾，刘宇的见面礼是上万两银子。据《明史·阉党列传》记载，这是刘瑾收的第一笔上万两银子的贿赂。《明史》说，当时刘瑾"初通贿"，对贿赂的期望值不过几百两银子，见了万两银子不禁大喜，说："刘先生何厚我？"刘宇的投资迅速获得回报，正德二年正月，刘宇升为左都御史。

　　刘宇当然知恩图报，成为"阉党"的核心成员之一。他发现刘瑾特别恨御史仗着谏官的职权说三道四，便请来一道圣旨，发布了管制御史的新政策，有点小过失就来个"廷杖"，谁敢说什么不顺耳的话，就给他来个屁股开花。这项政策对刘瑾无疑是大有好处，于是，封刘宇为兵部尚书，主管全国军事，加太子太傅。刘宇在兵部尚书的位置上"贿赂狼藉"，获得了丰厚的利润。他又用这丰厚的利润再次贿赂刘瑾，于是，他又当上了六部中地位最高的吏部尚书。

　　主要部门的主管都是刘瑾的手下，"阉党"势力更加壮大了。皇帝对他们干的坏事充耳不闻。刘瑾和他的党羽无恶不作，贪污受贿，鱼肉百姓，有人揭露刘瑾等人的罪行，武宗就交给刘瑾去处理。正德朝政完全掌握在刘谨手中。于是，就有了武宗是"坐皇帝"，刘谨是"立皇帝"的说法。

刘瑾是个贪得无厌之徒，大明的天下就他说了算了，可他还不满足，因为他上面还有一个真正的皇帝，这让他很不舒心，于是就有了篡夺皇位，自己做皇帝的野心。并且，把正德五年中秋节作为发动政变的日子。

这年，宁夏安化王反叛，起兵的名义就是清除刘瑾。消息传到北京，刘瑾藏匿起檄文，不敢让武宗知道檄文的内容。杨一清与太监张永领兵前去镇压，很快就平息了战乱。杨一清在路上尽力结交张永，二人相交甚欢。

张永本为"八虎"之一，但是刘瑾专权，他非常不满。一次，武宗想调张永到南京闲住，圣旨还没下达，刘瑾就要驱逐张永出宫。张永知道自己是被刘瑾陷害的，跑到武宗面前申诉。刘瑾与之对质时，张永气得要挥拳打刘瑾，让谷大用等人费了不少劲儿才拉开。武宗令二人摆酒和解，可这仇也算结下了。此次，杨一清就是利用张、刘的矛盾，游说张永除去刘瑾。

八月，中秋未到，张永、杨一清班师回朝。献俘礼毕，武宗置酒慰劳张永，刘瑾、谷大用等人皆在座。夜深时，刘瑾起身回府。张永立即从袖中取出弹劾刘瑾的奏章，奏明刘瑾违法犯纪十七事，指出安化王造反皆因刘瑾，更说刘瑾有反叛之心，欲图谋不轨。武宗醉意朦胧，迷迷糊糊地道："刘瑾果负我？"张永说刘瑾要篡位，武宗半信半疑，张永连忙说："大祸就要临头了，若再迟疑，明天奴辈将粉身碎骨，陛下也不能长享安乐了！"武宗听了这话，心里一激灵，说："怎么会有这等事？"

在张永和朝臣的鼓动下，武宗派人前去刘宅，自己则紧随其后。刘瑾听见喧哗声，披青蟒衣出，随即被缚。抄没家产时，得到私刻玉玺一枚，穿宫牌五百，以及盔甲、弓箭等违禁物品。还有黄金、珠宝不计其数，最让武宗目瞪口呆的是，刘瑾平时所用的折扇里面竟然藏有两把寒光闪闪的匕首。武宗这才清醒过来，怒斥道："好个胆大的奴才，果然是想谋逆！"

正德五年八月二十五日，刘瑾被凌迟处死。行刑之时，京城宫民竞相购买他的肉吃掉，以解心头之恨。

刘瑾以谋逆罪被处死，有人认为证据不足。当时，他已年逾花甲，就是想谋反，大概也是心有余而力不足。在他家里搜出的那些违禁用品，则很可能是一帮嫉恨他的宦官事先做了手脚。

刘瑾之亡，竟然是出自武宗酒后的醉话。明代宦官，权重之时百官无人可与之抗衡，然而生死存亡却还在皇帝的手中。皇帝可以多则数月、甚至数年不上朝，但并不意味着皇帝不理朝政，失去了对国家的控制。宦官可以专擅朝政，但也只是代皇帝执行权力，一旦皇权受到威胁时，便会采取强力措施来收回这种权力。所以像刘瑾、魏忠贤势大遮天者，只要皇帝一句话就束手就擒，其中的道理可想而知。

刘瑾死后，武宗依然宠信宦官，如张永，只是张永并不贪心。又因弹劾刘瑾有功，得到了朝臣的认可。张永死于嘉靖八年，善终。

9. 魏忠贤　建生祠难废罪恶

魏忠贤（1568—1627），河间肃宁（今属河北）人。这人自幼就是个市井无赖，不务正业，虽说娶妻生子了，但流氓无赖的本性不改，还好赌博，据说，有一次，他赌输了钱，还不起赌债，一气之下就把自己给阉了。能对自己下这种黑手，足见此人之心狠手毒。

魏忠贤自己给自己做了阉割手术以后，就进宫当了太监。他梦想着通过当太监，接近最高统治者，实现自己的功名富贵。这梦想可是非同一般的，可是魏忠贤自认有这个能力。他精通琴、瑟、鼓、乐，还会踢球，会唱戏；他还善于骑射，上马如飞，左右开弓，百发百中。性格方面他也占有优势：他处事果断，洞察秋毫，机智幽默，颇有大家风度。

魏忠贤入宫时，大约是万历年间。那时，他从继父姓李名进忠。他忠诚，勤勉，任劳任怨，又加上自己的机敏，善解人意，很快就赢得了宫内上下的一片好感。特别是得到了大宦官魏朝的信任，使他在入宫仅仅几年就成为炙手可热的太监之一。

泰昌元年（1620），光宗朱常洛登基。魏朝是光宗宠妃李选侍的侍卫太监。魏忠贤就千方百计地讨好、巴结魏朝，和他结拜成兄弟。魏朝被哄得满心喜悦，干脆让他去负责朱由校和他母亲王才人的饮食起居。不过，这在当时也并非是什么好差使。因为朱由校的父亲朱常洛是万历皇帝和王恭妃生的孩子，是万历的长子。四年后，万历和自己最宠爱的妃子郑贵妃生下了次子朱常洵。朱常洛就很不受父皇的待见，一直到十九岁才被封为太子。但是，他还是笼罩在被废黜的恐惧中，朱由校就跟着父亲生活在担惊受怕中。魏忠贤去伺候朱由校当然不是什么美差，假如朱常洛当不上皇帝，朱由校就不会有出头之日，魏忠贤也将永无翻身之日。可是，魏忠贤把这当成一项赌博，而且，他赢了。在此后不长的时间里，他迅速登上了个人权力的顶峰，而明朝则迅速地跌入衰亡的深谷。

魏忠贤一生的转折点是从结拜兄弟魏朝手中横刀夺爱。

客氏是朱由校的乳母，她不仅用自己的乳汁抚育了朱由校，而且在朱由校备受冷落的童年，客氏一直对他尽心呵护。按照宫中规矩，皇子一断奶，就应该把乳母遣回原籍，可是，朱由校一离开她就哭闹不停，饭也不肯吃，没办法只好破例让她留下来继续和皇子住在一起。一直到朱由校死去，她从来也没有离开过他。她拥有着极为显赫的待遇。人们都在怀疑，朱由校与客氏之间，可能不仅仅是乳母与乳儿之间的关系，很可能是客氏使他懂得了男女之间的情事。也就是说，他们之间有可能还有男女之情。总之，她成为朱由校最亲近、最依赖、最依恋的人，也使魏忠贤成了最大的受益者。

魏忠贤来了以后，就和客氏一道照料太子母子的生活。那客氏身材窈窕，姿容艳丽，又不甘寂寞，就和魏朝暗中通奸。那时，宫中太监和宫女相好，叫"对食"。客氏本性风流，听说魏忠贤净身不干净，性欲极强，就转而投身魏忠贤。魏忠贤也就成了客氏新的"对食"伙伴，魏朝则被客氏扔在了一边。魏忠贤和客氏都很工于心计，两人一拍即合，不仅成为情感上的伴侣，还结成了权力同盟。

也是在泰昌元年（1620），刚即位一个月的光宗朱常洛得了重病，鸿胪司丞李可灼进献了三颗红丸，光宗服用后很快就神秘地死去了。这就是明末疑案之"红丸案"。

光宗死了，十六岁的太子朱由校登基做皇帝，这就是明熹宗天启皇帝。漂泊半生，五十三岁的魏忠贤命运更是发生了天翻地覆的变化，他被从内宫监提拔为司礼太监，管百官闻之色变的特务机构东厂，天启帝还御赐了"忠贤"之名，魏忠贤成为皇上绝对信任的人。

天启皇帝信任**魏**忠贤，皇上又对客氏有一种慈母般的依恋，特别是皇帝的生母王才人死后，天启帝简直离不开客氏，那么，**魏**忠贤又和客氏有着那样一种坚固的关系，**魏**忠贤在朝廷中的地位便飞速上升。

天启帝即位的第二年，就封**魏**忠贤为秉笔司礼太监。这是皇宫里宦官的最高职务，是帮助皇上批阅大臣的奏章并下达各种指示，相当于政府的最高秘书长。按理说，**魏**忠贤目不识丁，皇上不该让他担任这么重要的职务的，但客氏起了作用。客氏一家满门都被封官了，哪能不替"对食"伙伴说话呢。

魏忠贤不识字，便拉拢了识字的太监王体乾、李永贞等为心腹，又利用自己特殊的地位，插手朝政。

这年，天启皇帝十七岁大婚，已册封了皇后，按例皇帝已婚，嫡母、生母都要迁走，更不要说乳母了。天启大婚后，御史毕佐周和刘兰上疏要求客氏迁出皇宫，大学士刘璨也上疏提及此事，皇帝却说："皇后年幼，全靠乳媪保护，等皇祖（万历）下葬后再商议吧。"

后来，御史王心一和一些正直的东林党人要求将客氏逐出宫门，因为他们已经意识到**魏**忠贤和客氏相勾结，可能给朝廷带来灾难性的后果。在众人的压力下，天启不得不迁走客氏，但他每日思念，常痛哭流涕，有时甚至不吃饭，最后传出圣旨，把客氏召回。**魏**忠贤控制了客氏，天启自己也就落在他的掌握之中了。

大臣们的联合进攻失败了，**魏**忠贤马上开始清除对手的斗争。在朝廷内部，他首先联合客氏清除了自己的情敌魏朝。他们又忌妒大太监王安秉心持正，把他流放到海南并谋杀了他，支持王安的太监都遭到清洗。这样，在宦官内部，**魏**忠贤成为绝对统治者，留下的宦官都成为他的"阉党"。

皇宫里，那些不服从魏忠贤一伙的宫女甚至皇妃也都被他们逼得死的死疯的疯。

然后，他就把矛头对准了大臣们。

天启皇帝给了魏忠贤绝对的权力，使他可以为所欲为。这个小皇帝，天生就喜欢做木匠活，每当他正干得起劲时，魏忠贤就会不失时机地跑去扫他的兴，向他询问让他讨厌的政事。每到这时，汗流浃背的皇帝就会说："我知道了，你看着办好了！"如此几次三番，皇帝干脆把权力都交给了魏忠贤，皇帝则成了魏忠贤手上的傀儡。一切朝廷大事，比如官员的任免，财政的支出，边境的战事，等等，都归他管了。

御史王心一和刑部主事刘宗周等人不顾个人安危，数次向皇帝进谏，要他疏远魏忠贤，都遭到了皇帝的训斥。他不能容忍有人说魏忠贤不好。魏忠贤也就更加肆无忌惮了。

天启四年（1624），东林党人向魏忠贤发起进攻，左副都御史杨涟素以刚直敢谏著称，他弹劾魏忠贤二十四大罪状，如破坏政体，伤害陛下妃嫔皇子等，要求将客氏逐出宫，将魏忠贤下狱。百官响应，弹劾魏忠贤的呼声一时甚嚣尘上。阉党迫于形势，表面上作了收敛，暗地里伺机反扑。

第二年，机会来了，东林党人辽东经略使熊廷弼、王仕贞失陷广宁城，魏忠贤当即联名上表，诬陷熊廷弼曾贿赂杨涟、左光斗以求减罪，大兴冤狱。小皇帝偏信魏忠贤，不仅下诏处决熊廷弼，还把杨涟、左光斗等杖毙狱中，又着名册逐一捕杀东林党人，下令禁毁全国书院。

接着，魏忠贤又把魔爪对准了名将袁崇焕。

天启六年（1626），袁崇焕在宁远重创努尔哈赤。据说，这是努尔哈赤有生以来第一次遭受这么大的失败，因此，郁郁寡欢，不久就死了。第二年，袁崇焕又取得宁锦大捷，这是他第二次取得对后金军作战的胜利。胜利的捷报传到京师，天启皇帝不知出于什么原因，竟对魏氏家人大肆封赏，魏忠贤的一个侄子连升九级，加封太师，位列三公之首。魏忠贤的两个侄孙一个三岁，一个四岁，分别被封为侯爵和伯爵。在前线浴血奋战的袁崇焕等将领没有得到任何鼓励。不久，皇帝开始莫名其妙地批评袁崇焕。袁崇焕又听说魏忠贤对自己颇为不满，只好自动去职，唯一有可能拯救辽东危局的人被排挤走了。

魏忠贤总揽朝内外一切大权，人称"九千岁"，除掌握东厂外，还在宫中设"内标"万人，手下还有"五虎""五彪""十孩儿""四十孙"，都是他的爪牙，就差没把江山改姓魏了。那些擅长吹牛拍马的人为他大建生祠，活着的人享受人间香火，真可谓空前绝后了。

在六年多的时间里，魏忠贤坏事做绝。

天启七年（1627），二十一岁的天启皇帝驾崩了。帝位由他的弟弟信王朱由检继承。这就是崇祯帝。

崇祯皇帝是以亲弟弟的身份入继大统的。而他继位为帝，实在也是充满了惊险。

那时，宦官魏忠贤和天启帝的乳母客氏专权，天启帝不过是阉党手中的傀儡。天启帝病危，三个儿子都夭折了。魏氏阉党为了控制大权，设计了一系列阴谋诡计。

第一，立一个小傀儡皇帝，由魏忠贤摄政。内阁大学士施凤来却说："居摄远不可考，且学他不得。"这个阴谋因遭到了所有知情人的反对而未得逞；第二，设计狸猫换太子，仿王莽立孺子婴的办法，进行篡位、夺权，这个阴谋也没有实现；第三，魏忠贤告诉天启皇帝，后宫有宫女怀孕了，如果是男孩，就给张皇后，作为张皇后的孩子将来继承帝位，这个阴谋遭到张皇后的坚决反对；第四，《明史》记载，客氏被抄家时，在她家里发现八名宫女，其中有几个已经怀孕了，她们想谎称为皇帝的子嗣，将来继承皇位，由魏忠贤摄政。后来阴谋败露；第五，魏忠贤想策划一场政变，结果兵部尚书崔呈秀说天时不到，"恐外有义兵"，也没有付诸实施。

这真是一个关键而激烈斗争的时期，斗争的结果，信王朱由检在张皇后的支持下，继承帝位。

朱由检继承大统以后将怎样对待魏忠贤一伙呢？

朱由检凭借一系列的智谋，最终扳倒了危害国家的这一伙阉党。

朱由检是光宗朱常洛的第五个儿子。朱常洛一共有七个儿子，都死的早。天启皇帝死后，能继承皇位的就只有朱由检了。在当时极其危急的关头，不仅朱由检是唯一人选，而且他也得到了大臣们的肯定。

朱由检比天启帝朱由校小五岁，他的母亲生下他，就被打进冷宫，结果郁郁而终，那时，朱由检才五岁。朱由检从小失去生母，抚养他的是一位李选侍，人称东李，东李人品极端正，受东李的影响，朱由检从小就养成了独立刚毅的性格和良好的生活习惯。

天启二年（1622），朱由检被他的哥哥朱由校封为信王。十三岁时，刚好到了接受教育的时候，天启帝朱由校命由进士出身的翰林院官员悉心调教。等他18岁的时候，天启帝朱由校又替他完婚，聘周奎之女为王妃。

可见，朱由校本人虽然贪玩，但是对于一个长兄应该做的事情，却一点也没有耽误。所以，朱由检的文化修养比他的哥哥朱由校要好得多。朱由检善书法、诗文，也善于弹琴。朱彝尊说朱由检的书法"龙腾虎跃",气韵非凡。

当时,皇帝朱由校没有儿子,兄弟七人也只剩下五弟一人,朱由检不仅是朱由校唯一的继承人,也是众望所归。一些在野的大臣们闲聊的时候,都主张劝信王早日出阁讲学。出阁讲学,一般是皇太子的礼节。当然,这样的奏疏,是谁都不敢上奏的,因为这无异于诅咒天启皇帝早死无后。但是,在信王朱由检那里,却是一种韬光养晦的气象。他知道魏忠贤一伙时刻盯着自己,所以基本上托病不上朝。实际上,魏忠贤曾数次想加害他,都没有成功。

天启七年(1627)八月十二日,天启帝让信王入继大统的决心已定,而留给信王的嘱咐是两点:一,善事中宫;二,重用忠贤。

善事中宫,朱由检做到了,他对皇嫂张嫣一直礼敬有加。但是对魏忠贤则不是天启皇帝所能预料到的。本来就是你死我活的斗争,何况魏忠贤一伙罪恶累累,天理难容!

天启帝驾崩的第三天,朱由检正式即皇帝位。他的政治才能迅速显现出来。而他在前期所做的最漂亮的一件事就是不动声色地除掉了权倾朝野的魏忠贤及其死党。

八月二十三日入宫当夜,朱由检为天启帝守灵。那时,朝廷几乎所有要害部门都由魏忠贤及其死党把持。魏忠贤为司礼监秉笔太监兼领东厂,田尔耕为锦衣卫提督,崔呈秀为兵部尚书。朝廷内外自内阁、六部直至四方总督、巡抚都是魏忠贤的死党。他们随时都有可能加害朱由检。朱由检一夜未眠。他把宦官身上的佩剑取来以防身,又牢记张皇后的告诫,不吃宫中的食物,饿了,吃一点袖中私藏的麦饼,渴了也不喝宫里的水。防备之多,令人瞠目。

慢慢地，崇祯皇帝感觉到自己的人身安全有了一点保证，但他还是不敢得罪魏忠贤和客氏，依然像天启皇帝一样地优待他们，同时，慢慢地将信王府中的宦官和宫女转移到宫中，以保证自己的安全。

魏忠贤呢，却始终猜不透崇祯皇帝会怎样对待他。于是，选送了四个美女给新任皇帝。崇祯帝为了不引起魏忠贤的怀疑，把四个美女照单全收，但他留了个心眼，命人将这四个美女搜身，结果，她们身上都系着一颗细小的药丸，宫中称为"迷魂香"。此物是一种自然挥发的春药，魏忠贤的用意很明显，就是要把崇祯皇帝引向荒淫之路，自己继续把持大权。结果，崇祯帝不吃这一套。崇祯帝还感慨地说："皇考、皇兄皆为此误也。"

美色不成，魏忠贤又使用了更加赤裸裸的方式：投石问路。他让自己的亲信太监王体乾提出辞呈，崇祯帝好言慰留，稳住魏忠贤一派。这时，一些无耻的臣工们依然不断地上疏为魏忠贤大唱赞歌，崇祯帝一边读这些奏疏，一边笑。他再次采取了欲擒故纵的手段，不断地嘉奖魏忠贤、王体乾、崔呈秀等人，暗中却在等待时机削弱魏氏集团的势力。

政治斗争极其微妙。朝中大臣，有人在寻找保存自己的良策，有人不动声色，静观形势，有人继续冒死直谏。崇祯帝也在静观其变。东林党中有人对皇上说："魏忠贤大权在手，如果不除掉他，皇上的位子就不一定能长久。"翰林院的编修倪元璐上了一道密折，向崇祯皇帝讲了当时天启帝让王安下台的故事，其目的就是影射让魏忠贤下台的办法。崇祯皇帝看过，觉得很有道理，就对身边的亲信说："先帝做过的事情，就是我们做事的明镜，我要以此为鉴。"

结果是魏忠贤自己的爪牙首先开始了一场倒魏运动。天启七年

（1627）十月十三日，御史杨维垣上疏弹劾兵部尚书崔呈秀，说崔尚书贪财纳贿，理应受到处治，同时极力赞美魏忠贤。崇祯帝用了七天时间考虑这件事，他明白崔呈秀在阉党中的分量，崔呈秀为"五虎"之一，是魏忠贤手下的干将，除去崔呈秀，就等于断了魏忠贤的一只羽翼。于是，崇祯帝果断地下令免去崔呈秀兵部尚书职务，让他回乡守制。

此举无疑向朝野发出了一个信号，倒魏的大幕已经拉开。于是，弹劾魏忠贤的奏疏连连不断地送到了崇祯皇帝的手上，当年被阉党迫害的东林党人开始积极支持崇祯皇帝。魏忠贤也不停地到这位新任皇帝面前哭诉。对此，崇祯皇帝无动于衷。十月二十六日，又一次倒魏高潮来临。这天，海盐县贡生钱嘉征上疏攻击魏忠贤十大罪状：一，并帝，就是魏忠贤和皇帝并称；二，蔑后，就是轻蔑皇后；三，弄兵，就是操纵兵权，还练内操；四，无二祖列宗；五，克削藩封；六，无圣；七，滥爵；八，掩边攻；九，伤民财；十，亵名器。

此疏可以说字字属实。崇祯皇帝立即开始行动，召魏忠贤面圣，命令另一个太监当着魏忠贤的面宣读了钱嘉征的奏疏。魏忠贤"震恐伤魄"，立即去找了他的赌友——原信王府太监徐应元，讨教对策。徐应元劝魏忠贤辞去爵位，也许可以保富贵。第二天，魏忠贤就请求引疾辞爵，崇祯皇帝当即批准。

这下魏氏墙倒众人推，弹劾他的奏章雪片似的飞到崇祯帝的案上，几乎人人皆欲杀之。崇祯帝利用舆论的力量趁热打铁，命令魏忠贤到凤阳祖陵去烧香。然而，魏忠贤是过惯了有权有势生活的人，出京的时候竟然还带着卫兵一千人、四十余辆大车浩浩荡荡地向南开去。一个戴罪的宦官竟敢如此跋扈，崇祯帝当然不能容忍。于是，下令锦衣卫旗校将魏忠贤缉拿回京。十一月初六日，在阜城县（今河北阜城）南关的旅社中，亲兵散尽的魏忠贤孤零零地待在旅馆里，想到自己的罪孽深重，在旅馆中绕房疾走好几圈，最后狠心解下自己的腰带，悬梁自缢。后来，他的尸体被悬挂在家乡，民愤不平，凌迟三千六百刀。

魏忠贤的对食伙伴、罪恶累累的客氏也在皇宫大内的浣衣局被杖毙。

魏忠贤死了，但他提拔的官员还把持朝廷要政，崇祯帝决心将魏党除根，此举既能打倒旧势力，又能收拾民心，争取舆论。于是，清算魏忠贤余党的行动也很快就着手进行了。在崇祯帝的一再严厉督责下，崇祯二年（1629）三月十九日，所谓阉党逆案尘埃落定。崇祯帝执政路上的一切障碍都被清除了。